U0910344

高等学校法学教学丛书

民法学（上）

主　编　王建平
副主编　吕　彦　杨遂全
撰稿人（以姓氏笔画为序）
王建平　王建军　吕　彦　陈　实
何　霞　杨遂全　张晓远　罗　蓉
赵小平　曾　彤　韩运浦

四川大学出版社

责任编辑：李勇军
责任校对：文　春　刘　萍
封面设计：罗　光
责任印制：曹　琳

图书在版编目(CIP)数据

民法学（上下）/ 王建平主编. —成都：四川大学出版社，2005.2（2007.12 重印）
ISBN 978-7-5614-3025-5

Ⅰ. 民…　Ⅱ. 王…　Ⅲ. 民法-法的理论-中国-高等学校-教材　Ⅳ. D923.01

中国版本图书馆 CIP 数据核字（2005）第 010669 号

书名　民法学（上下册）

主　编	王建平
出　版	四川大学出版社
地　址	成都市一环路南一段 24 号 (610065)
发　行	四川大学出版社
发　行	ISBN 978-7-5614-3025-5
印　刷	郫县犀浦印刷厂
成品尺寸	185 mm×260 mm
印　张	49.75
字　数	1166 千字
版　次	2005 年 8 月第 1 版
印　次	2016 年 8 月第 4 次印刷
定　价	75.00 元(上、下册)

◆读者邮购本书，请与本社发行科联系。
电话：(028)85408408/(028)85401670/
(028)85408023　邮政编码：610065
◆本社图书如有印装质量问题，请
寄回出版社调换。
◆网址：http://www.scupress.net

目　录

导 言

民法学是法学学科学生应学习的一门主要专业基础课程。

所谓民法学，“民”者，市民也；“法”者，有法律、法则和法度、规则等涵义；“学”者，则为学说、学理或者科学之意。因此，“民法学”一科，其名义或者实质都应当是关于市民权利或者私权的理论与学说，在应用性层面上，则是用于解决市民权利或者私权冲突与矛盾的学问。

学习民法学的目的，是不言自明的。因为一个学习法学学科的学生，无论是在日常生活，还是将来的工作或者事业中，打交道最多的一般是民法。在知识结构上，民法学解决的是两大权利——私权、公权中的基础问题。私权是市民社会存在的基础与前提，也是政治国家公权的逻辑依存者。在公权力或者权力领域，因为其发生、享有、行使和实现的特点，确实与私权有着天壤之别。

市民社会，是我们学习和理解民法学原理的前提。

所谓市民社会，是以利益客体——商品或者财产的交换，以及遵循平等、诚实信用、私权神圣和意思自治等为基本特征的世俗社会。在这个社会里，人们之间的关系，是一种物质性和精神性的利益关系。这些关系的存在，是因为人们在这些方面的利益需求，存在着重大差别，或者不平等。于是，构成这个社会的制度性因素或者规则文化因素，就是交换规则，以及与此制度相关的维权措施。

市民社会里，讲究平等、诚实信用、私权神圣和意思自治等，之所以讲这些原则，是因为市民们的衣食住行、生老病死等等，无不是互相依存、互相依赖的利益关系。市民之间的利益关系的形成，是因为生存资源的有限性以及占有、使用和控制这些生存资源的不平等性，还有政治国家对于市民社会秩序的控制。

市民之间的生存资源占有、使用和控制上的不平等，形成的是一种利益差距。这种利益差距的消灭或者平衡，只有三种可能的方式，即抢、偷和交换。

其中，“抢”即抢劫。这是一种刑法上的行为犯，只要有抢劫行为的实施，不论抢劫后果，都构成犯罪。但是，作为一种生存资源的获取手段，抢劫肯定是不能为法律和社会秩序所允许的。

而“偷”即偷窃，是通过秘密方式，非法获取他人的动产①。这也是一种行政法、民法上的违法行为，也会构成犯罪。显然，也是为法律所不能支持的。于是，人们能够选择的行为，剩下的可能就只有交换了。

交换是指通过自愿、有偿的民事活动方式，从其他民事主体那里取得生存资源。一般而言，交换的方式，是一种文明和符合经济利益原则的财产或者利益转移方式。通过这种方式，双方或者各方当事人，以自己利益或者财产的失去，换得了对方或者他人的

① 一般认为，偷窃的财产只能是动产，而不动产因为其不可移动性，是不能被偷窃的。

财产或者利益。于是，交换的结果，在双方或者各方取得了各自需要的利益时，社会就形成了一种秩序——承认他人是一个利益主体，尊重他人的利益需要，并愿意以有偿的方式，通过交换获得这种利益。

于是，所有人、独立人和具有人格尊严的人，就诞生了市民——这种以他人的生存为自己生存条件的人，也是互相以交换链条连接起来的人，互相依赖、互相争斗，而又互相不能轻易宽容的一群人——对民法规范的需求者，就产生出来了。

编写这本教材，指导思想有三：

其一，希望学习者能够比较轻松地进入民法学的神圣天地，从而，比较轻松地理解民法原理和民事法律制度的构成理由。在这一点上，任何一本民法学教科书，都有这样的使命，都是要让学习者知道“民法是什么”。

其二，希望学习者能够通过学习这本教科书，在进入民法学这一科学领域时，真正地理解它的理论原理，理解民法规范、民事法律制度中的“为什么”。实事求是地说，那种认为法律不是科学，民法学的道理容易读懂、读通的看法，是没有道理的。民事主体首先是利益人，然后才是法律人和经济人。这种利益人、法律人与经济人，是任何人都不能免俗的。甚至于那些搞纯科学的科学家们，也是如此。

其三，希望学习者通过学习这本书，逐步学会运用民商法律法规的规范，来解决日常生活和生产、管理活动当中的民商法律问题。也就是尝试学会运用民法规范，解决遇到的所有民商法律问题，即解决“怎么办”的问题。在这一点上，作者试图强调民法学这门课程的应用性与实践性。应当说，对于任何人来说，民法学都可以给他带来解决其生存利益问题的帮助。我们学习民法学，就是为了用它，用它解决我们日常生活中的问题，提升我们生存的质量，保护我们利益和财富的安全。

因此，本书在编写体例上，使用了“阅读提示”、“思考题”、“学习资料指引”、“参考法规提示”，将每一章中，应当学习和把握的重点、难点等，简明扼要地提示出来，并将应当参阅的基本资料和法规罗列出来，让学习者自己去寻找和阅读。这是为了充分尊重学习者的学习自觉性的一种措施和尝试。

所以，在理论体系上，本书除了就我们现在使用的教材之外，更多的是把民事立法和民商法的司法与实务研究的成果，以教材内容的形式表现出来。对于任何一个想把民法学学习明白的人来讲，本书的主要功用在于：把抽象的理论和原理，转换成形象生动和丰富的学习资料的先例。

作者认为，民法学理论的学习者，如果对民事立法这一法律活动缺乏应有的关注度，尤其是对《中华人民共和国民法通则》、《中华人民共和国合同法》和《中华人民共和国著作权法》等基本法律、法规，缺乏认真、仔细地研读和理论与立法差异的比较，那么，名义上我们学习过民法学，但是，实际上我们可能只是了解过有关的基本原理，而对解决问题的方法或者思路，以及如何使用基本法律规范，缺乏最基本的了解或者把握。

轻视民事立法，以及丰富多彩、生动多样的民商活动中的社会实践，是现代社会中，非常忌讳的一件事。但是，在学习方法上，习惯了“啃书本”的学习者，却往往不是那么容易丢掉这种学习方法。这不能不说是民法理论学习者在学习方法上的重大问题与不足。或许，本书在编写体例上的尝试，就是改变这种学习方法的一剂良方。

由于民法学的实践性和市民社会性，使得它与刑法、行政法等法学学科，存在着巨大的差异。这些差异，既是理论基础的不同造成的，也是其所调整关系的差别造成的。认识到这一点，有利于我们克服学习民商法时的陌生感和疏离感。

我们生存于斯、活命于斯的这个社会，首先就是作者强调的所谓市民社会。市民社会的突出特点，就是人们的生存利益变成了民事权利，人们为此生生不已、奋斗不止。于是，民事活动就成为人们的主要活动——为了衣食住行和生老病死等的基本手段，生存本身仅仅是这种手段的表象而已。

市民社会中，人们离不开民事权利，是因为民事权利具有基础性，同时，它的种类繁杂，数量更多，加上民商法律的规定和人们实际的民事权利又不是一回事，所以，人们在日常的民事活动中，往往仅仅凭借自己有限的知识和经验，并借着各种各样的不正确认识，自觉不自觉地开展各种民事活动。这种做法，如同“盲人骑瞎马，夜半临深池”一样，带有很大的盲目性和随意性，以及极强的风险性。

现实生活中，人们的民事活动，更多的时候，不需要专门的民商法理论知识和专业技能就能进行。但是，作为一个研究民法学理论的人，尤其是以民商法理论和实践为基本技能的训练者而言，就必须具备良好的专业技能，对现实民事活动和民事交易给予密切的关注。这不仅是必要的，而且，也是不可或缺的一门基本功。

从学习效果的角度来看，网络时代，是一个让人们的学习手段和方法变得异常重要的时代。因此，通过网络和各种快捷的学习手段、工具，甚至包括报纸、法庭旁听以及业务实习等，来广开学习途径和门路。

学习民法学，必须要善于利用民商法律法规这一丰厚的文化资源，学会关注现实立法和司法活动的状况，学会从民商法律法规的规范性、逻辑性和可操作性中，吸取丰富的知识营养，体验、领会社会主义市场经济背景下，我国民法学的特殊性和地域文化性。

同时，在所遇到的现实问题面前，学会使用已经掌握的知识，分析问题、思考问题和解决问题，并从所遇到的问题中，探讨那些我们所不知道的领域，这是一个成功的学习者必须具备的基本素质。

2003年10月14日，中国共产党第十六届三中全会通过了《中共中央关于完善社会主义市场经济体制若干问题的决定》，在这个决定中，作为中国人民改革开放的领路人的中国共产党，第一次在党的文件中，庄严地指出：“坚持社会主义市场经济的改革方向，注重制度建设和体制创新。坚持尊重群众的首创精神，充分发挥中央和地方两个积极性。坚持正确处理改革发展稳定的关系，有重点、有步骤地推进改革。坚持统筹兼顾，协调好改革进程中的各种利益关系。坚持以人为本，树立全面、协调、可持续的发展观，促进经济社会和人的全面发展。”在这里，“以人为本”，则是市民社会的灵魂。

2004年3月，《中华人民共和国宪法》再一次进行了修订。其中，宪法序言、第10条、第13条、第14条和第33条中，增加的内容包括：“推动物质文明、政治文明和精神文明协调发展”，“国家为了公共利益的需要，可以依照法律规定对土地实行征收或者征用，并给予补偿”，“公民的合法的私有财产不受侵犯”，“国家依照法律规定保护公民的私有财产权和继承权”，“国家为了公共利益的需要，可以依照法律规定对公民的私有财产实行征收或者征用，并给予补偿”，“国家建立健全同经济发展水平相适应的社会保障制度"，"国家尊重和保障人权"等等，让我们听到了政治国家对于市民权利即私权的神圣承诺和庄严保护的声音。于是，以人为本、政治文明、社会保障、尊重和保障人权等等，成为我们建设全面小康社会的政治性量化指标的组成部分。

人——市民，这是天地之间万物的直接主宰者。人的全面发展，就是市民生存品质的提升、人的尊严的回归，以及人的潜在能力的尽情发挥。所以，当我们的国家，在以人的生存条件改善、生活环境的提升以及生产和经营管理能力的优化为本的时候，我们说：这样的社会充满了希望、活力和发展动力。

因此，任何一个要学好民法学的学习者，都要从认识上重视人、私权和法律的关系。在这方面，学习者务必要牢记几句话：

学习理论只是手段，掌握学习方法才是根本；

关注市民当属首选，研习法律法规更是内份；

读过金书银书万卷，生活之书常常翻是当然；

浏览专业刊物网上，丰厚基础需要花费时间。

作　者

2005 年 1 月

第一编

民法总论

第一章　民法的界定

【阅读提示】 民法的界定，目的是为民法下一个定义，将民法的内涵、外延、产生原因、本源、本质和本位进行分析，并通过逻辑的演绎和推论，导出民法的定义、调整对象。通过本章的学习，解决三个问题，即民法的产生、民法的定义及其调整对象，民法的本源、本质和本位是什么，以及民法在整个法律体系中所处的地位。

第一节　民法的产生

一、民法的产生

民法不是从来就有的。民法的产生，与当时社会的经济基础和政治、文化等等的发展有关。在我国长期的封建社会里，向来是有民事关系的。但是，却少有专门的民事立法。因此，民法作为一种独有的私法文化现象，没有在我国出现。应当说，这是中华法律文化传统的一大特点，又是一大缺陷。

在西方国家，“民法”一词，源于古罗马的市民法。因此，“民法”中的“民”即市民，而“法”作为一种西方文明的组成部分，与“权利”、“公平”、“正义”等等文化密切相关。因而，当中国人在清末接受了西方法制的启蒙，并由日本学者将“市民法”转译为“民法”时，中国人接受的是一个不清晰、不明确的概念。

也就是，“民法”中的“民”，究竟是人民、国民、臣民或者公民等，是不清楚的。而“民法”中的“法”，又是什么意思，是谁也说不明白的。因此，在中华传统文化层面上，“民法”一词是与民事权利文化不相协调的。

从民法的发展沿革上讲，民法作为调整交易关系的基本法，其最初产生于早期的交易活动之中。也就是说，民法的产生，经历了从习惯民法到成文民法的发展过程。

从一定意义上说，在人类进入文明社会的早期，存在交易活动的时候，民法即以习惯法的形式存在了。但是，最早的习惯民法产生的具体时间，现在已经无法考察。而成文民法的历史，至少可以上溯到距今4000多年前的《汉穆拉比法典》。《汉穆拉比法典》是公元前18世纪古巴比伦王国第六代国王汉穆拉比颁布的法律，共有正文282条，大部分皆为民法的内容。至于民法作为一门学科和法律部门，得到正式的确立，还必须追溯到古罗马时期的市民法。

（一）民法产生的条件

1．民法与市民社会

（1）市民社会。所谓市民社会，是指由市场和参与市场交换的人，在市场交换过程中形成的以民事利益为本位的社会。这种社会里，市民是社会的基本主人，社会的运行是为了市民的利益和需要服务的。因此，市民社会的架构规则，一是平等原则，以及基于平等原则延伸而来的等价交换、公平、正义、自由等原则；二是诚实信用原则等基本规则，或者“游戏”规则。在这里，市民的身份，意味着人们可以比较自由、快乐地在一种相对生活化的环境生存，以人为本、小康社会等等，便是对这种社会图景的描述。

（2）市民社会的特征。在市民社会，民事权利或者民事主体的民事利益，成了人们共同追逐或者被“游戏”的对象。因此，第一，市民社会具有基础性，它是满足人们日常生活中的衣食住行、生老病死等需求的基地。第二，市民社会也具有权利性，即所有的民事利益、民事权利都表现在这种社会中的各种各样的活动中。第三，市民社会具有诚信性的需求。也就是说，市民社会在本质上是一种讲究诚实信用和以诚信为本的社会，充满了诚实的社会期望和要求，也充满了信用的价值化、社会化的需要。

（3）市民社会的功能。它包括：一是市民社会具有对市民的生存品质进行快速提升的功能。这种功能是指市民社会因为以市场经济为基础，而市场经济的本质是一种满足人的需求和合法欲望的经济体制。二是市民社会对民商法理论、立法和司法实践等等，具有非同寻常的诱发功能，即当市场经济把人的需要和合法欲望激发起来的时候，由人们的各种各样的物质需求，当然的引发人们对于民商法律规范需求的不断增加。三是市民社会对于民商法律法规等规则体系的运用功能。这种功能是指市民社会因为交易的广泛性、复杂性，以及数量的巨大、速度的快捷等特点，对于相关的交易规则的运用，是大量的和广泛的，也是不断在创造新的规则。从而，构成了一种良性的需要——规则——更高的需要——更细更多的规则，这样的循环。

2. 民法的产生条件

生存利益→交换→交换规则，也就是市民的生存，在生存资料方面的差别性或者区别性，决定了他们之间为了生存，必然要进行利益的交换。由于交换，而产生了交换规则。这些交换规则，构成了市民生存利益维护的基础。这当中，有一些交换规则，因为不符合社会发展的规律而消失了；而有些交换规则，因为顺应了社会的发展规律，而被保留了下来。

立法者通过专门的立法，对于这些交换规则中的大部分或者全部，进行了规则的国家化或者普遍化——法律化的处理，赋予其强制执行的法律效力。于是，这部分交换规则成为民法规范。而那些没有为立法者进行了规则的国家化或者普遍化——法律化的处理，赋予其强制执行的法律效力的交换规则，则以被淘汰的结果，成为人类历史上民商法律文化的“文物”。如古罗马人的曼兮帕蓄式的交易方式，就沉入民商法律文化历史的长河。

作为人类文明的交换规则，随着立法者的立法程序慢慢地汇聚成了成文的民法典，这样一种代表民商法律文化结晶的鸿篇巨制。

3. 民法发育过程

在西方，民法首先源于罗马法中的市民法。古罗马人在奴隶社会这样的社会背景下，竟然创造了民事权利文化和平等观念，可见，当时的民商法律文化的启蒙者，是在一种何等的大彻大悟的思想的天空，想到了人类生存发展的文化规律——平等、自由与诚信，这是社会发展的文化或者文明基础。1804 年，一代枭雄拿破仑用了很短的时间，颁行了具有划时代意义的《拿破仑法典》即现行的《法国民法典》。这是一次历史性的剧变，市民法上升成了一个资本主义国家发展和进步的进阶石的基本法典。

1900 年，《德国民法典》颁布实行，以资本家为代表的社会阶层的利益，通过民法典得到了充分的保障。于是，民商法律文化所特有的个人本位、私权神圣以及诚实信用等等私法精神，被当作社会进步和人类文明的精华，变成了具体而又复杂的民事法律制度、民事权利规则和民事责任承担的条文。

于是，我们看到了人类关于民商事利益分配的基本规律——民事权利，需要基本的社会运行的制度架构和规范设计，以及具体而又可行的措施保护。

1922 年的《苏俄民法典》是第一部社会主义制度背景下的民法典。它的制定颁行，为社会主义社会运用新的规则调整具有社会主义性质的民商利益关系，奠定了良好基础。1961 年，当时的苏联，又通过了《苏俄民事立法纲要》，由此，社会主义国家的民事立法，有了一个可以直接借鉴的范本。

在我国，《周礼》以及各朝各代的“律”等，都是民商法律规范的直接源流。但是，由于中华法律文化的综合性——诸法合体，或者因为封建专制主义的独断性——以刑为主，造成在中国封建法制当中，民商法律的地位低下。随着西方宪政制度和近代民主法制的影响，直到 1911 年《大清民律》出台，中国人才有了真正近代意义上的民法典。

1929 年，中华民国政府颁行的《中华民国民法》，将西方近现代民商法律文化的理念引入中国。这部分为五编，条文多达 1225 条的民法典，尽管形式上存在着这样那样的不足，但是，其历史地位和深远的影响是不容忽视的。

新中国成立后，实行社会主义制度。由于政治和经济体制上的原因，民法典的出台，几起几落，直到 2004 年，也未见《中华人民共和国民法》[①] 颁布。

1986 年，《中华人民共和国民法通则》（以下简称《民法通则》）颁布。这标志着我国实行社会主义的法治，将公民的民事权利放到了一个重要的位置。那么，在《民法通则》中，通过法律规范体系确立的民法基本制度，主要有：民事基本制度（民法总论）、物权制度、债权总论、债权分论（债和合同制度）、知识产权制度、人身权制度、继承权制度、民事责任制度等。

4．民法的定义

“民法”一词，其法律文化学意义，直接源于罗马法的 jus civile，并由日本学者从荷兰语翻译而来。在罗马法中，jus civile 原意为市民法，其主要适用于罗马市民。市民法是与万民法相对应的一个概念，后来演变成为罗马法的统称。

就中华法系而言，其典型形态为诸法合体，即民、刑、行合一，并且以刑法为主。作为一个法律系统的独立部门法意义上的民法，在形式上并未形成。所以，中国的“民法”一词，就其制度上的语源而言，是通过日本民法典追溯到德国民法典，最后到了罗马私法那里。

作为一个独立的法律部门，民法的概念，可以从抽象的概念以及具体的调整对象两个方面来把握。前者即我们通常所说的形式意义上的民法，后者即实质意义上的民法。

所谓形式意义上的民法，主要是指民法典，最为典型的代表为《法国民法典》、《德国民法典》等，是近代欧陆国家崇尚理性主义、国家主义的立法产物。目前，从理论上讲，我国尚无形式意义的民法即民法典存在。我国形式意义上的民法，只有基本法性质

---

① 即我国的民法典。按照我国的习惯说法，是《中华人民共和国民法》而不是《中华人民共和国民法典》。这与我国的刑法典是《中华人民共和国刑法》而不是《中华人民共和国刑法典》一样。

的《民法通则》，以及一系列单行民事法律、法规和司法解释等等。

而实质意义上的民法，不仅包括了成文的民法典，而且，包括一切具有民法性质的法律、法规，以及判例法、习惯法等等。

由此，我们可以对民法下这样的定义，即民法是通过事先、事中和事后等调整方法，对平等主体的公民之间、法人之间、公民和法人之间的财产关系、人身关系进行调整的各种法律规范的总称。民法是以一种利益关系调整的规范体系，是从民事主体的行为规范、司法机构的裁判规范体系角度，进入市民社会，并进而发挥作用的。

二、民法的历史源流

（一）民法的历史沿革

1. 罗马法

古代民法对后世影响最大的，非罗马法莫属。目前，已经发现的古罗马最早的成文法，是公元前451年—公元前450年制定的《十二表法》。而罗马法的成就，则主要集中在《国法大全》中。

罗马法的内容异常庞杂，而且，并没有像后世那样，对法律进行明确的法律部门划分。但是，罗马法中对后世影响最为深远的是规范民事关系方面的规则。罗马法除诉讼部分外，实体法分为人法、物法两大部分。人法部分包括人格、家和家属、家长权、婚姻和夫权、家主权和恩主权、准奴隶等；罗马法中的物法，则是财产关系法，主要内容为物权、继承和债。罗马法对罗马奴隶时期已较为发达的商品经济关系，作了详细的规定。现代民法的主要法律概念、原则和制度等，在罗马法中都有规定。

西欧封建社会中期以后，欧洲大陆掀起了罗马法的复兴运动，罗马法几乎被整个欧洲所接受。随着欧洲列强在世界范围内的拓殖，罗马法传遍了整个世界。后世民法法系的形成，其法学理论基础与体系基础，都是建立在罗马法的基础之上的。

罗马法时代，留给后世的财富有三个方面：其一是第三次征服世界，即以罗马法征服世界；其二是私法观念的确立；其三是私权平等原则的树立。这些财富都蕴藏在《国法大全》之中。

2.《法国民法典》

《法国民法典》是资本主义社会的第一部民法典，原名叫《拿破仑法典》。它诞生在拿破仑时代，充分反映了资本主义商品经济的社会需要。《法国民法典》以罗马法的《法学阶梯》为基础，整部法典由总则和三编组成，共2283条。

总则部分，规定了法律的公布、效力及其适用。第一编（第7条～第515条），包括民事权利的享有及丧失、身份证书、住所、失踪、结婚离婚、血缘关系、收养子女、亲权、监护等。第二编（第516条～第710条）是财产及对于所有权的各种变更，包括财产的分类、所有权、用益权、使用权及居住权、役权。第三编（第711条～第2283条）是取得财产的各种方法，包括继承、身前赠与及遗嘱、契约或合意之债一般规定、非因合意而发生的债、夫妻财产契约及夫妻财产制及各类有名契约等等。

《法国民法典》贯彻了资本主义民法的三大原则，即所有权绝对原则、契约自由原则和过失责任原则，建立了比较完善的民法体系，结构严谨、法典用语简洁通俗。这与后来的《德国民法典》形成了鲜明的对比。

3.《德国民法典》

德国进入自由资本主义时代，经历了一个世纪的时间。《德国民法典》的编纂，也前后经历了大约半个多世纪。那时，法学实践和理论上的成就，给这部法典的编纂，做好了充分的准备。1896 年 8 月 24 日《德国民法典》公布，1900 年 1 月 1 日正式施行。后世学者评价《德国民法典》时指出：起草者有意避免吸收外国法律，避免采用任何拉丁语或其他国家的法律术语。

《德国民法典》的编纂体例，与《法国民法典》有很大的不同。其以《学说汇纂》为模型，分为五编，共 2385 条，被称为“潘德克顿”式民法编纂体例。依此种编纂模式制定的民法典，一般都采用五编制，即第一编总则，然后依次为债权法、物权法、亲属编和继承编等。不仅如此，在债权、物权、亲属和继承各编的开头，均设有第一章总则，规定该章的共同制度和规则。

“潘德克顿”式编纂体例的特点：首先，在于强调法典编纂的逻辑体系。在规定各种法律关系时为了避免重复规定，均采取了从一般到特殊的编制方式。其次，立法者非常重视立法构造技术的运用，将各种法律上的利益和保护对象，以特定的法律术语进行表述，并放置在一个预定系统的法律体系之中。但是，这样做的代价，就是法典用语脱离世俗用语，法学理论不易为普通人所掌握。因此，“潘德克顿”式民法典，也被认为是法学家制定的法典。

4. 民法在中国

中国社会，历来是个重农抑商的社会，各朝各代的法律基本上都是诸法合体、民刑不分。虽然说，商品交易关系很早即已存在，但是，相关的民事法律规范只是以习惯方式存在。形式意义上的民法典，从来就没有产生过。“民法”一词，实质上也就是舶来的民法文化的赝品。

我国民法典的首次制定始于清末。1907 年，处于风雨飘摇中的清王朝试图以变法救亡，光绪帝任命沈家本等人为修律大臣，主持民刑等法典的制定。在日本学者的帮助下，1911 年底，民法典起草完成，史称“大清民律”草案。该草案参酌了刚刚生效的《德国民法典》和《日本民法典》，分为总则、债权、物权、亲属、继承五编，共 1569 条。但是，这一民法典尚未正式颁行，清王朝已被辛亥革命所推翻。

辛亥革命成功后，中华民国政府设立修订法律馆，主持起草民法典。1925 年完成的《中华民国民法》是中国第一部民法典。该法典以大清民律草案为基础，又被称为第二次民律草案，共 1745 条。该法典采民商合一制，体系颇具特色。1949 年，中华人民共和国成立，该法典被中央人民政府明令废除，现仅在中国台湾有效。

中华人民共和国成立后，废除了中华民国时期的六法全书。长期以来，我国一直都采用单行法的方式处理民事关系。1954 年，全国人大常委会组织起草民法典，1956 年完成了草案，法典共 525 条，分为总则、所有权、债和继承四编，体例系采用 1922 年《苏俄民法典》的模式。1962 年，全国人大常委会组织第二次民法典的起草。1979 年，全国人大常委会组织第三次民法典起草工作。1982 年 5 月完成了《中华人民共和国民法草案（第四稿）》。但是，上述三个民法典最终都未能颁布施行。

1978 年 11 月，中共中央十一届三中全会以来，我国推行了全面的改革开放，民事立法也日益被提上了议事日程。1986 年 4 月 12 日，全国人民代表大会通过的《中华人民共和国民法通则》是我国民事立法的重要里程碑。1999 年 3 月 15 日，全国人民代表大会又通过了《中华人民共和国合同法》（以下简称《合同法》），使得我国的民事立法在科学性、技术性等方面，步入了一个新的阶段。但是，必须认识到，目前，我国的民事立法现状，还远远不能满足我国日益发展的社会主义市场经济的需要。为了使我国的民事立法能跟上我国经济发展的脚步，目前，我国物权法和民法典的起草工作，都正在紧锣密鼓地进行中。

第二节 民法的调整对象

一、民法的调整对象

我国《民法通则》第 2 条规定，我国民法的调整对象为平等主体的公民之间、法人之间、公民和法人之间的财产关系和人身关系。我国《合同法》第 2 条规定的调整对象，也是“平等主体的自然人、法人、其他组织之间设立、变更、终止民事权利义务关系的协议”。

因此，可以将我国民法的调整对象，界定为“平等主体的自然人、法人、其他组织之间的财产关系和人身关系”。

（一）财产关系

“财产”一词，是大陆法系和英美法系共用的概念。但是，在英美法系中，财产是一个非常概括的开放概念；而在大陆法系中，虽然立法者和学者也在不同场合使用财产一词，但是，却几乎没有人对财产概念进行准确的界定。

有学者对于民法规制对象的财产，做出以下限定：第一，它们必须具有效用，即能满足人的需要；第二，它们必须具有稀缺性，即不能无限量地存在；第三，它们必须具有合法性。有些客体既具有效用，又具有稀缺性，但它们却不是财产，比如军衔、荣誉等。[①] 一般而言，民法中的财产，包括以下内容：①具有经济价值的有体物，如房屋、机器、土地等；②智力成果，如著作、专利、商标等；③受法律保护的具有经济价值的利益，如企业名称、商业秘密等。

围绕财产及财产权利形成的关系，即为财产关系。但是，并非一切财产关系皆由民法进行调整。具体的一个财产关系，是否由民法进行调整还要看具体的情形。比如抽象的经济关系、情感行为中的所谓经济关系，一般就不属于民法的调整范围之内。

民法调整的财产关系，主要为财产的归属关系和财产流转关系。前者可以称为静态的财产关系，后者可以称为动态的财产关系。静态的财产关系主要由物权法进行调整，而动态的财产关系则主要由债法调整。

除此以外，民法所调整的财产关系还有一个重要的特征，就是均为平等的财产关系，在财产流转的规制上也贯彻平等原则，以及平等原则基础上的自愿原则。这也是民法与行政法、刑法、经济法等部门法的重要区别。

（二）人身关系

人身关系包括人格关系和身份关系，是以人身利益为内容，不直接体现财产利益的

① 彭万林：《民法学》，北京：中国政法大学出版社，1999 年第 2 版，第 18～19 页。

社会关系。其中人格关系以人格利益为对象，主要是以人格权为内容，如名誉权关系、肖像权关系等；而身份关系则主要以身份利益为内容，例如，配偶关系、父母子女关系等。

民法所调整和规定的人身关系，主要具有如下特点：

1．与人身不可分离

人身关系是基于人身利益而发生的关系，因此，人身利益一般都不能随意放弃或被转让。很多人身关系都是始于出生终于死亡。

2．人身关系的当事人地位平等

现代民法所调整的人身关系，皆为平等主体之间的人格和身份关系，主体之间没有相互的依附和隶属关系。每个民事主体都享有独立的人格利益，同时，人格和身份利益也具有绝对性，不得任意侵犯。人身关系中的当事人，虽然在权利义务上有所不同，但是，当事人之间的地位是平等的。

3．人身关系不直接体现财产利益

人身关系中当事人之间的权利义务关系，虽然可以体现财产利益或者可以转换为财产利益，但是，人身关系一般都不直接体现为财产利益。

二、民法的调整方法

民法作为调整社会关系的主要法律手段，从不同的角度和阶段观察，可以看出其在调整方法上并不相同。具体而言，可以分为直接调整、间接调整，事前调整、事中调整和事后调整等等。以下对后一分类进行阐述。

（一）事前调整

所谓事前调整，是民法规范对于民事关系的规则性调整，即民事法律调整规则确定后，对于民事主体、民事客体的确定和作用。民法在对民事活动进行事前调整的主要方式分为筛选和排除两种，具体表现为通过民事法律规范对民事主体、民事客体的确定。

确定方法，是指民法为民事法律关系的产生及规制，事先预定一定的条件和资格。确定主要分为主体资格的确定、客体资格的确定。

所谓主体资格的确定，主要是指民法通过权利能力和行为能力的规定，对法律关系的参加者进行筛选和控制，从而将不符合民法规制目的的主体，排除在民事法律关系之外，以实现民法活动的正常秩序。

所谓客体资格的确定，主要是指民法通过民事活动的客体制度，对可以进入民事流转和民事归属体系的客体进行筛选和限制，将不合格的客体加以排除，从而在民事客体的角度，实现对民事法律关系的客体规制。

除了通过排除和筛选民事主体和民事客体的方式，进行民事法律关系的规制以外，民法还通过拟制的方法，在事前调整中对民事活动进行规制。比如，我国《民法通则》第 11 条第 2 款“16 周岁以上不满 18 周岁的公民，以自己的劳动收入为主要生活来源的，视为完全民事行为能力人”的规定，就是从规则角度，把符合 16 周岁以上不满 18 周岁条件的公民，在其以自己的劳动收入为主要生活来源时，把他作为完全民事行为能力人，允许参加所有的民事活动，其法律行为是完全有效的。

（二）事中调整

所谓事中调整，是指通过运用民法规范，将民事主体之间的利益联系，采取民事关系模型加以调整的情形。民法事中调整的方式，主要有范导和拟制等。民法规范是对一个法律事实赋予确定法律后果的规定。其逻辑结构可分为行为模式和保证手段两个方面。行为模式由假定和处理构成，保证手段则由假定行为和法律后果两者构成。

事中调整主要是通过对行为模式的调整，即范导实现的。在民法为当事人提供的行为模式中，可分为任意性规定和强制性规定。前者是民法中可由当事人自由选择是否遵循的规定，而对于后者当事人则不能自由选择。任意性规定主要为柔性的范导模式，即法律仅对当事人的法律行为进行引导或诱导，而不作强制性的规定。强制性规定，顾名思义即法律对当事人的法律行为进行了明确的规定，当事人如果违反此种规定，则要承担不利的法律后果，此为刚性的范导模式。

除此以外，在事中调整过程中，民法也往往借助民法解释学，对当事人从事的意思不明确的法律行为进行拟制，从而，确保民事活动的可规制性和结果的确定性，防止当事人之间因为某些疏忽，而导致民事法律关系处于不稳定状态。

（三）事后调整

所谓事后调整，是指民法对于确定形成的民事法律关系进行的效力性评价，并据此对民事主体所欲形成的法律关系进行修补和保障。

民法事后调整的主要方式为强制。其具体表现为对合法民事关系的效力肯定和保障，比如，对于合法成立的合同，法律赋予其强制履行的效力。除此之外，民法在事后调整中强制力实现的一个主要方式是惩罚，主要是对没有按照法律要求从事民事活动的民事主体，加诸不利的法律后果。惩罚具体可分为失权、强令生效、经济制裁、强制道德行为和证据规则等等。

三、民法的适用范围

民法的适用范围，是指民法效力发生作用的范围，即民法对什么人、在什么地方和什么时间产生效力。其主要分为民法对人的适用、民法在空间上的适用及民法在时间上的适用。

（一）民法对人的适用

民法对人的适用，是指民法适用于哪些人。根据我国《民法通则》的规定，我国民法对人的适用范围，采用的是以属地主义为主，属人主义和保护主义相结合的原则。

我国《民法通则》第8条规定："在中华人民共和国领域内的民事活动，适用中华人民共和国法律，法律另有规定的除外。本法关于公民的规定，适用于在中华人民共和国领域内的外国人、无国籍人，法律另有规定的除外。"可见，我国民法对于人的适用，既包括了我国公民、外国人、无国籍人，也包括了中国法人、外国法人或者外国的组织机构等等。

（二）民法在空间上的适用范围

民法在空间上的适用范围，是指民法在哪些地方发生效力。一般而言，我国民法适用于我国领土、领空和领海，以及根据国际法视为我国领域的我国驻外使领馆，还有在我国领域之外航行的我国船舶和在我国领空之外的飞行器等。具体而言，我国民法在空间上的适用范围，可做以下区分：

1. 适用于我国全部领域的民事法律、法规

全国人民代表大会及其常委会制定颁布的民事法律、国务院制定公布的民事法规，

适用于我国全部领域。但法律、法规中明确规定仅适用于某一地区的除外，如香港、澳门等就不能适用《民法通则》、《合同法》等。

2．适用于局部地区的地方性民事法规

地方性民事法规、民族自治地方的民事法规、经济特区的民事法规、特别行政区的民事法规，适用于制定者所管辖的区域之内。该区域之外，则不能适用。

（三）民法在时间上的适用范围

民法在时间上的适用范围，一般是指民法的生效和失效的时间，以及民事法律规范对其生效前发生的民事法律关系是否具有溯及力。

1．民法的生效时间

民法的生效时间主要有两种：一种是自民法规范公布之日起开始生效的；另一种是在民事规范公布后，经过一段时间再生效的，如我国的《合同法》。

2．民法的失效时间

民法的失效时间就是民法终止效力的时间。具体而言可以分为三种：第一种是新法直接规定废止旧法的。第二种是旧法规定与新法相抵触的部分自动失效的。第三种是国家机关颁布专门的决议，宣布某些法律失效的。

3．关于民法的溯及力

我国的民事法律规范，贯彻法律不溯及既往的原则，一般都没有溯及力。有溯及力的情况，一般都发生在法律有明文规定的场合，比如最高人民法院《关于贯彻执行〈中华人民共和国合同法〉若干问题的解释（一）》（以下简称《合同法意见》）第3条规定："人民法院确认合同效力时，对合同法实施以前生效的合同，适用当时的法律，合同无效而适用合同法有效的，则适用合同法。"

（四）民法在事项上的适用范围

民法在事项上的适用范围，其实就是所谓民法的调整对象的问题。我国《民法通则》规定了民法的调整对象，即平等主体的人身关系和财产关系。除此之外，在形式上，民法又有普通法和特别法之分。其中，民事普通法仅适用一般的或普通的事项，而民事特别法适用于个别的或特殊的事项。①

第三节　民法的本源、本质及本位

一、民法的本源

所谓民法的本源，是指民法作为调整社会关系中最基本的社会规则体系。它究竟是起源于立法者的"任性"或者国家意志，还是起源于市民社会中市民的生存需求根源。作者认为，在我国，民商法律起源的基础与我国《宪法》第2条的规定是一致的，即"中华人民共和国的一切权力属于人民"。在这个大的背景下，我们对于民商法产生的观察点就是"以人为本"②，就是以人民的利益为核心，建构我们整个国家的民商法律体

① 龙卫球：《民法总论》，北京：中国法制出版社，2002年第2版，第77页。

② 《中共中央关于完善社会主义市场经济体制若干问题的决定》第3部分，就有"坚持以人为本，树立全面、协调、可持续的发展观，促进经济社会和人的全面发展"这样的明确规定。

系。也就是说，人民群众的衣食住行和生老病死等，都应当是我们进行任何工作的最终落脚点。人民生活无小事，因此，人民政府应当是“权为民所用，利为民所谋，情为民所系”的“三个政府”——亲民政府、法制政府和责任政府。

在本源意义上，强调民商法的产生根源，究竟在以人为本，还是以政府为本。市民的生存需求的存在、满足和发展，并不取决于或者不完全取决于政府的喜好或者立法者对于市民利益的态度。长期以来，我国民商立法比较落后，往往与立法者和政府这种政治国家的代表者，对于市民利益的认识不充分有一定的关系。

但是，从 1978 年开始，中国共产党通过一系列的拨乱反正，经济全方位的改革开放，推动了社会政治、经济、文化的全面进步。其最典型的成果，就是中国老百姓的绝大多数人已经脱贫，一部分人走上了富裕道路。于是，市场繁荣，经济发达，社会进步，人民安居乐业。我国社会的民商立法和法制的全面进步，已经成为一个不争的现实。

现在，我国社会的管理者，已经将全面建设小康社会、以人为本、尊重人权等等，写入我国《宪法》，成为一个国家、一个民族进行国家建设和社会发展的重要目标。

因此，从本源上讲，一种崇尚私权、保护私益，以及充分保障合法财产的权利不受到非法侵害的社会正在逐步形成。作为一种民商法理念，我们强调：民法的本源，实质上就是以何为立法的基础，在理念上究竟是以权利为本，还是以社会秩序为本。说到底，民法的本源解决的是民法的基础是人——市民的需要，还是政府——国家的需要问题。

毋庸置疑，在目前以及今后相当长的一段时间里，我国社会进步和经济发展的基本动力，就是我国《宪法》确立的政治目标，即为了满足人民群众日益增长的物质的、精神的和文化的需要等，逐步实现工业、农业、国防和科学技术的现代化，推动物质文明、政治文明和精神文明协调发展，把我国建设成为富强、民主、文明的社会主义国家。按照《中共中央关于完善社会主义市场经济体制若干问题的决定》第 3 部分的规定，就是“坚持以人为本，树立全面、协调、可持续的发展观，促进经济社会和人的全面发展”。

二、民法的渊源

(一) 民法渊源的界定

民法的渊源即民法的表现形式，又称为民法的法源，主要是指实质意义民法的存在形式。关于民法渊源的问题，存在所谓的“一元制”与“多元制”的争议。一元制只承认制定法为民法的渊源，《法国民法典》即采用此种主张；而按多元制主张，民法的渊源除了制定法以外，还包括习惯法、判例法和法理等，持多元制主张的有《瑞士民法典》等。出于对法律局限性和法官自由裁量权，以及民法规制特征的不断认识，现代民法在立法和学说上，基本上都赞同多元说的观点。

(二) 我国民法渊源的具体类型

我国民法的渊源主要有以下几种类型。

1. 制定法

制定法又称成文法，是指以享有立法权的国家机关，依照法定程序制定和公布的，以文字形式表述并于生效前公布的法律。在我国属于民法的制定法规范主要有以下七种：

(1) 宪法中的民法规范。

宪法是国家的根本大法，也是民事立法的依据。作为调整最广泛社会关系的法律部门，宪法在调整对象上与民法必然存在一定的重合。例如，宪法中有关民事主体基本权利和义务的规定，也属于民事法律规范的范畴。比如我国《宪法》第41条规定："由于国家机关和国家工作人员侵犯公民权利而受到损失的人，有依照法律规定取得赔偿的权利。"这种规定就是民法规范的规定。

(2) 民事法律。

民事法律主要是指由全国人民代表大会及其常务委员会制定、颁布的民事方面的法律，目前主要有《民法通则》、《合同法》、《担保法》、《著作权法》、《商标法》、《专利法》、《婚姻法》、《继承法》、《收养法》等等。

(3) 国务院制定的民事法规。

我国《宪法》规定，国务院作为国家的最高行政机关，有权制定行政法规。在我国，行政法规主要是对国务院所制定的规范性文件的通称，而非仅仅限于行政性质的规范，民事规范也包括在其中。

需要指出的是，国务院所属各部（委）、局所制定颁布的规范性命令、指示和规章，不是行政法规，在处理民事纠纷中仅具有参照意义，而且，其内容也不得与法律和行政法规相冲突。

(4) 地方性法规、民族自治法规和经济特区法规中的民事规范。

地方性法规、民族自治地方的自治法规和经济特区法规中，有些属于民事规范，这些规范在不与法律和行政法规相抵触的情况下，在制定者所管辖的区域内有效。

(5) 特别行政区的民事规范。

根据《香港特别行政区基本法》和《澳门特别行政区基本法》的规定，香港、澳门两地的法律制度基本不变。两地原有法规中的民事法律规范，在各该特别行政区内依然适用。因此，它们同样属于我国民事法律规范的范畴之内。

(6) 有权机关的解释。

有关国家机关在其权限范围内，可以对民法规范的适用进行解释。其本身虽不是民事立法，但是，仍然具有一定的拘束力，可以视为广义的民法渊源。其中，最主要的就是最高人民法院所做出的各种司法解释。

此外，国务院对其制定的民事方面的行政法规所做出的解释，也是广义的民法规范的组成部分。

(7) 国际条约中的民法规范。

国际条约虽然不属于国内法的范畴，但是，通过特定的程序，国际条约可以具有与国内法同等的效力。因此，经过我国签订或参与的国际条约，也属于我国国内法的渊源之一。比如，我国参加缔结的《联合国国际货物销售合同公约》，就是我国处理涉外买卖合同关系的一种民法渊源，法官可以直接适用。

2. 判例

判例法是英美法系的主要法律渊源，传统大陆法系国家一般都不认可判例作为法律渊源的效力，但是，随着两大法系的相互融合，以及对成文法局限性认识的深化，越来越多的学者已经主张我国应施行判例法制度。

在司法实践活动中，最高人民法院所做出的批复、解答和判例中所形成的许多规则，实际上已经充当了一定的判例作用。但是，必须认识到，施行判例法制度，对法官的要求非常严格，就中国目前的司法环境而言，判例并不适宜全面地进入民法法律渊源领域，而仅应在特定层次上，发挥对成文法的补充作用，以及对下级法院法官判案的指导作用。

3. 习惯

成文法和习惯法是对法律类型的基本分类。由于成文法本身所具有的种种局限，各国大都承认习惯法可以作为民法的渊源。但需注意的是，此处的习惯不同于日常生活用语中的习惯。能够作为民法渊源被确立的习惯，必须满足以下条件：其一，该习惯确实存在；其二，该习惯所针对者，须为法律未有规定的内容；其三，该习惯至少在一定区域内得到了大多数人的认可；其四，该习惯须不违背国家的强制性法规的规定，不违背公序良俗，并经过司法机关的明示或默认的许可适用等。

三、民法的本质

(一) 民法为私法

民法调整的是平等主体之间的身份关系与财产关系，其所涉及的利益大都属于民事主体私人利益范畴，故民法理论一般都认为，民法究其性质而言属于私法范畴。

关于公法、私法的划分，一直以来，是西方法律史上源远流长的分类。关于公法、私法的划分标准，也一直是聚讼纷纭，争执不定，主要有利益说、意思说、隶属说、主体说等等。但无论对私法、公法的划分采用何种标准，都必须面对的一个问题，就是这种区分在法学理论以及司法实践中具有怎样的意义。

民法学者一般认为，强调私法、公法的分类，主要目的在于正确认识民事法律属于私法而不是公法，由此出发，才能正确摆正民法的位置，进而提倡所谓的私权神圣、意思自治等。

民法为私法，其主要体现为民法所规范的社会关系，皆为当事人之间的“私”的利益，而并不直接与国家公权力相关。由此，可以得出民事关系中的权利，不容国家公权力任意侵犯。在私法活动的领域内，实行意思自治原则，即由法律地位平等的当事人，通过协商解决他们之间的权利义务关系，国家原则上不作干预，只有在当事人双方无法通过协商解决彼此争端的时候，才由司法机关出面进行裁决。

(二) 民法为市民法

“民法”一词作为日本学者对“市民法”的意译，在翻译过程中，将市民的概念变成了公民概念，这是其词不达意的地方。大陆法传统理论中，民法的基本含义不是“公民”的法，而是“市民”的法。

市民社会是孕育现代民法学理论的土壤，也是民商立法的基础。何谓民法学领域中的市民社会?[①] 西塞罗指出，市民社会是业已发达到出现城市文明政治共同体的生活状态。但是，被后世法学家们普遍接受的市民社会的概念，还是由黑格尔、马克思等确立的定义。黑格尔认为，市民社会是处在家庭与国家之间的差别阶段。在市民社会中，每

---

① 作为与市民社会相对应的概念，是关于“政治国家”这一名词。政治国家对于市民社会而言，往往意味着强力、控制和更多的约束。相比较而言，市民社会更多的是协商、平等和自由等。法律的中心观念，具体体现为近代民法三大原则的确立。

个人都以自身为目的，其他的一切在他看来都是虚无的，他必须通过与其他人发生关系以实现他的全部目的。实际上，黑格尔所说的市民，就是合理追求自己利益的“经济人”。因此，市民社会的实质，是一种以交易手段来获得和满足自己利益需求的社会。在这种社会里，一切社会活动的基本规则是：以人为本，效率第一，交易规则第一。

民法为市民社会的法，就是强调民法理念以及对于民法制度的理解，必须放置在市民社会的总体背景中进行或者展开，承认民事主体在市民社会中的利益定位，不对民事主体课以过高的道德要求。因而，市民社会是一种让市民成为一个讲究诚实信用和平等相待的社会。

(三) 民法为实体法

以法律的调整对象以及实施程序等为标准，法律可以被划分为实体法与程序法。在民事领域，规定当事人之间实体权利义务关系的法律，为民事实体法；而规定此种实体权利的运用即实现，以及实施的程序、手续的法律是程序法。

从民法规范的具体形态看，民法主要规范的是民事主体的实体权利义务关系。所以，民法中尽管也包含了一定程序法的内容，以及举证责任的要求，但是，就其整体而言，民法的性质仍然为实体法。

四、民法的本位

所谓民法的本位，即民法的基本观念、基本目的或基本作用。民法本位虽然受制于民法的基本原理，但是，也随着时代的变迁经历了不同的演变过程，表现为不同的具体形态。

在人类社会的早期，民法以身份关系为基础，此时，民法主要为义务本位时期。罗马法时代的家父制度、奴隶制度，均是此种民法观念的明显体现。所谓义务本位，简言之，就是民事规范以法律上的义务为核心，民法的主要内容为禁止性和义务性规定，较少程度上承认民事主体私权上的自治权利。法律观念的核心，是使个人在其特定身份的设定下完成特定的要求，其典型的立法例为1794年制定的《普鲁士联邦法》。

中世纪以后，人性复苏，家族社会日益解体，作为自治主体的个人逐渐取得了对社会生活的主导地位，个人从此成为政治经济生活的独立主体。梅因将此称为从身份到契约的进步。在这种背景下，权利本位观念在民法中取得了支配地位，民法进入了权利本位时期。在此种本位下，法律的基本作用和目的，不再是限制民事主体的自由和权利，用身份对民事主体进行强制义务的课加，而是确立民事主体的独立地位，加强对其民事权利的保护，权利已成为法律的中心观念，具体体现为近代民法三大原则的确立。

其一，意思自治原则。法律尊重民事主体的意思自由，当事人可以根据自己的意思订立各种契约，国家对此原则上不作干预。

其二，所有权绝对原则。所有权获得法律的绝对性保护，拥有强大的对抗效力，当事人对所有权的处分的边界，也完全受制于当事人自身的意思。

其三，过错责任原则。个人只对自己存在主观上可归责的行为承担责任，而不对其他人的行为承担责任，也不对自己的无过错行为承担责任。

19世纪末20世纪初以来，随着社会生活环境的巨大变化，传统的权利本位原则的绝对化，导致了大量社会问题的出现。为了适应现实生活的需求，校正过分的权利本位原则，各国民法的立法、司法和理论界均调整了姿态，对权利本位原则做出了相应的修正。其主要表现为：重视社会利益的增加，法律在特定场合下，对个人权利做出一定的限制或剥夺。其典型的表现是20世纪以来，侵权法中无过错责任的兴起、法人有限责任的排除等。

就我国现行民法的本位而言，基本采用的是以权利本位为主，兼顾了社会本位的原则。

民商法产生于市民社会，是市场经济发展的产物。在世界历史上，民商法起源的共同历史之源是罗马法中的“市民法”。在民法当中，民事权利和民事活动是民商法学的灵魂，因为它解决的是市民利益的界分、调整和规制，即民事主体的民事权利的调整和保护问题。古今中外民商法的具体产生原因及其法律渊源在表现形式上，尽管可能有所不同，但是，民法的实质是一样的。那就是架构民事平等的法律平台，贯彻保护私人权利的思想，倡导民事权利合法行使，以及意思自治基础上整个社会的诚实信用原则。

思考题

1. 民法是如何产生的？实质意义的民法与形式意义的民法，应当如何区分？
2. 民法在我国的发展历史，为什么比其他国家缓慢？
3. 民法的调整对象、调整方法各是什么？其有什么特征性差别？
4. 如何确定民法的适用范围，有什么原则？
5. 什么是民法的渊源？我国民法的渊源有哪些？
6. 怎样理解民法的本质？民法的本位是什么？
7. 何谓市民社会？市场经济和市民社会有什么内在联系？

学习资料指引

1. 梁慧星：《民法总论》，北京：法律出版社，1996年版，第1章。
2. 魏振瀛：《民法》，北京：北京大学出版社、高等教育出版社，2000年版，第1章。
3. 彭万林：《民法学》，北京：中国政法大学出版社，1999年第2版，第1章。
4. 王建平：《民法学》，成都：四川大学出版社，1994年8月版，第1章。
5. 张俊浩：《民法学原理》，北京：中国政法大学出版社，1991年版，第1章至第3章。
6. 龙卫球：《民法总论》，北京：中国法制出版社，2002年第2版，第1章。

参考法规提示

1. 《中华人民共和国立法法》，第1条至第4条、第8条。
2. 《中华人民共和国民法通则》，第1条、第2条。
3. 最高人民法院《关于贯彻执行〈中华人民共和国民法通则〉若干问题的意见（试行）》（1988年1月26日最高人民法院审判委员会讨论通过）四、民事权利部分。
4. 《法国民法典》，第1条至第6条。
5. 《德国民法典》，译序。
6. 《意大利民法典》，第1条至第31条。
7. 《中华人民共和国民事诉讼法》，第2条至第8条。

第二章　民事活动的基本原则

【阅读提示】　民事活动是一种最为常见的生存性、生产性的社会活动。本章对民事活动的定义、内容等进行了分析和阐述。本章的重点，是了解民事活动的基本概念、内容等，以及在民事活动中，民事主体应当遵循的基本规则，即民法的基本原则。在我国，民事活动的基本原则包括平等原则、意思自治原则、诚实信用原则、私权神圣和公序良俗原则等，学习者应当理解其内在的法律逻辑关系。

第一节　民事活动

一、民事活动的定义

“民事活动”一词的引入，是因为民事主体的生存利益，要通过相应的民事或者商事行为，有意识地活动来实现的。换言之，民事主体的生存利益并不是自动或自然地实现的，它依赖在合法前提下的各种单一主体、各方主体的意思表示，以及基于此意思表示而发生的一系列行为或作为。

从这个意义上讲，民事活动是个动态的概念，它揭示了民事主体对其生存利益的实现过程，也反映了民事主体与其生存利益的结合模式。

“民事活动”一词的立法认可，可以从我国《民法通则》第一章的规定得到确认。《民法通则》从第1条到第8条共8个条文中，“民事活动”一词就出现了6次，足见其在立法者心目中的重要性。

作者认为，所谓民事活动，是指民事主体在其意志支配之下，为了实现其生存利益而进行的取得、享有、行使和救济民事权利的行为过程（或一系列行为）。符合民法规范的民事活动能获得合法的效果，而违法的民事活动不能取得预期的合法效果。

民事活动主要包括下列要素：①民事主体；②主体意志；③活动的目的；④活动的过程；⑤合法与否，其效果是不同的。

具体而言，民事活动从其性质和功能上说，具有如下特征：

1. 民事活动是民事主体的权益行为

所谓民事权益行为，实际上是民事主体生存利益实现的行为。分析现实生活中的民事活动，不难发现：几乎所有的民事活动都与民事主体的民事权益存在内在的密切联系。这不但是因为民事主体的每一次或者每一阶段的民事活动都带有鲜明的民事权益目的，表露出其谋取利益的动机，而且，也是因为不论这种利益是否能够得到，是否能够获得保障，都是为民事主体所积极追求的。

民事立法只是给予了这种民事权益行为一个区别受保护与不受保护的依据，从而引导民事主体实施受保护的权益行为，限制、制裁那些不受保护的民事权益行为。

2．民事活动是民事主体的意思行为

民事活动是民事主体有意识的意思行为。这种说法的完整含义，即民事主体在其对民法了解的基础上，以适当方式的意思表示反映其意志，从而实现其生存利益的行为。它强调民事活动的主观性影响到该活动的形成。但是，民事主体的意思行为并不能与合法行为相等同，不合法的民事利益交易或者谋取行为，依然可以成为民事活动，只不过，此类民事活动有可能遭到法律的否定性评价。

3．民事活动是民事权利的实现途径

民法理论中，民事法律关系理论只是反映了民事权利实现的静态结构，但并未揭示其动态特征；而民事活动理论可以从动态上揭示民事权利实现的过程及其条件和社会因素的作用。因此，对民事活动乃民事权利的实现途径的理解，可以从如下几个方面进行观察：

其一，民事权利的发生态，以相应的民事主体行为为基础。同时，民事权利的享有、行使与救济态本身，即与民事主体行为的动态密切联系。

其二，民事权利的受侵害或实现受阻碍，也是因为违法或违约主体的作为与不作为造成的，或民事权利的实现途径被人为障碍造成的。

其三，民事权利的代理、共有、继承以及相邻关系，在很大程度上也与民事主体的权益行为密切相关。

其四，民事权利的裁判保护，也与民事主体的意志行为和司法机关的职权行为密切联系。围绕着民事权利实现这一目的，各种民事活动以不尽相同的形式开辟了相应的途径，即自己行为、救济行为、义务行为以及裁判行为等途径。

二、民事活动的内容

民事活动的进行以一定的民事行为或一系列民事行为为特征。其具体内容，包括法律行为、事实行为、侵权行为、权益行为、毁权行为和裁判行为等等。

（一）法律行为

法律行为，是自然人或法人以设立、变更或终止民事法律关系为目的的行为。法律行为基于意思表示，旨在产生民事法律后果。

按照我国《民法通则》第54条至第59条的规定，法律行为的特征是：其一，属于合法行为；其二，属于表示行为，即以意思表示为要件的民事合法行为；其三，是效果规定于意思表示的合法行为。作者认为，在我国，基于《民法通则》的要求，法律行为的有关行为规则包括以下内容：

（1）应具备的实质要件：①行为人具有相应的民事行为能力；②意思表示真实；③不违反法律或者社会公共利益。

（2）形式要件：可以采用书面形式、口头形式或者其他形式，如默示形式、推定形式等。法律规定采用特定形式的按照法律的规定。

（3）后果：法律行为从成立起便具有法律约束力。行为人非依法律规定或者未取得对方当事人的同意，不得擅自变更或者解除。

（4）生效：法律行为从成立时起即生效，其可以附条件或附期限等。

（二）事实行为

法律行为属于表意行为，而事实行为则属于非表意行为。只要法律上存在此行为的事实，即当然发生法律效果，至于行为人有无取得该效果的意思，则在所不问。事实行为主要有：不当得利行为、无因管理行为、遗失物的拾得行为和埋藏物的发现行为等情形。

不当得利行为，即没有合法依据，取得不当利益，造成他人损失的行为。无因管理行为，即没有法定或约定的义务，为避免他人利益受损失进行管理或者服务的行为。这里的无因，强调无义务依据的事实。遗失物的拾得行为，即民事主体对遗失物、漂流物等加以占有和实际控制的行为。埋藏物的发现行为，即民事主体因有意无意活动而获得所有人不明的埋藏物、隐藏物的行为。

（三）侵权行为

侵权行为，是因故意或过失不法侵害他人权利的行为，或者不法侵害他人的非合同权利或者受法律保护的利益，因此行为人须就所生损害负担责任的行为。它分为一般侵权行为和特殊侵权行为两大类。

1. 一般侵权行为

所谓侵权行为，是指直接导因于民事主体的过错而侵害他人权利的不当行为和故意违背公序良俗、道德准则而加害他人的行为。我国《民法通则》第 117 条至第 120 条、第 128 条至第 129 条，对一般侵权行为做出了规定。

一般侵权行为的法律要件主要有：①损害要件，即有损害事实；②因果关系要件，即损害事实与侵权行为之间须有因果关系；③违法性要件，即加害行为为违法；④过错要件，即侵权人在从事侵权行为时必须存有主观上的过错；⑤责任能力要件，即加害人须有责任能力。对于造成损害事实的当事人，应当依法承担民事责任。

2. 特殊侵权行为

特殊侵权行为，是指基于法律特别规定的由特殊行为，不法对他人权利造成侵害的行为。广义上，将当事人行为以外的加害源造成对方当事人受损害的事实，也包括在特殊侵权的范畴之内。立法层面上，我国《民法通则》第 121 条至第 127 条、第 130 条至第 133 条对此进行了专门规定。

特殊侵权行为的特殊性，主要体现在以下方面：①构成要件特殊，即有时不要求有人的过错或者人的加害行为；②后果归属特殊，一般并不见得直接归属于行为人；③行为种类特殊，其中加害行为可能是人的行为，而行为人可能不具有行为能力，或者加害源不是人，而是被人饲养的动物、物或者自然力等；④归责原则特殊，即特殊侵权行为发生时，其归责原则可能是过错责任（包括推定过错），也可能是无过错甚至公平原则等。

特殊侵权行为主要有以下类型：①间接侵权，即不直接由实施侵权行为的关系人承担民事责任的侵权行为，包括公务侵权行为、工作人员侵权行为和被监护人的侵权行为等；②工业灾害侵权行为，其主要包括产品瑕疵加害侵权行为、高度危险作业加害侵权行为和环境污染侵权行为等；③危险来源行为，即因为某种危险事由，从而给民事权利的安全造成严重威胁的侵权行为，包括建筑物危险侵权行为、动物危险侵权行为和制造通行危险的侵权行为等；④意思联络型，即以侵权行为人的意思联络的状态确定的侵权行为，包括共同侵权行为和混合过错侵权行为等。

（四）权益行为

权益行为，即以民事权益实现、权益共有、权益流转以及权益限制为内容的民事行为。权益行为作为民事主体为使其民事权益实现、流转、共有及限制而实施的有意识的行为，其强调的是，民事权益在民事主体实现时所具有的动态特征或流转特征。这种行为可以分为代理行为、共有行为、继承行为和相邻关系方面的行为等。

代理行为，即代理人在代理权限内，以本人名义为本人实施法律行为的活动。这种行为的产生，主要是因为本人民事权益的取得、享有、行使（或实现）和救济需要他人的协助和辅佐。

共有行为，即民事主体因权益实现的需要而实施的产生共同后果的行为。如联营、合伙等。共有行为给民事主体权益的实现，提供了民事行为能力和活动能力上的补充。因而不论是产生按份共有还是共同共有，其法律权益均由共有人享有。

继承行为，即民事主体为处分遗产和获得遗产而实施的财产权益流转行为。这一行为旨在给主体死亡时财产权益的流转以推动，包括遗嘱行为、继承合同行为和继承行为。

相邻关系方面的行为，即两个以上相互毗邻的不动产所有人或占有、使用人在行使不动产的占有、使用、收益和处分权时，相互之间给予便利或接受限制的行为。

（五）毁权行为

所谓毁权行为，是指民事主体在其意志支配下，消灭其财产权利的行为。毁权行为的提出，主要是强调民事主体可依其意志，在合法的前提下，任意处置其民事权利或救济权利，或作为这些权利标的的财物或利益。这类行为主要包括抛弃权利行为、馈赠行为、浪费和挥霍行为、消费性使用行为等。

（六）裁判行为

一般而言，裁判行为不会被认为属于民事行为的范畴。但是，如果把民事裁判行为抽象为“是有权裁判民事纠纷或争议的机关实施的民事权益的保障行为”，就可以与民事行为产生关联。

事实上，民事裁判行为只是采用了公力强制的形式，其内容或实质仍然是保障民事主体生存利益的实现，维护民事权利的取得、享有、行使和救济秩序。

民事裁判行为的特征是：①公力强制性；②民事权益调整性；③行为的程序性；④实施的应请性；⑤行为后果的专项性。这类行为包括民事仲裁行为、民事调解行为和民事裁判行为等。

第二节　民法的基本原则

所谓原则，从语义角度分析，不外乎是指概括性的规则或者基准，是规范社会生活的基本准则或根本规则。相应地，民事活动的基本原则又称民法的基本原则，是指效力贯穿民法始终的民法的根本规则，是对作为民法调整对象的社会关系的本质和规律，以及立法者在民事活动领域所行政策的集中反映，是克服法律局限性的工具。

民法的基本原则，之所以具有根本的效力，主要是因为：首先，它的内容与普通民法规则相比具有根本性，其所调整的社会生活关系的范围远远比一般法律规范要广阔。

其次，它的效力具有贯穿始终性，也就是说，基本原则不是针对民法某一部分产生效力，而是贯穿于民事活动的始终。

民法的基本原则，按不同的标准可分为学理民法基本原则和法定民法基本原则。[①]前者是指学者从学理上提出的基本原则，通常是以一定的观念、理论为指导概括出来的。学理性原则一般只具有理论性而没有法律效力。其中，最为著名的是所谓传统民法的三大基本原则，即所有权绝对原则、契约自由原则和过失责任原则。而后者，则是在民事基本法中明文规定的基本原则。法定原则具有法律效力。但是，其往往深受所谓学理性基本原则的影响。

除此之外，学者还对民法基本原则做出了公理性原则、政策性原则和关于法律渊源原则的分类。[②]

民法的基本原则，主要具有如下功能：①它是民事立法活动的指导准则；②它是民事活动的基本准则和法官裁判的基本准则；③它是司法机关补充法律漏洞，行使自由裁量权的准则和依据。

作者认为，民法的基本原则包括平等原则、诚实信用原则、意思自治原则、私权神圣与公序良俗原则等。本书后面将诚实信用原则、私权神圣与公序良俗原则单独分节论述。

一、平等原则

我国《民法通则》第3条规定，当事人在民事活动中的地位平等。这是我国平等原则的法律依据。

平等原则是由民法的基本属性所决定的。民事关系，从根本说，就是平等主体之间的财产关系和人身关系，民法调整的社会生活关系，也自然以平等为首要因素。但是，平等并不等于实质意义上的平均。马克思主义平等观的基础是，平等源于商品和财产所有权的互认。

应当注意，民法上的平等，不是指民事关系中的活动，或者民事利益本身的实质上平等，而只是一种法律地位形式上的平等。在我国，对平等原则的理解，应主要包括以下内容：

1. 民事主体权利能力平等

现代民法，无一例外地确认了民事主体自出生至死亡，皆享有平等的民事权利能力。民事主体的民事地位一律平等，源于这种能力的生存性和不可或缺性。因此，无论是自然人或者法人，都享有法律上拟制的平等的民事法律地位。

2. 民事主体平等地享有民事权利，负担民事义务

民事法律关系中，有关当事人的权利、义务，大都是由法律直接规定的。任何民事主体皆平等地享有民事权利，负担民事义务，不会因为其身份、地位、民族或者受教育程度等其他因素的不同，而产生任何区别。但是，必须注意的是，这里的所谓平等“享有”，仍然不是指实质意义上的民事权利、民事义务的绝对平等，而仅仅是指在民事主

① 魏振瀛：《民法》，北京：北京大学出版社、高等教育出版社，2000年版，第21页。

② 徐国栋：《民法基本原则解释——成文法局限性之克服》（增订本），北京：中国政法大学出版社，2001年版，第14页。

体在享有民事权利、负担民事义务的资格上，是平等的而已。

3. 当事人在从事民事活动时，民事身份是平等的

平等原则体现在双方当事人参加的民事活动中，即当事人双方在进行民事活动时的民事地位是平等的。所以，任何一方当事人都不享有高于他方当事人民事地位进行民事交易、谋取利益的权利。

从民事立法的宗旨看，进行民事行为时，也不容许具有优势地位，比如具有身份、财产或者信息资源等有利条件的一方当事人，利用自己的优势地位对他方当事人的民事权益，进行人为地损害或者任意地褫夺。

4. 民事主体的民事权益，平等地受法律保护

按照我国《民法通则》第5条的规定，任何民事主体的民事权益，都享有依法受保护的权利。对这些民事权益，他人不得非法侵犯。

法律对侵犯他人合法民事权利的行为，要通过一定强制措施进行相应地惩罚。而这种平等的保护要求，一方面是社会公平正义的要求，另一方面，也是司法机关、国家行政机关的基本职能的具体体现。因此，平等保护民事权益，所针对的对象不区分其是自然人或法人，也不因其他因素的不同而呈现出法律规定之外的差异性。

二、意思自治原则

我国《民法通则》第4条规定，民事活动应当遵循自愿原则。这是意思自治原则的法律依据所在。

作者认为，所谓自愿即意思自治的同义语，是指民事活动是否进行、如何进行以及依何种条件进行，当事人选择什么时间进行等等，都由当事人依其个人意愿——自己愿意和自由实施。

意思自治原则也是由民法的根本属性所决定的。从民法发展的历史上看，意思自治在民法产生初期阶段即已存在。这是因为，民事活动在本质上讲，是一种财产所有权和民事利益的交换与流转活动。

近代西欧各国民法法典化进程中，《法国民法典》首先以条文的形式，确立了意思自治原则。虽然，现代民法针对“绝对化意思自治”原则的流弊，进行了一定程度上的修正，推行所谓社会本位原则，但是，意思自治作为民法本质的一部分，仍然以相应的方式存在，并发挥着其积极作用。我国《民法通则》在立法时，也在内容上以“自愿”原则来表述之。

意思自治原则的涵义主要包括：①民事主体可自己决定自己是否从事民事活动；②民事主体可以决定与何种相对人和哪个相对人从事民事活动；③民事主体可以决定自己从事民事活动的方式和时间；④民事主体可以决定民事活动的开始和结束时间，以及对于民事争议和民事侵权行为的解决方式；⑤民事主体应当对于自己的选择，承担相应的法律后果，而这时，“自治”的含义偏重于“自己自愿选择”，那么，就应当“自己承担责任”。

当然，民法作为国家法律的一部分，必然体现着国家的意志和社会的公共利益。因此，意思自治原则也不是绝对的，民事主体在行使意思自治的时候，还必须同时遵循民事法律中的强制性规定，也不得违反国家的其他法律法规，以及公共秩序和善良风俗等。

三、公平、等价有偿原则

在我国《民法通则》第 4 条中，还有民事活动应当遵循公平、等价有偿、诚实信用的原则的规定。所谓公平，是指对于民事活动交易后果的一种社会性和价值性评价。作为一种基本原则，公平原则是指当事人在民事活动等交易过程中，应当本着公正、平允和合理的规则进行相关的行为，从而达到双方利益上的平衡。

等价有偿原则，是指在财产交易过程中，民事主体应当以对待给付的方式，向付出利益或者财产的一方，支付基本等同或者相等的代价。

公平原则与等价有偿原则，强调的是对于民事活动的交易结果的价值性评判，即是否符合价值角度的公正、平允和合理，以及双方是否以对待给付的方法，进行了民事利益的互换等等。从这个意义上讲，公平、等价有偿都是平等原则的必然延伸。

公平与平等，一个强调民事交易结果的价值性评判，另一个则强调双方当事人民事地位或者民事身份的无差别。其本质，还是双方在民事活动中，所实现的民事利益是否达到了平衡性的要求。也就是民事活动中，双方的交易是否具有利益得失方面的公正性、平允性和合理性等。

至于等价有偿原则，有许多学者认为，不适宜于作为民法的基本原则。其理由是，这一原则只有财产关系才能用得上，而人身关系没有办法适用这一原则。这种看法，虽然不无道理，但是，却没有看到它在实质上，是平等原则在财产关系上的一种量化性表现。

作者认为，等价有偿原则作为一种评判双方财产利益、侵权救济利益，甚至违约后预期利益平衡的手段，它的积极意义，显然大大超出它的负面意义。也就是说，等价有偿原则在判断民事活动的公正性、法律行为显失公平，以及侵权赔偿限制，还有大多数合同的履行过程中的违约救济方式等等时，是其他原则根本无法替代的。

第三节　诚实信用原则

一、诚实信用的语源

信用，又称诚信。作为法律术语的“诚信”，是一个外来词。诚信在拉丁文、法文或英文中的直译均为“好的信用”或“良信”。

诚信原则，作为法律术语被使用，要早于公序良俗原则。在《学说汇纂》和《法学阶梯》中，均大量适用“诚实信用”一词。其适用的范围，主要涵盖物权法、诉讼法两大领域。[①] 古罗马的《法学阶梯》第 1 卷第 1 篇第 3 条，就宣示罗马法的准则是“诚实生活，不犯他人，各得其所”。

除了善意第三人、善意占有和取得，以及守信履约以外，诚信原则下还衍生出善意行为、善意诉讼、真诚动机、善意买主等等涵义。近现代各国民法典中，关于诚实信用原则多有明文规定。但是，近代民法由于过分追求私权神圣、契约自由，导致了立法上往往忽略诚实信用的基础价值。具体表现是，各国民法典往往都是将诚信原则作为限制

---

① 徐国栋：《民法基本原则解释——成文法局限性之克服》（增订本），北京：中国政法大学出版社，2001 年版，第 8 页。

性条款进行规定。至于诚实信用原则作为民法的基本原则，主要还是通过学说、判例的努力，最后才得以充分实现的。

二、诚实信用的立法

《法国民法典》第 1131 条、第 1135 条规定，契约应以善意履行之，契约不仅依其明示发生义务，并依照契约的性质，发生公平原则、习惯或法律所赋予的义务。

同时，《法国民法典》的第 550 条第 1 款又规定，占有人不知所有权移转行为的瑕疵，而根据该所有权移转行为以所有人的资格占有时，为诚信占有。在这里，法国的立法者将诚实信用分为履约义务和诚信占有两种。其中，后者为主观诚信，也即我们通常意义上所说的善意，而前者为客观诚信，大体与后世的诚信等同。

《德国民法典》第 242 条则规定，债务人须依诚实信用，并照顾交易惯例，履行其给付。而《瑞士民法典》第 2 条中“无论何人行使权利履行义务，均应依诚实信用为之”，以及《南斯拉夫债法》的第 12 条“当事人在建立合同关系及行使合同权利和履行义务时，应遵循诚实及信用原则”等规定，则是明示了诚信原则的适用范围。

我国台湾地区“民法典”的第 219 条，则规定“行使债权，履行债务，应依诚实及信用方法”。后来，经过学者的努力，我国台湾地区 1983 年实施的“民法修正案”中，在其第 148 条增设了第 2 款，即“行使权利，履行义务，应依诚实及信用方法”，确立了超出债法范围的诚信原则。《日本民法典》本无诚实信用原则的规定，1947 年修订民法时，增设了第 1 条第 2 款，即行使权利及履行义务，应恪守诚实信用。

1994 年 5 月，国际统一私法协会制定的《国际商事合同通则》第 1.7 条规定：“每一方当事人在国际贸易交易中，应依据诚实信用和公平交易的原则行事。”这一规定，区分了诚实信用与公平两个概念，而不是以诚实信用原则涵盖公平交易原则。

我国《民法通则》第 4 条也规定，民事活动应当遵循自由、公平、等价有偿、诚实信用的原则。我国《合同法》第 6 条则规定，当事人行使权利、履行义务，应当遵守诚实信用原则。并且，把诚实信用原则，作为我国培养市场经济背景下商业信用的重要立法宗旨，贯穿于整部《合同法》之中。

可见，虽然各国民法典中对于诚实信用多有规定，但是，各国规定的角度有所不同。有的将诚信原则规定为债务履行的原则，如《法国民法典》第 1131 条、《德国民法典》第 242 条和《南斯拉夫债法》第 12 条的规定；有的将诚信原则规定为行使权利、履行义务的原则，如《瑞士民法典》第 2 条、《日本民法典》第 1 条第 2 款，以及我国《合同法》第 6 条的规定。而我国《民法通则》第 4 条，则直接将诚实信用作为民法基本原则予以明确规定，采用的是行使权利、履行义务，都应当讲究诚实信用原则的做法。

三、诚实信用的价值定位

学者对诚实信用原则论说不一。有的认为，诚信原则为市场经济活动中的道德准则，它要求一切市场参加者，必须符合诚实商人的道德标准，在不损害他人利益和社会公德的前提下，追求自己的利益，目的是在当事人之间的利益关系，以及当事人与社会之间的利益关系中实现平衡，并维持市场道德秩序。①

① 梁慧星:《民法总论》，北京：法律出版社，1996 年版，第 44 页。

有的认为，诚信原则是“帝王条款，君临全法域之基本原则”[①]。而有的人则认为，诚信原则仅在债法范围内有限度的适用。[②] 还有的学者认为，诚信原则是人类社会的共同理想，民事交易上的道德基础。因此，诚信原则与罗马法上的一般抗辩意义相同，是对当事人利益的公平较量。同时，诚信原则也是“极端抽象的名词，以抽象的名词解释抽象的名词，不如不加解释，使人顾名思义为愈”[③]。

也有学者认为，诚信原则就是要求民事主体在民事活动中，维持双方的利益平衡，以及当事人利益与立法者意志的社会平衡。它包括两个方面，一方面为客观诚信，即要求民事主体有良好的行为；另一方面为主观诚信，要求主体有不损害他人的内心意识。这是立法者实现上述三方主体利益平衡的要求，目的在于维护社会稳定与和谐的发展。[④]

总而言之，诚实信用原则在价值取舍方面，主要有两个方面的内容：其一，要求民事主体在从事民事行为时，必须具备诚实、善意的主观要求，并将这种主观状态以外在的良好行为表现出来。其二，诚实信用原则授予了司法者以自由裁量，以实现个案的正义，维护当事人之间的利益均衡，实践社会道德的一般要求。

诚实信用原则在现代各国民法中，所处的地位与公序良俗原则相类似。即一方面各国民法典在多种场合，用不同的篇章或者条文将其作为民法的一般限制性条款加以规定。另一方面，经过学者、司法判例以及立法者的共同努力，诚信原则已经成为现代民法的一项基本原则，贯穿于民事行为或者民事活动的始终。这种立法技术，主要是通过对当事人的各种权利、义务，添加实现社会道德的一般要求，来表现它在民事活动过程中的精神功能——诚信的商业化和价值化。

四、诚实信用的定义

诚实信用，在作者看来，就是在建立民事交易关系时，双方当事人基于内心的诚实或者真诚对待，不欺不诈，并在订立、履行合同时，言不轻诺，诺而有信，以及在遇到争议纠纷时，本着善良的愿望或者以与人为善的心态，处理双方之间的利益关系的原则。

在作者看来，诚实信用当中，仅仅有不欺不诈是不够的。在合同关系中，言不轻诺，诺而有信，是合同当事人的基本素质或者基本要求。在现实生活中，人们往往对于不欺不诈比较重视，而对于合同订立、履行时的言不轻诺，诺而有信，表现出一种不应有的冷漠。也就是人们过分重视民事活动中诚实信用的前段，而对于民事活动过程中尤其是对合同履行过程中的诚实信用并不重视。这或许是整个社会欠缺诚实信用的表现。

还有，“与人为善”应当是诚实信用的灵魂。所以，诚实信用是一个过程，而不是一个点或者一个行为，同时，也不仅仅是一个当事人表面行为的过程，而是一个内心意思或者一个外在行为的心理过程。因而，在英文中，诚实信用是 good faith，即“善意”的意思。这说明：诚实信用是当事人外在行为与内在心理主观意愿的统一。

---

① 史尚宽：《民法总论》，台湾正大印书馆，1980 年版，第 300 页。

② 孟勤国：《质疑“帝王条款”》，见《法学评论》2000 年第 2 期。

③ 郑玉波：《民法债编总论》，台湾三民书局，1978 年版，第 162 页。

④ 徐国栋：《客观诚信与主观诚信的对立统一问题——以罗马法为中心》，见《中国社会科学》2001 年第 6 期，第 97 页。

也就是说，诚实信用原则作为一种民事主体之间的利益关系，即当事人之间与社会之间的一种利益平衡的心理基础，具有非常重要的言行一致，或者“诚于心”而“行于外”的特征。因此，“与人为善”不仅仅是一种行为人的心态问题，更重要的是在人际关系层面上，能够通过诚实信用的行为，达成双方利益的平衡。

第四节　私权神圣与公序良俗原则

一、私权神圣

民法为私法，其所保护的权利为私权。因此，私权神圣也是民法的一项基本理念。

私权神圣，也可以抽象为权利理念。权利理念就是民事主体要珍重自己的民事权利的理念。具体说来，它包括以下几个方面：①民事主体意识到自己是一个权利主体；②意识到自己享有起码的民事权利的内容；③应当意识到自己的民事权利是否被侵害；④在民事权利受到侵害以后，能够意识到寻求民事权利的救济。

民事权利理念源于民事权利规则，由具体的民事权利规则派生出来抽象的民事权利理念，可以移植到凡是有“权利”存在的土壤里。

民事权利的理念，在民商法理论中，主要凸现的理论特色有两点：

其一，私权为民法所保护的重心所在，私权在民法的视野中是神圣不可侵犯的。

其二，民法所保护者，主要为私人的法律上利益，也就是私权。虽然，民法并不排斥公共利益、社会利益等，但是，归根到底，民法仍然是私权保护的“圣经”。

因此，私权神圣是指社会对于民事权利和私人利益，给予最大限度的合法保护，国家行政权力、司法权力以及其他公力，非依照法定程序或者合法理由，不能对民事权利和私人利益给予任何限制、剥夺或者干预。这种原则，表现了公权力与私权利之间的相互制约、相互依存的关系。

（一）人格权神圣

私权神圣，在民法理论中，包括人格权神圣、财产权神圣两个基本点。

人格权神圣，是指民事主体的人格尊严、人身自由和人身权利等，受到民商法律的严密保护，任何组织或者个人，非经法定程序，不能对民事主体的人格进行任何形式的损害。人格权神圣从本质上分析，具有抽象性、利益尊严性和受法定保护等特点。

作为民法中主要保护的一种对象，它又包括了自然人人格权神圣、法人人格权神圣等。

所谓自然人人格权神圣，指自然人的生命、身体、健康、自由、名誉、荣誉、私生活等权利须受到特别尊重，不得侵犯，以保障个人作为主体生存和发展的必要条件，使人的价值得到充分体现。同时，法人的人格权也是神圣的。因为，法人不过是自然人更好地参与生活的手段，无论法人的财产归属国家、集体或者个人，概莫能外。

（二）财产权神圣

财产权神圣，是指自然人、法人的合法财产权利、财产利益应受到特别保护，尤其是公力机构的尊重和承认，并不得随意侵犯。财产权神圣是私权神圣的物质基础。

由于财产是个人、社会发展的物质基础，也是民事主体实现其权利的保证。所以，任何法律人格都只能建立在财产之上，无财产即无人格。对财产权神圣性加以确认，旨在促进个人或者私人对财富的追求，从而，促进整个社会财富总量的不断增长。

事实上，个人或者私人财富的增长，又将促进个人或者自然人的全面发展，进而推动整个社会的文明进步。正因为如此，我国《民法通则》第3条至第5条规定了“当事人在民事活动中的地位平等”，“民事活动应当遵循自愿、公平、等价有偿、诚实信用的原则”，“公民、法人的合法的民事权益受法律保护，任何组织和个人不得侵犯”等原则。

我国宪法修正案，将第10条第3款改为“国家为了公共利益的需要，可以依照法律规定对土地实行征收或者征用，并给予补偿”。而第13条则修改为“公民的合法的私有财产不受侵犯”，“国家依照法律规定保护公民的私有财产权和继承权”，“国家为了公共利益的需要，可以依照法律规定对公民的私有财产实行征收或者征用，并给予补偿”。为了强化这一点，我国《宪法》修正时，在第33条增加了第3款，即“国家尊重和保障人权”这样一款具有历史意义的规定。这是私权神圣在我国立法上的最新发展。因此，近代“私权神圣”理念，在我国民事立法方面，已经远远跨出了资产阶级反对封建特权阶级时作为口号的历史背景，而成为我国依法治国目标的最基本的代表者。

“私权”是相对国家公权而言的，而不是相对于自然人之间的民事权利而言的。私权神圣，对于私权观念淡薄的我国社会来说，代表了社会今后的发展方向。在今天，我国要建立全面小康社会，要实现依法治国的目标，做到以人为本，并强调人的全面发展，就要在力倡私权神圣观念的基础上，制定出符合私权神圣首要原则的民法典。

二、公序良俗原则

公序良俗，即一个社会的公共秩序和善良风俗。这是一个与私权神圣相反的原则，它强调在私权神圣的背景下，达到私权与公权、自然人的个体权利与多数人的群体权利等等的协调和平衡。

作为立法上的明文规定，公序良俗首见于《法国民法典》。《法国民法典》第6条规定：“个人不得以特别约定违反有关公共社会秩序和善良风俗。”其第1135条又规定：“如原因（Cause）为法律所禁止，或原因违反善良风俗和公共秩序时，此种原因为不法的原因。”

《德国民法典》中，关于公序良俗的规定，更有特色，体现在：其一，只有善良风俗概念，而无公共秩序概念。其二，将暴利行为作为违反善良风俗之一特例加以规定。[①] 如《德国民法典》第826条规定：以违反善良风俗的方法，对他人故意施加损害的人，对受害人负损害赔偿的义务。此处，就将善良风俗的违反，作为侵权行为的一种而做出规定。

《日本民法典》第90条规定：“以违反公共秩序或善良风俗和其他事项为标的的法律行为，为无效。”经过1947年修正后的《日本民法典》，则更是开宗明义地在第1条第1项以一般条款的形式，对公序良俗原则进行规定：“私权应服从公共利益。”根据这一规定，在私权与公共利益冲突的范围内，私权行使应与公共利益相融合，并受公共利益的要求、约束或者限制，即民事权利的行使，必须同时符合社会公共利益的要求。

① 梁慧星：《市场经济与公序良俗原则》，见《民商法论丛》第1卷，北京：法律出版社，1994年版，第45页。

中国清末修法时，移植西学为中用。当时，聘请的日本学者起草《民法典》（草案），在其中仅规定了“公共秩序”这一概念，而并未提及“善良风俗”字样。1929年，中华民国政府颁布的《民法典》中，涉及公序良俗的规定，主要为该法第72条的规定，即“法律行为，有悖于公共秩序或善良风俗者，无效”。

1949年后，中国曾三次进行《民法典》的起草。但是，各次《民法典》草案，都未见公序良俗概念的使用，而代之以“法律和公共利益”（见1957年1月15日的《民法典》总则篇第四次草稿第3条）；或者“法律、法令和国家计划的要求，社会公共利益或者社会主义道德准则”（1981年《民法典》草案第三稿第124条）；“社会公德、社会公共利益、国家经济计划、社会经济秩序”等（见《民法通则》第7条、第55条和第58条等）。

学者一般均认为，我国《民法通则》上规定的“社会公共利益”，相当于法国、日本及我国台湾法上的“公序良俗”概念。[①] 但是，也有学者认为“社会公共利益”既包括社会主义精神文明建设方面的利益，也包括社会主义物质文明建设方面的利益；既包括巩固人民民主专政，进行社会主义现代化建设所必需的法律秩序，也包括社会公德；既包括国家的、集体的利益，也包括公民个人的合法利益。[②]

依大陆国家民法理论，公序良俗由公序即公共秩序和良俗即善良风俗两部分组成。

对于公序、良俗，以及公序良俗的定义，法学理论从未统一过。这一方面在于，这些概念本身就是开放型概念，内涵和外延都是极不固定的。另一方面，公序良俗原则实是与一国的历史传统、国民观念以及政治需求休戚相关的一般性条款，即便有大体一致的内涵，一旦放置在各国具体法律适用背景下，其外延也必然会发生变迁。

但是，这并未阻止学者从不同视角对公序良俗原则进行定义。学者史尚宽先生认为：公序良俗，是维持社会的共同生活所应遵守的一般规范。[③] 黄茂荣先生则认为：所谓公共秩序是指由现行法之具体规定及其基础原则、制度所构成的“规范秩序”，它强调某种起码秩序的规范性。[④]

法国学者认为，公共秩序分为政治的公序和经济的公序。其中政治的公序为传统的公序，经济的公序为现代的公序。政治的公序包括：①关于国家的公序，即国家的基本秩序。宪法、刑法、税法及关于裁判管辖的法律与之相当。②关于家族的公序，指家族关系中非关于财产的部分。③道德的公序（实质上指善良风俗）。④经济的公序，为对传统公序概念的扩张的结果，分为知道的公序和保护的公序。日本学者亦认为公序包括宪法秩序、刑法秩序、家庭法秩序等。[⑤]

---

① 王家福主编：《中国民法学·民法债权》，北京：法律出版社，1991年版，第356页；佟柔主编：《中国民法学·民法总则》，北京：中国人民公安大学出版社，1990年版，第21页；梁慧星：《民法》，成都：四川人民出版社，1988年版，第129页。

② 最高人民法院民法通则培训班：《民法通则讲座》，第136页～137页。

③ 史尚宽：《民法总论》，北京：中国政法大学出版社，2000年版，第40页。

④ 黄茂荣：《民法总则》，第539页。转引自梁慧星主编：《民商法论丛》第1卷，北京：法律出版社，1994年版，第52页。

⑤ 难波让治：《法国判例法中的公序良俗》，《法律时报》65卷3号，第88页；林幸司：《德国法上的良俗与日本法的公序良俗》，《法律时报》64卷13号，第248页。转引自梁慧星《市场经济与公序良俗原则》，见《民商法论丛》第1卷，北京：法律出版社，1994年版，第50页。

至于善良风俗，史尚宽先生认为，为社会国家之存在及其发展所必要一般道德。[①] 黄茂荣先生则认为，善良风俗指某一特定社会所尊重之起码的伦理要求，它强调法律或社会秩序之起码的“伦理性”[②]。梁慧星教授认为，善良风俗应以道德为其核心的概念，与我国《民法通则》第 7 条所谓“社会公德”相当，应理解为某一特定社会应有的道德准则。[③]

作者认为，对公序良俗原则，可以从以下几个方面进行理解：

第一，公序良俗为民法中的一般限制性条款。法律上所适用之用语，所涵盖的范围常常太广，以至法条涵盖了其本不应涵盖之事项。这种情形下，便必须再通过另一个法条对涵盖太广的用语加以限制，以使该法条的适用范围可以限于适当之范围。这种用来限制其他法条的法条，在学说及实务上被称为限制性法条。[④] 至于公序良俗则通常由于其适用范围的广泛性，以及效力的最终性，而常被学者称为“一般性限制条款”。

1804 年的《法国民法典》，将公序良俗原则以独立条款形式确立为民事活动的基本原则之前，公序良俗原则主要都是以限制性条款或一般限制性条款的地位，实现其对民事行为的规制作用的。

第二，公序良俗为近现代民法的基本原则。公序良俗原则，作为近现代民法的基本原则在理论上已为通说。其主要表现是，各国民法典纷纷就诚实信用做出规定，但是，公序良俗作为民法基本原则的实现，主要还是通过理论、判例的努力，才得以实现的。较之与限制性条款和一般限制性条款，作为民法基本原则的公序良俗原则作用的发挥，主要在两个方面体现出特色：其一，作为民法基本原则的公序良俗原则的效力，发挥具有更强的统摄力，与限制性条款针对被限制条款明文规定须以法条竞合形式，进行法律适用的情形有所差异。其二，基本原则赋予司法者以一定的自由裁量权。

需要注意的是，作为限制条款与作为基本原则的公序良俗原则并不冲突，二者完全可以并存，既可将公序良俗作为一项民法基本原则予以规定，也可针对特定行为将其以限制性条款加以规定。比如我国《民法通则》在第 7 条，就将公序良俗原则作为民法基本原则予以规定。而在我国《民法通则》第 58 条又规定，民事主体从事违反法律和社会公共利益的民事行为的，该行为无效。

第三，作为民法基本原则的公序良俗原则，主要体现在公共秩序、善良风俗两个方面。其中，公共秩序主要包括关于政治国家、市民社会和家庭的基本秩序，主要凸显公法上的社会管理者的特定政策、集体的利益需求；善良风俗，主要以道德要求和社会一般伦理为核心。二者在很多情形下，并非严格分离，而是呈现互相交融的状态，且呈现开放性特征。

也正因为此，作为授予法官自由裁量权的公序良俗原则，难免面临着被滥用的危险。因而，从某种意义上说，民法的基本原则，在一国能否充分发挥作用，立法、学理对其所采取的态度则未必是最主要的。问题的关键在于：如何架构切实的法律制度，保

---

① 史尚宽：《民法总则》，台湾正大印书馆，1980 版，第 300 页。

② 黄茂荣：《民法总则》，第 539 页。转引自梁慧星主编：《民商法论丛》第 1 卷，北京：法律出版社，1994 年版，第 52 页。

③ 史尚宽：《民法总论》，北京：中国政法大学出版社，2000 年版，第 51 页。

④ 黄茂荣：《法学方法与现代民法》，北京：中国政法大学出版社，2001 年版，第 134 条。

障此种授权性条款不被司法人员滥用，因而损害立法的原意。为此，学者也曾尝试将这些原则在一定限度内具体化，然而这种具体化的作用也是有限的。

思考题

1. 民事活动的定义是什么？其主要的特征有哪些？
2. 民事活动有哪些内容，如何区分？
3. 什么是平等原则？如何理解平等原则？
4. 何谓私权神圣？私权神圣的提法是否违反我国的《宪法》？
5. 诚实信用、意思自治相比较，它们的异同何在？
6. 私权神圣与公序良俗是什么关系？

学习资料指引

1. 梁慧星：《民法总论》，北京：法律出版社，1996年版，第1章。
2. 魏振瀛：《民法》，北京：北京大学出版社、高等教育出版社，2000年版，第2章。
3. 彭万林：《民法学》，北京：中国政法大学出版社，1999年第2版，第2章。
4. 王建平：《民法学》，成都：四川大学出版社，1994年版，第3章第4节。
5. 张俊浩：《民法学原理》，北京：中国政法大学出版社，1991年版，第1章至第3章。

参考法规提示

1.《中华人民共和国民法通则》，第3条～第8条。
2.《中华人民共和国合同法》，第3条～第8条。
3.《中华人民共和国担保法》，第3条～第4条。
4.《中华人民共和国婚姻法》，第2条～第4条。
5.《中华人民共和国继承法》，第5条，第9条。

第三章　民事法律关系

【阅读提示】 本章的重点，是掌握民事法律关系的基本原理、基本概念与构成要素。这是学好民法学的重要前提，因此，对于本章的学习尤需下工夫。学好民法，从某种意义上说，就是学会分析抽象的或具体的民事法律关系。掌握了民事法律关系的理论，就取得了开启民法学这门学科大门的钥匙。本章的难点是民事法律关系的形成与特征，以及民事法律关系的分类及其意义。

第一节　民事法律关系界定

一、民事法律关系的定义

（一）民事法律关系的概念

民事法律关系，是民事法律规范调整平等主体之间的人身关系和财产关系而形成的一种社会关系，其内容组成为民事权利和民事义务。民事法律关系是民事法律规范对社会关系进行调整的结果，是一种由民事法律规范确认和保障的具体的人与人的关系。

在现实社会生活中，人们为了满足自身物质生活与文化生活的需要，彼此之间要产生各种各样的具体的社会关系。为了使社会关系的产生、变更与消灭符合国家利益与社会经济文化的发展，国家依据当代物质生活条件，制定和运用不同的法律规范对各式社会关系进行引导、规范与保障，从而形成了不同的法律关系。其中，由民事法律规范调整的社会关系就形成了民事法律关系。除此之外，还有行政法律关系、刑事法律关系等其他法律关系。

民法的调整功能，主要是通过将社会关系转化为民事法律关系来完成的，是平等主体之间的人身关系、财产关系与民事法律规范相结合的产物。民法调整物质资料占有关系而产生的物权关系，调整商品交换关系而产生的债权关系，调整人身关系而形成的人身权关系，调整知识产品的产生、使用与交换关系而形成的知识产权关系，调整因公民的遗产继承而产生的继承权关系等等，都属于民事法律关系的范围。

民事法律关系在民法学这门学科的理论体系中，居于主导地位，民法学所涉及的问题虽然十分广泛复杂，但中心问题是通过民事活动建立和形成各种各样的民事法律关系。

从民法学理论的基本架构来看，民法总论是从一般意义上界定、研讨民事法律关系；而民法分论，则是从民事活动的实体形态上，界定、研讨各种各样具体的民事法律关系。民法学的基本内容，就是界定、研究民事法律关系的产生、变更和消灭的原因、过程以及结果。因此，认真学好民事法律关系的基本原理和理论，就等于掌握了民法学这门学科的总纲。

（二）民事法律关系的特征

民事法律关系作为人们之间的社会关系，经过民事法律规范的调整，形成一种法律层面上的关系，具有利益性、基础性和多主体性等基本特征。

既然民事法律关系属于法律关系，就具有所有法律关系的共同属性。例如，它是思想社会关系而非物质社会关系，属于上层建筑等。

但是，民事法律关系作为人与人之间的社会关系，而不是人与物之间的关系，更不是物与物之间的关系，在发生或者形成、变化和终止的原因层面上，则具有其独特的原因——民事利益和民事活动的存在。因此，民事法律关系是一种平等主体之间的，在民事法律上的民事权利、民事义务关系。这种社会关系本身，是民事主体实现其生存利益的基本手段，所以，它以国家的强制力作为保障。

民事法律关系，作为民事法律规范对平等主体之间的人身关系和财产关系调整的一种结果，就其构成等方面而言，与其他法律关系相比较，又具有其自身独有的特征。

1. 民事法律关系是平等主体之间的社会关系

民事法律关系产生于平等的民事主体之间。这是因为民法调整的对象，是平等的主体之间的人身关系与财产关系，民事法律关系中当事人主体地位平等，平等地享有民事权利、承担民事义务。

在一般情形之下，享有权利以承担义务为前提，不允许只享有权利不承担义务，或只承担义务不享有权利。无论当事人在其他社会关系中，有着何种社会身份或者地位，一旦从事民事活动，介入民事法律关系，则只有一个民事主体身份，彼此之间的法律地位完全平等。

同时，民事主体之间建立何种民事权利与民事义务关系，如何实现民事权利，履行民事义务，完全由民事主体在合法的前提下，通过平等沟通与协商，以意思自治原则为基础实现的。所以，平等是民事法律关系的核心和灵魂。

2. 民事法律关系的产生，取决于民事主体的自由意志

民事法律关系是由民事法律规范确认的社会关系，具有合法性，体现了立法者的意志。但是，绝大多民事法律关系的发生、变更和终止，则表现了当事人的自由意志。也就是在具体民事活动层面上，由当事人根据自身的利益、需要，自主地决定建立民事法律关系，而不允许任何组织或者个人非法支配与强制，否则，就不可能导致当事人之间法律上民事权利义务的合法产生。

民事法律关系，在通常情形下体现了当事人的自主意志，贯彻的是平等、意思自治原则。这是民事法律关系区别于其他法律关系，如行政法律关系、刑事法律关系的另一特征。

这一特征的基础，是民事主体在民事活动中的地位平等，有了地位平等，民事主体才有可能形成自己的自由意志，也才能自主地决定自己的民事行为。

3. 民事法律关系包涵双重内容，体现的是民事主体的私益

民法是随着市场经济的出现而产生的。在我国社会主义市场经济背景下，民法调整的关系具有社会关系的基础性，也就是在我国社会中，日常的大量的社会关系主要是民事法律关系。

经过民法调整而形成的法律关系，一般都包涵有财产利益，是一种财产关系。与此

同时，民法还调整民事主体之间的人身关系，从而产生民事主体的人身利益。对财产关系而言，人身关系往往是财产关系产生的前提。如果出现人身利益的损害，在侵害人与受害人之间也会发生损害赔偿财产关系，民法对民事主体的财产利益与人身利益给予并重保护。

这两种利益，即财产利益、人身利益，在民事领域都是民事主体的私人利益，由处于民事法律关系中的民事主体所享有，构成私权神圣的基本依托。

4. 民事法律关系对主体利益的保障具有补偿性

在民事法律关系中，民事主体地位平等，法律关系的产生由当事人自主决定，出现了争议或者纠纷，一般都由当事人协商解决，一方无权惩罚另一方。

当事人违反义务而承担的民事责任，应当与其行为给对方造成的损害后果相一致，即使通过诉讼程序解决争端，其赔偿判决原则上也是为了弥补一方给另一方造成的损失。此外，民法中的许多具体制度，包括合同违约金、定金等的规定，无一不体现了民事保障措施中具有补偿性特点。

相比之下，在不平等的法律关系中，如行政法律关系、刑事法律关系等，其具体制度与许多规定中惩罚性内容就非常突出。

二、民事法律关系的分类

为了正确把握各种具体的民事法律关系的性质、特点，准确分析其不同的构成要素，以便恰当地界定民事主体之间的民事权利、民事义务，正确地适用法律，我们可以根据不同的标准对民事法律关系加以分类。

（一）财产法律关系和人身法律关系

根据法律关系中当事人之间产生的民事权利和民事义务是否具有直接的财产或者经济内容，可以将民事法律关系分为财产法律关系和人身法律关系。这是民事法律关系最基本的分类。

财产法律关系，是指与财产的归属或者流通相联系，具有直接的物质利益内容的法律关系。民法主要调整财产关系，所以，财产法律关系占据民事法律关系的主要地位。例如，因为对物的占有、使用、收益和处分发生的物权关系，基于物的流转发生的债权关系，都属于财产法律关系。

人身法律关系，是指与民事主体的人身，即人格与身份不可分离，不具有直接财产内容的民事法律关系。这种法律关系直接影响到民事主体的人格与身份利益，是民法调整人身关系的法律表现。例如，基于民事主体的姓名、名称、肖像、名誉、生命、健康等而发生的民事权利、民事义务关系，都属于人身法律关系。人身法律关系又可以分为人格权法律关系与身份权法律关系。

将民事法律关系分为财产法律关系与人身法律关系的意义，在于正确界定法律关系的内容与性质，赋予民事主体不同的民事行为以不同的法律效力。

在财产权关系中，权利主体通常可以转让其财产权利；而在人身权关系中，权利主体的权利与人身不可分离，所以不能让渡，具有不可转让性。

区分这两种法律关系，可以正确采用不同性质的法律保护民事主体享有的民事权利。对于财产法律关系，主要采用返还财产、恢复原状、赔偿损失、支付违约金等财产补救的方式维护当事人的民事权利；而对于人身法律关系，则通常采用停止侵害、消除影响、恢复名誉、赔礼道歉等非财产补救方式维护当事人的民事权利。但是在一定条件下，人身权利受到损害也可以实行财产赔偿。

（二）绝对法律关系和相对法律关系

根据民事法律关系中义务主体是否特定，可以将民事法律关系分为绝对法律关系与相对法律关系。

绝对法律关系，是指权利主体享有的民事权利所针对的民事义务主体不特定，即权利主体之外的不特定的任何人都是义务主体的法律关系。这种法律关系中的权利主体是特定的，义务主体是不特定的，只要义务主体不妨碍不干涉，权利主体就可实现其权利，获取相应的人身财产利益。

同时，权利主体有权对抗和排除他人妨碍干涉其行使权利。如所有权法律关系、人身权法律关系等都属于绝对民事法律关系。

相对民事法律关系，是权利主体与义务主体彼此对应，权利主体的权利只针对特定的义务主体有效的法律关系。在相对民事法律关系中，权利主体与义务主体都是特定的，权利主体权利的实现需要义务主体的积极行为予以协助，义务主体负有实施这种行为的义务。如债权法律关系就是相对民事法律关系。

区分绝对法律关系与相对法律关系的意义，在于根据这两种不同的法律关系，我们可以准确地划定义务主体的范围、承担的义务性质与类型、履行义务的方式，正确界定权利人享有的权利，以及行使与实现民事权利的途径。

（三）物权法律关系与债权法律关系

根据民事权利的内容与实现方式，可以将财产法律关系分为物权法律关系与债权法律关系。

物权法律关系，是以物权为内容，权利主体可以对权利客体直接进行支配，不需要义务人实施积极行为即可实现其民事权利的法律关系。这是一种绝对权关系，权利主体的民事权利可以对抗权利主体之外的一切人。例如，基于对物的占有、使用、收益和处分产生的就是物权法律关系。

债权法律关系，是以请求权为内容，权利人必须经义务人的一定行为配合，才能行使和实现权利的法律关系。根据其特点，债权法律关系是相对权关系，权利主体享有的权利只能对抗特定的相对人。在经济流转中产生的法律关系即属债权法律关系。

划分这两种法律关系的作用，在于物权与债权是民事主体享有的两大基本的财产权，前者为静态财产权，后者为动态财产权。由此，产生了物权法律制度与债权法律制度这两大基本制度。掌握这两种法律关系各自的性质特点与内容，能使我们正确认识与分析这两种重要的法律关系，并准确适用相关民事法律规范。

第二节　民事法律关系的要素

民事法律关系的要素，指民事法律关系构成的必备条件或必备因素。民事法律关系的构成包括三个要素，即主体、内容和客体，缺乏其中任何一个要素，具体的民事法律关系便不会形成。

民事法律关系的三个要素，既独立又统一，彼此有着密切关系。民事法律关系要素的知识和原理，为我们掌握各种具体的民事法律关系的产生、变更与消灭，分析法律关系的性质、效力，提供了一个统一的标准。

研究民事法律关系的要素，就是研究民事法律关系本身。因为民事法律关系实质上就是主体之间，基于民事客体而形成的相互权利义务关系。无论立法、司法，还是进行法学研究，凡涉及民事法律问题，一般都离不开对民事主体、内容、客体这三个要素的认识、分析与界定。正确理解把握民事法律关系的每一个要素，是正确理解把握任何一种民事法律关系的根本前提。

一、民事法律关系的主体

民事法律关系的主体，简称为民事主体，指参与民事法律关系，享有民事权利，承担民事义务的人。在现实生活中，通常被称为民事法律关系的当事人。依照我国《民法通则》等法律、法规的规定，民事法律关系的主体，包括自然人、法人和其他具有民事主体资格的社会组织等。国家在某些特定情况下，也可以成为民事法律关系的主体。

要成为民事法律关系的主体，必须具备民事主体资格，只有享有民事主体资格，才能在具体的民事法律关系中成为主体。因此，从本质意义上讲，民事主体资格就是指具有民事权利能力，享有民事权利能力的人才能成为民事法律关系的主体。民事权利能力与民事法律关系主体，是对同一问题在不同意义上的表述。

任何一种社会关系，必须首先具备主体要素，也就是说，民事法律关系作为受民法调整的一种社会关系，实际上就是民事主体之间的一种社会关系，没有民事主体存在，就不会形成民事法律关系。所以，民事主体是民事法律关系的第一要素。

同时，要形成法律关系，必须有双方或者多方主体的参与，经双方或多方参与构成的民事法律关系，是一种法律上的权利义务关系，主体要在其中享有权利，承担义务。享有民事权利一方称为权利主体，承担义务一方称为义务主体。

通常情况下，民事法律关系中的权利和义务是对等的，因此，绝大多数民事法律关系的主体既是权利主体，又是义务主体。

民事法律关系的主体是民法基本原理、制度中的一般性称谓，带有抽象性与概括性的特点。在各种不同的、具体的民事法律关系中，通常有不同的具体称谓。例如，在买卖合同关系中，被称为出卖人与买受人；在所有权关系中，被称为所有人与非所有人；在租赁合同关系中，被称为出租人与承租人等等。

二、民事法律关系的内容

民事法律关系的内容，指民事法律关系的主体享有的民事权利和承担的民事义务。民事主体之间的财产关系、人身关系，经过民法的确认等方法调整之后，其性质产生了质的变化，原来关系中的财产利益、人身利益，获得了国家法律的认可，并可以在国家权力的保护下获得实现，原关系中的义务人承担的民事义务必须履行，否则，将依法承担民事责任。

因此，民事法律关系的内容所体现的权利义务关系，是民法调整的社会关系在法律上的表现。这种社会关系的主体是否享有民事权利，承担民事义务，是民事法律关系与非民事法律关系的重要区别。所以，不存在民事权利与民事义务，就不存在民事法律关系，民事法律关系的内容，是构成民事法律关系不可或缺的基本要素。

在民事法律关系中，民事权利与民事义务之间是对立统一的关系。一方面，民事权利与民事义务存在着利益上的冲突与矛盾，权利主体为实现其受到法律确认与保护的财产利益与人身利益，有权为一定行为或请求义务主体为一定行为。义务主体为满足权利主体的利益要求，依照法律要求应当实施一定行为或不行为，或者说，应当受到一定的约束，或付出一定的利益代价。

另一方面，民事权利与民事义务又彼此依存，互为存在的前提，无权利便无所谓义务，一方的权利在另一方则是义务，反之亦然。同时，民事法律关系中任何一方主体通常既是权利主体，又是义务主体，只享有权利而不承担义务，或者只承担义务而不享受权利的情形，通常是不存在的。

民事权利与民事义务可以由民事法律规范直接规定，也可以由民事法律关系的主体在法律允许的范围内自行约定。不同的民事权利与民事义务，决定了民事法律关系的内容、性质，也决定了法律关系的主体在实现权利、履行义务的过程中，与解决争端所应当适用的不同的民事法律规范。

三、民事法律关系的客体

民事法律关系的客体，是指民事法律关系中主体的权利和义务共同指向的事物或者对象。民事法律关系所产生或存在的基础与依托，在于民事主体的民事权利、民事义务具有共同指向的这一事物或对象。如果没有这样的事物或对象，民事主体的民事权利、民事义务便失去依托而无从产生。因此，民事法律关系的客体，也是民事法律关系的构成要素。

关于民事法律关系客体的范围，理论界存在着不同的观点。依照通说，民事法律关系的客体主要有四类，即物、行为、智力成果与人身利益。在这些客体范围中，物是物权法律关系的客体，如所有权、用益物权等法律关系的客体就是物。而债权法律关系的客体主要是行为。行为亦称给付，是债权法律关系的主要客体。知识产权法律关系的客体是智力成果，而人身权法律关系的客体，则是一定的人身利益。对于继承权，其客体既有物也有权利，要根据具体的继承关系来判断。

民事主体、内容、客体这三大要素，是构成一个民事法律关系的不可或缺的基本要素，缺少任何一个要素，都不可能形成一个完整的民事法律关系。其中，民事法律关系的主体，是民事权利、民事义务的享有者或承担者。无主体即无民事法律关系，而民事权利、民事义务，使民事主体之间发生了民事利益上的联系。民事客体则使民事权利、民事义务有了依托和基础。

因此，三要素共同统一于民事法律关系之中，其中，任何一个要素的终结或变动，都会引起原有民事法律关系的终结或变动。

第三节　民事法律事实

一、民事法律事实的作用

民事法律事实，是指依照民事法律规范能够引起民事法律关系产生、变更和消灭的客观情况。

民事法律关系作为一种受到民事法律调整的社会关系，总是处于不断的产生、变更和消灭的过程之中。然而，民事法律规范本身，并不能在现实社会生活中引起具体的民事权利义务的产生、变更和消灭，而只能形成一种可能性，或者提供一种前提条件。具体的民事主体之间形成民事法律关系，必须以一定的客观情况，或者客观现象作为条件或依据。这些能够在民事主体之间，引起具体的民事权利义务产生、变更和消灭的事实情况，就是法律事实。

应当注意的是，何种情况或现象可以构成民事法律事实，全凭法律的规定或确认。因此，并非任何一种客观事实或情况，都是民事法律事实而具有法律意义。法律的规定或确认取决于国家对社会关系尤其是经济生活关系进行民法调整的需要和可能性，所以，民事法律事实的范围，也不是一成不变的。

从民事法律规范、民事法律事实、民事法律关系三者的关系看，民事法律规范是引起民事法律关系产生、变更和消灭的前提，民事法律事实是具体原因，民事法律关系是民事法律规范与民事法律事实共同作用引起的结果。

二、民事法律事实的分类

按照通说，民事法律事实的分类，以事实与民事主体的主观意志的关系为划分依据，可以分为人的行为与客观事实两类。

（一）行为

行为，是指人的主观意识支配下的有意识的活动。行为作为法律事实有作为、不作为两种表现形式。

民事法律关系的产生、变更和消灭，多数是民事主体意思自治，当事人自觉选择的结果。因此，行为是引起民事法律关系产生、变更和消灭的最广泛的法律事实。

依照不同标准，行为可分为：

1. 合法行为与不合法行为

合法行为是符合民事法律规定的行为，不合法行为是违反民事法律规定的行为。这种分类的意义，在于合法行为产生合法即受法律保护的后果，而不合法行为产生的后果通常是行为人承担民事责任。

2. 民事行为与事实行为

民事行为又称表意行为，是指行为人做出意思表示，旨在形成、变更和终止民事法律关系的行为。例如，签订合同、立遗嘱等。事实行为又称非表意行为，指行为人主观上并无形成、变更和终止民事法律关系的内在愿望，但是其所实施的行为因为法律的规定而产生一定的民事法律后果的行为。例如，无因管理、遗失物的拾得等。

无论民事行为，还是事实行为，都可以比照法律规定而有合法行为与不合法行为之分。违法的民事行为，不能产生行为人预期的民事法律后果；而违法的事实行为，如侵权行为，则可能导致行为人承担民事法律责任。

此外，还有一种准民事行为。这是一种以意思表示为要素，虽然不能引起民事权利、民事义务的产生、变更和终止，但是，可以引起其他民事法律后果的行为，包括意思通知行为、观念通知行为等。

（二）事件

这里的事件是指客观事实，即与当事人的主观意识无关的，能够引起一定民事法律后果产生的客观现象。事件作为造成一种客观后果的现象，可以是自然原因，也可以是社会原因或者他人的行为。例如，人的死亡导致继承法律关系产生，财产的灭失引起所有权法律关系的消灭等。因为自然灾害，使得当事人变更合同内容，时间的经过，则会引起时效的完成等等。因此，事件作为一种法律事实，是必然具有客观性的法律事实。

有学者认为，客观事实又可以分为事件、状态两种类型。① 其中，事件指某一具体情况的发生，如人的死亡，地震、洪水等自然现象等；而状态指某种现象的持续，如长期不主张权利经过一定的时间，持续占有某一财产等等。在民法学理论上，将自然事实分为事件、状态等，可以使理论概念的表述更加准确、严谨和完整。

三、事实构成

民事法律关系的产生、变更和终止，在通常情况下，只需要一个民事法律事实，而在某些情况下，却需要两个或两个以上的民事法律事实相结合，才能引起一定的民事法律后果。这种引起民事法律关系产生、变更和终止的两个以上的民事法律事实的总和，称为民事法律关系的事实构成。例如，遗嘱继承法律关系的产生，就需要被继承人生前对财产的分配留下遗嘱、被继承人死亡这两个基本法律事实的同时具备。如果欠缺其中之一或者某些部分，就不会出现遗嘱继承。

思考题

1. 何谓民事法律关系的界定、特征和分类?
2. 为何民事法律关系必须由三个要素构成?
3. 国家在民事法律关系发生、变更和消灭中，具有什么样的法律地位?
4. 何谓民事法律事实? 它有几种类型，其分类依据是什么?
5. 事件和行为比较，行为的构成特点是什么?
6. 为什么会产生民事法律关系的事实构成，道理何在?

学习资料指引

1. 梁慧星:《民法总论》，北京：法律出版社，1996年版，第2章。
2. 王利明等:《民法新论》(上)，北京：中国政法大学出版社，1988年版，第4章。
3. 魏振瀛:《民法》，北京：北京大学出版社、高等教育出版社，2000年版，第3章。
4. 彭万林:《民法学》，北京：中国政法大学出版社，1999年第2版，第3章。
5. 王建平:《民法学》，成都：四川大学出版社，1994年版，第6章第四节。
6. 龙翼飞:《民法案例分析》，北京：中国人民大学出版社，2000年版，第1章～第3章。

参照法规提示

1.《中华人民共和国民法通则》，第2章～第5章。
2.《最高人民法院关于贯彻执行〈中华人民共和国民法通则〉若干问题的意见（试行)》，一、公民，二、法人，三、民事法律行为和代理，四、民事权利。
3.《中华人民共和国合同法》第2章，合同的订立。

---

① 魏振瀛:《民法》，北京：北京大学出版社、高等教育出版社，2000年版，第36页。

第四章　民事主体

【阅读提示】　本章重点把握民事活动的参与者，即民事权利义务的享有者、承担者——民事主体的基本原理与规则。在阅读本章具体内容时，应当掌握各种具体民事主体的法律条件、特征，民事主体能力的构成，以及各种民事主体的民事责任承担规则。另外，本章的重点还包括自然人的监护、宣告失踪和宣告死亡制度，法人制度和合伙制度等。

第一节　民事主体界定

一、民事主体与民事主体制度

（一）民事主体的定义

民事主体，是参加民事法律关系，享受民事权利和承担民事义务的人。任何自然人和组织要成为民事主体，一方面是来自于市民社会的民事生活、生存的需要，即在民事法律关系中，产生了自然人、社会组织等，他们作为民事主体参加民事活动，以主体的身份享有民事权利和民事义务的需要。另一方面，必须由法律赋予自然人或社会组织以主体资格，只有享有民事主体资格的人，才能在具体的民事法律关系中，成为具体的民事主体。

民事主体的法律特征：

（1）民事主体是具有民事主体资格的人，也就是民事主体依法享有民事权利能力、民事行为能力以及民事责任能力等。

（2）民事主体间的法律地位平等。这是民法所调整的社会关系的本质属性所决定的，是民法基本原则——平等原则的重要体现，也是民事法律关系与其他法律关系的主要区别。

（3）民事主体意思自治。这是民法基本原则——自愿原则的重要体现，它表明：在社会的民事活动中，法律充分赋予民事主体行为的自由。民事主体参加具体的民事法律关系，享有民事权利，承担民事义务，是民事主体在法律规定的范围内，充分体现其真实意志的结果。

（4）民事主体享有权利和承担义务相一致。权利义务的一致性，是指民事主体既要享有民事权利，又必须承担民事义务。民事主体依法具有的民事权利能力，一方面是民事主体享有民事权利的能力；另一方面，则是民事主体承担民事义务的能力。现代法治社会里，是不允许任何人只享有民事权利，不承担民事义务，或只承担民事义务，而不享有民事权利的现象存在的。

（二）民事主体制度

民事主体制度，是有关民事主体的资格、类型，民事能力的开始和终止，民事主体的财产归属和责任承担等法律规定的具体规则与措施等的架构性总和。

民事主体制度，随着社会经济的发展，而不断发展完善。经历了一个从单一自然人主体，到自然人与社会组织多元民事主体并存，而各种具体的主体制度，从不完善到逐渐完善的过程。

现在，我国民事法律制度中，民事主体除自然人、法人这两类最常见的民事主体外，还有合伙等非法人组织的民事主体。

作者认为，现代社会中，业主委员会、法人的分支机构，如门市部、经营部等，都是非法人型的民事主体。尤其是业主委员会这种特别的民事主体，应该属于临时主体或者偶然主体的范畴。

二、民事能力

民事能力，是民事主体依法应具有的，参加民事活动和承担民事活动后果的能力，包括民事权利能力和民事行为能力等。后者在具体形态上，包括民事表意能力、民事行为能力和民事责任能力等。

（一）民事权利能力

民事权利能力，是民事主体依法享有民事权利和承担民事义务的资格。具有民事权利能力，是自然人、社会组织具有独立法律人格和民事主体资格的标志。

任何人要成为民事主体，必须具有法定的民事权利能力。作为一种民事主体的前提条件，民事权利能力具有的特征如下：

（1）民事权利能力是法律赋予民事主体具有独立法律人格的标志。民事权利能力不是民事主体自身决定的，而是国家以法律的形式加以确认的，体现了国家对于民事主体认定的意志。

（2）民事权利能力的享有具有平等性。现代市场经济社会，自然人都是具有民事权利能力的，符合法律规定的社会组织，也平等地享有民事权利能力。

（3）民事权利能力不仅指主体享有民事权利的资格，而且包括承担民事义务的资格。现代民法中，没有只享受权利而不承担义务的人，所有民事主体，都需要有资格享有权利，同时有能力承担义务，民事权利能力应包含了这两方面的内容。所以，民事权利能力也可称为民事义务能力。

（4）民事权利能力与民事主体不可分。权利能力是民事主体资格的标志，民事主体是享有民事权利能力的人，所以，民事权利能力与民事主体的人身不可分割。民事主体的民事权利能力不可被剥夺或取消，民事主体自己也不得以任何形式转让、放弃或处分其权利能力。

（5）民事权利能力是主体享有权利、承担义务的资格和前提。享有民事权利能力，主体即具有享有权利、承担义务的可能性，但是，这并不意味着主体实际享有具体的民事权利、承担具体的民事义务。也就是民事权利能力与具体的民事权利，是两个完全不同的概念。

民事权利能力与具体民事权利的不同，主要体现在以下几个方面。

第一，民事权利能力来源于法律的直接赋予，民事主体依法当然享有。而民事权利则是民事主体依法参与具体的法律关系才能享有。在此意义上，民事权利能力具有客观性，而民事权利具有主观性。

第二，民事权利能力是取得权利的前提，而民事权利是利用这种资格的结果。

第三，民事权利能力只是赋予了民事主体参加法律关系的可能性，而民事权利则赋予民事主体实现某种实际的财产、人身利益的可能性。

第四，民事权利能力包括承担义务的可能性，具体民事权利则仅指实现自己利益的可能性，不包括利他的必要性——民事义务。

第五，民事权利能力与主体人身不可分，而民事权利除法律另有规定的以外，民事主体可以放弃、转让或依法被限制、剥夺。

（二）民事行为能力

民事行为能力，是指民事主体能够独立有效地以自己的行为亲自参与民事法律关系，从而享有民事权利和承担民事义务的能力。民事行为能力与民事权利能力，是民事能力中不可或缺的两个部分。民事权利能力使民事主体有资格享有权利、承担义务，民事行为能力使民事主体有资格亲自参与民事法律关系以实现民事权利能力的可能性。民事行为能力具有的基本特征如下：

（1）民事行为能力是由国家通过法律确认的。国家对民事主体行为能力的确认，体现了国家承认民事主体的行为自由。

（2）民事行为能力是民事主体独立进行民事活动的资格。具有民事行为能力的民事主体，才能通过自己的行为为自己设立民事权利、民事义务。具备这种能力的民事主体实施的民事行为才有效。

（3）民事行为能力以主体的意思能力为基础。所谓意思能力，是指民事主体对自己的行为性质及其后果的认识能力和判断能力。由于主体的意思能力不尽相同，因而，其民事行为能力也有差别，如自然人因为年龄、精神健康状况的差异，而划分为不同的民事行为能力。

（三）民事责任能力

在我国的民事立法中，并无民事责任能力这一概念。但是，在理论上，关于民事责任能力问题有不同观点。区别主要在于：是否认为民事责任能力是民事行为能力以外的一种独立的民事能力。

有学者认为，民事责任能力是民事权利能力和民事行为能力以外的一种独立的民事能力。持这一观点的学者认为，民事责任能力是民事主体辨认和控制自己的行为，并为自己的行为的后果承担民事责任的资格。它与民事行为能力的主要区别在于：

第一，责任能力是当事人担负民事法律责任的根据，行为能力是民事法律行为有效的条件之一。

第二，设置责任能力的目的在于保护他人和社会利益，设置行为能力的目的主要在于使民事主体可以按照自己的意志追求、保护自身利益。

第三，责任能力是抽象的，一般不受行为能力范围的限制，而行为能力是具体的，有一个效力的范围。①

有学者则认为，民事行为能力有广义和狭义之分。广义的民事行为能力，不仅包括实施民事法律行为等合法行为的能力，而且，也包括不合法行为的能力，即对不法行为

---

① 马骏驹等：《民法原论》（上），北京：法律出版社，1998年版，第108页。

的实施，以及不履行义务而负责的责任能力。并认为，从我国立法的规定看，民事行为能力包括合法行为能力、不法行为能力两方面的内容。[①]

作者认为，我国民事立法虽然并未使用“民事责任能力”一词，但是，从有关立法的相关规定来看，民事主体的民事责任能力并不等同于民事行为能力。也就是说，民事行为能力，是法律确认民事主体能够独立有效地亲自参加民事法律关系的能力，而民事责任能力是民事主体依法对自己的行为承担民事法律后果的能力。

民事行为能力以主体的意思能力为基础，目的在于保护不具有完全民事行为能力的人，以及与不具有完全民事行为能力进行民事活动的人的利益，以维护社会的正常秩序和公平。民事责任能力基于民事主体的客观财产状况，目的在于实现民事责任的目标，恢复被侵害的权益，填补受害人的损失。

依据我国《民法通则》第 12 条的规定，无民事行为能力人、限制民事行为能力人依法不能独立实施有效的民事行为。但是，有财产的无民事行为能力人、限制行为能力人造成他人损害的，应当从本人财产中支付赔偿费用。这表明，无行为能力并非当然的完全无责任能力。

第二节　自 然 人

自然人，是基于出生这一事实，因为有自然生命而具有民事主体资格的人。自然人是相对于法人、合伙等民事活动的参加者而存在的一种自然现象。

自然人因依法享有民事权利能力而成为民事主体，并且是最基本、最主要的民事主体。自然人包括本国公民、外国公民和无国籍人等。应当说明，自然人与公民的涵义不同，公民是具有一国国籍，依法享有权利、承担义务的自然人。

作为民事立法，对于民事主体，应使用“自然人”这一概念才比较恰当和准确。但是，我国《民法通则》却是沿用《苏俄民法典》的用语，使用了“公民”一词。

一、自然人的民事权利能力

自然人的民事权利能力，是自然人参加民事法律关系，享有民事权利、承担民事义务的能力。

（一）自然人民事权利能力的开始

我国《民法通则》第 9 条规定，公民从出生时起到死亡时止，具有民事权利能力，依法享有民事权利，承担民事义务。即自然人一旦出生，就具有民事权利能力。

确定自然人的出生时间，对自然人是否享有民事权利能力具有重要意义。对此，学界有不同的学说，如阵痛说、一部露出说、全部露出说、独立呼吸说等。我国关于自然人出生时间的确认，最高人民法院在《关于贯彻执行〈中华人民共和国民法通则〉若干问题的意见（试行）》（以下简称《民通意见》）第 1 条中的解释是，出生时间以户籍证明为准；没有户籍证明的，以医院出具的出生证明为准。没有医院证明的，参照其他有关证明为准。而根据我国户籍制度的规定，出生登记以婴儿有独立呼吸为标准。

对胎儿的法律地位问题，各国有不同的立法例。一是《瑞士民法典》规定，只要胎

① 王利明等：《民法新论》（上），北京：中国政法大学出版社，1988 年版，第 154 页。

儿在出生时尚生存，出生前即具有权利能力。二是如法国、德国、日本等国的规定，如胎儿出生时生存者，在继承、受遗赠方面，视为已出生。德国、日本等国则就胎儿的赔偿请求权也是同样的规定。我国《继承法》第 28 条对胎儿的保护，给予了明文规定。该条规定，遗产分割时，应当保留胎儿的继承份额。胎儿出生时是死体的，保留的份额按照法定继承办理。

一般认为，自然人的民事权利能力与自然人的年龄无关。但是，对结婚、劳动等必须达到法定年龄的特殊规定，有的学者认为，这是自然人的特殊权利能力，应达法定年龄才能享有。有的学者认为，这是属于特殊的行为能力范畴。

(二) 自然人民事权利能力的终止

自然人的民事权利能力，终于死亡。民法上，死亡有自然死亡和宣告死亡两种。

(1) 自然死亡，也叫生理死亡，是指自然人作为生物体，其生命终结。自然死亡当然引起自然人权利能力的终结。认定自然死亡的时间有不同的学说，如心跳停止说、呼吸停止说等，随着医学技术的发展，现在又提出了脑死亡说。在我国，一般是以呼吸和心跳均告停止为自然人生理死亡的时间。

在涉及继承时，最高人民法院《关于贯彻执行〈中华人民共和国继承法〉若干问题的意见》(以下简称《继承法意见》) 第 2 条中，对相互有继承关系的人在同一事件中死亡，又不能确定死亡先后时间的，规定了如何推定其死亡的时间顺序：推定没有继承人的人先死亡；死亡人各自都有继承人的，如几个死亡人辈分不同，推定长辈先死亡；几个人辈分相同，推定同时死亡，彼此不发生继承，由他们各自的继承人分别继承。

(2) 宣告死亡，是指自然人下落不明达到法定期间规定，并因利害关系人的申请，由人民法院依法宣告其死亡的法律制度。宣告死亡是否引起自然人权利能力的当然终止，学者有不同的观点。一种观点认为，民事权利能力因自然死亡或宣告死亡而终止；[①] 另一种观点认为，权利能力并不因宣告死亡而当然终止。[②] 我国《民法通则》采纳的是第二种观点。

二、自然人的民事行为能力

自然人的民事行为能力，是指自然人依法能够亲自为民事法律行为行使民事权利、设定民事义务的能力。自然人的民事行为能力，以其具有意思能力为条件。意思能力是以自然人的年龄、精神健康状况为基础。

由于自然人的年龄、精神健康状况的不同，意思能力有差别，从而，其行为能力也有区别。我国《民法通则》第 11 条至第 13 条将自然人的民事行为能力划分为完全民事行为能力、限制民事行为能力和无民事行为能力三种。

(一) 完全民事行为能力

完全民事行为能力，是指自然人依法具有的，能够通过自己的独立行为取得民事权利、承担民事义务的能力。完全民事行为能力在我国又区分为以下两种：

(1) 一般的完全民事行为能力人。我国《民法通则》第 11 条规定，18 周岁以上[③]

---

① 佟柔：《民法原理》，北京：法律出版社，1983 年版，第 42 页。

② 魏振瀛：《民法》，北京：北京大学出版社、高等教育出版社，2000 年版，第 53 页。

③ 《中华人民共和国民法通则》第 155 条规定，民法所称的“以上”、“以下”、“以内”、“届满”，包括本数；所称的“不满”、“以外”，不包括本数。

的公民是成年人，具有完全民事行为能力，可以独立进行民事活动，是完全民事行为能力人。也就是说，年满18周岁，精神状况正常的公民，即为完全民事行为能力人。以18周岁作为公民成年和具有完全民事行为能力的标准，考虑了公民的生理、心理、智力发育等综合因素。

(2) 视为完全民事行为能力的人。我国《民法通则》第11条第2款规定，16周岁以上不满18周岁的公民，以自己的劳动收入为主要生活来源的，视为完全民事行为能力人。以自己的劳动收入为主要生活来源，是以该公民能够以自己的劳动取得收入，并能维持当地群众一般生活水平来认定的。

(二) 限制民事行为能力

限制民事行为能力又称不完全民事行为能力，是指自然人在一定范围内具有民事行为能力，但不具有独立进行全部民事活动的能力。

(1) 未成年的限制民事行为能力人。我国《民法通则》第12条规定，10周岁以上的未成年人是限制民事行为能力人，可以进行与他的年龄、智力相适应的民事活动；其他的民事活动由他的法定代理人代理，或者征得他的法定代理人同意。10周岁以上的未成年人进行的民事活动，是否与其年龄、智力状况相适应，可以从行为与本人生活相关联的程度、本人的智力能否理解其行为，并预见相应的行为后果，以及行为标的额等方面认定。

(2) 有精神病的限制民事行为能力人。我国《民法通则》第12条第2款规定，不能完全辨认自己行为的精神病人是限制民事行为能力人，可以进行与他的精神健康状况相适应的民事活动；其他的民事活动由他的法定代理人代理，或者征得他的法定代理人的同意。不能完全辨认自己行为的精神病人进行的民事活动，是否与其精神健康状况相适应，可以从行为与本人生活相关联的程度、行为人的精神状态能否理解其行为，并预见相应的行为后果，以及行为标的额等方面认定。

对于比较复杂的事物或者比较重大的行为缺乏判断能力和自我保护能力，并且，不能预见其行为后果的，可以认定为不能完全辨认自己行为的人。

(三) 无民事行为能力

无民事行为能力，是指完全不具有以自己的行为参与民事法律关系，取得权利、设定义务的资格能力的情形。

(1) 未成年的无民事行为能力人。我国《民法通则》第13条规定，不满10周岁的未成年人是无民事行为能力人，由他的法定代理人代理民事活动。

(2) 有精神病的无民事行为能力人。我国《民法通则》第13条第2款规定，不能辨认自己行为的精神病人是无民事行为能力人，由他的法定代理人代理民事活动。

精神病人（包括痴呆症人）如果没有判断能力和自我保护能力，不知其行为后果的，可以认定为不能辨认自己行为的人。当事人是否患有精神病，人民法院应当根据司法精神病学鉴定或者参照医院的诊断、鉴定确认。在不具备诊断、鉴定条件的情况下，也可以参照群众公认的当事人的精神状态认定，但应以利害关系人没有异议为限。

在诉讼中，当事人及利害关系人提出一方当事人患有精神病（包括痴呆症），人民法院认为确有必要认定的，应当按照《民事诉讼法》规定的特别程序，先做出当事人有无民事行为能力的判决。

限制民事行为能力、无民事行为能力制度，主要是通过规定自然人民事行为能力的范围，确认超过其民事行为能力的行为法律不予认可，以保护限制民事行为能力人、无民事行为能力人的合法利益。当限制民事行为能力人、无民事行为能力人实施的行为，无害于自己的利益时，这与自然人行为能力制度的宗旨不矛盾，法律不因行为人无行为能力或行为能力受限制，而认定该行为无效。

因此，我国《合同法》第 47 条规定，限制民事行为能力人订立的合同，经法定代理人追认后，该合同有效，但纯获利益的合同或者与其年龄、智力、精神健康状况相适应而订立的合同，不必经法定代理人追认。最高人民法院《民通意见》第 6 条规定，无民事行为能力人、限制民事行为能力人接受奖励、赠与、报酬，他人不得以行为人无民事行为能力、限制民事行为能力为由，主张以上行为无效。这是又一例保护性的规定。

三、监护

（一）监护的定义与性质

监护，是指对无民事行为能力人、限制民事行为能力人的人身、财产和其他合法权益，进行监督和保护的法律制度。在监护法律关系中，对无民事行为能力人、限制民事行为能力人进行监督、保护的人，是监护人。担任监护人，应当具有监护能力。最高人民法院《民通意见》第 11 条规定，认定监护人的监护能力，应当根据监护人的身体健康状况、经济条件以及与被监护人在生活上的联系状况等因素确定。处于监护之下的无民事行为能力人、限制民事行为能力人是被监护人。

无民事行为能力人、限制民事行为能力人，由于年龄、智力状况的原因，在日常生活及具体的民事法律关系中，既没有足够的自我保护能力，也可能侵害到其他民事主体的利益。因此，为了维护无民事行为能力人、限制民事行为能力人的利益，也为了保护其他民事主体的合法利益，维持社会的正常秩序，法律设置了监护制度。

“监护”一词就其含义而言，应指监护人对被监护人进行的监督、保护，而非指整个监护制度。监护人对被监护人的监督、保护属于何种性质，学者们有不同的意见。第一种观点认为，是监护人的权利；第二种观点认为，是监护人的义务；第三种观点认为，是监护人的职责。

民法上的权利应有利己的属性，而监护的目的，主要在于对被监护人利益的维护。作者同意监护是监护人职责的观点。

（二）监护人的设定

各国民事立法，在监护人设定的方式上，大致有法定监护、指定监护、遗嘱监护三种。

法定监护，是指法律直接规定无民事行为能力人、限制民事行为能力人的监护人的监护方式；指定监护是指由有权指定的机关或法院为无民事行为能力人、限制民事行为能力人指定监护人的监护方式；遗嘱监护是指由被监护人的父母以遗嘱选定监护人的监护方式。我国《民法通则》第二章第二节只规定了法定监护和指定监护。

1．法定监护

（1）对未成年人的法定监护，通常由自然人担任。我国《民法通则》第 16 条规定，未成年人的父母是未成年人的法定监护人。未成年人的父母已经死亡或者没有监护能力的，由下列人员中有监护能力的人担任监护人：①祖父母、外祖父母；②兄、姐；③关系密切的其他亲属、朋友愿意承担监护责任，经未成年人的父、母的所在单位或者未成年人住所地的居民委员会、村民委员会同意的。上述自然人中，父母是未成年人当然的监护人，只有父母已经死亡或者没有监护能力，才由其他近亲属、亲属或者朋友担任监护人。其他亲属、朋友担任监护人是有条件的，即既要本人愿意，还要经过未成年人父、母所在单位或者未成年人住所地的居委会、村委会同意。

没有上述规定的监护人的，则由有关单位担任法定监护人。根据我国《民法通则》第16条的规定，应由未成年人的父、母所在单位或者未成年人住所地的居民委员会、村民委员会或者民政部门担任监护人。

（2）对无民事行为能力、限制民事行为能力的精神病人的法定监护。通常自然人为前述精神病人担任法定监护人。我国《民法通则》第17条规定，无民事行为能力、限制民事行为能力的精神病人的监护人是：①配偶；②父母；③成年子女；④其他近亲属；⑤关系密切的其他亲属、朋友愿意承担监护责任，经精神病人的所在单位或者住所地的居民委员会、村民委员会同意的。其中“近亲属”，根据最高人民法院《民通意见》第12条的规定，包括配偶、父母、子女、兄弟姐妹、祖父母、外祖父母、孙子女、外孙子女等。其他亲属、朋友担任监护人是有条件的，一是本人愿意，二是须经精神病人的所在单位或者住所地的居民委员会、村民委员会的同意。

没有上述监护人的，则由有关单位担任法定监护人，即由精神病人的所在单位或者住所地的居民委员会、村民委员会或者民政部门担任监护人。

2．指定监护

有监护能力的自然人之间对担任监护人有争议，包括争当监护人或都不愿担任监护人，则由有权指定的单位指定或人民法院裁决。

有权为未成年人指定监护人的单位，是未成年人的父、母的所在单位，或者未成年人住所地的居民委员会、村民委员会等。有权为无民事行为能力或者限制民事行为能力的精神病人指定监护人的单位，是精神病人的所在单位或者住所地的居民委员会、村民委员会等。

有权指定的单位应在近亲属中指定。对指定不服，可提起诉讼，由人民法院裁决。根据最高人民法院《民通意见》第16条的规定，未经有关组织指定而向人民法院起诉的，人民法院不予受理。有关组织依照《民法通则》的规定指定监护人，以书面或口头通知了被指定人的，应当认定指定成立。被指定人不服的，应当在接到通知的次日起30日内向人民法院起诉。逾期起诉的，按变更监护关系处理。

人民法院指定监护人时，可以将《民法通则》第16条第2款中的（1）、（2）、（3）项或第17条第1款中的（1）、（2）、（3）、（4）、（5）项规定视为指定监护人的顺序。前一顺序中有监护资格的人无监护能力或对被监护人明显不利的，人民法院可以根据对被监护人有利的原则，从后一顺序有监护资格的人中择优确定。被监护人有识别能力的，应视情况征求被监护人的意见。监护人可以是一人，也可以是同一顺序中的数人。在人民法院做出判决前的监护责任，一般应当按照指定监护人的顺序由有监护资格的人承担。

（三）监护人的职责

监护人在职责定位上，应当以保护被监护人的人身、财产及其他合法权益为主要内容。最高人民法院《民通意见》第10条，详细列举了监护人的具体职责：保护被监护人的身体健康，照顾被监护人的生活，管理和保护被监护人的财产，代理被监护人进行民事活动，对被监护人进行管理和教育，在被监护人合法权益受到侵害或者与人发生争议时，代理其进行诉讼等。除为被监护人的利益外，监护人不得处理被监护人的财产。

监护人依法履行监护的权利，受法律保护。监护人不履行监护职责，或者侵害被监护人合法权益的，应当承担责任。给被监护人造成财产损失的，应当赔偿损失。被监护人造成他人损害的，由监护人承担民事责任。监护人尽了监护责任的，可以适当减轻他的民事责任。

需要注意的是，监护人可以将监护职责的部分或者全部委托给他人。但是，因被监护人的侵权行为，需要承担民事责任的，则应当由监护人承担，另有约定的除外。被委托人确有过错的，应当负连带责任。

（四）变更监护、丧失监护权与监护关系终止

1. 变更监护

因为一定的事由，引起的监护人的更换是变更监护。其主要原因有：监护人不履行监护职责，或者侵害了被监护人的合法权益，其他有监护资格的人或者单位向人民法院提出申请；对有关组织的指定监护不服，逾期起诉，而按变更监护处理；有监护资格的人依法协议变更监护。

有监护资格的人无权协议变更指定监护，擅自变更的，由原被指定的监护人和变更后的监护人承担监护责任。

2. 丧失监护权

监护人虐待、遗弃被监护人或者对被监护人有其他犯罪行为，经人民法院认定或者裁定的，丧失监护权。最高人民法院《民通意见》第21条中，将之称为取消监护权。其适用条件是，夫妻离婚后，与子女共同生活的一方无权取消对方对子女的监护权。但是，未与该子女共同生活的一方，对该子女有犯罪行为、虐待行为或者对该子女明显不利的，人民法院可以取消其监护权。

如果同一顺序的监护人均丧失监护权，应当为被监护人另行确定监护人。

3. 监护关系的终止

监护关系因为下列原因而终止：被监护人具有完全民事行为能力；被监护人死亡；监护人死亡或者丧失监护能力；人民法院认为应当终止监护关系的其他情形。

四、自然人的住所

（一）住所的定义

住所，是自然人生活和进行民事活动的主要基地和中心场所。明确自然人的住所，在法律上有重要意义。确定了住所，即容易确定民事权利的享有地、民事义务的履行地，确定民事案件的诉讼管辖地，确定涉外民事法律关系的准据法，确定某种民事法律关系发生、变更、消灭的场所，确定自然人特定法律行为的实施地，确定法律文书送达地等。

（二）住所的确定

各国民法对确定住所的标准在规定上是不一致的。主要有三种立法例：第一，大陆法国家，如德国、日本等采主观标准，即以具有长久居住意思的地方为住所。第二，英

美法国家则采客观标准，即以事实上长期居住的地方为住所。第三，折衷标准。综合居住意思和实际居住的事实，以有永久居住意思的居住地为住所。《瑞士民法典》即采折衷说。

我国《民法通则》第 15 条规定，自然人以他的户籍所在地的居住地为住所，经常居住地与住所不一致的，经常居住地视为住所。关于公民的经常居住地，最高人民法院《民通意见》第 9 条的解释是：公民离开住所地最后连续居住一年以上的地方，为经常居住地。但住医院治疗的除外。公民由其户籍所在地迁出后至迁入另一地之前，无经常居住地的，仍以其原户籍所在地为住所。

五、宣告失踪

（一）宣告失踪的定义和条件

1. 宣告失踪的定义

宣告失踪，是指自然人离开自己的住所，下落不明达到法定期限，经利害关系人申请，人民法院依法宣告被申请人为失踪人的法律制度。

自然人离开自己的住所长期下落不明，使以其为主体的财产关系处于无人管理和行使权利、履行义务的状况。因此，法律规定了宣告失踪制度，由人民法院依法确认自然人失踪的事实，并为失踪人确定财产代管人，有利于与失踪人有关的财产关系的正常进行。

2. 宣告失踪的条件

第一，自然人下落不明满二年。下落不明是指自然人离开最后居住地后没有音讯的状况。对于在我国台湾或者在国外，无法正常通讯联系的，不得以下落不明宣告失踪。下落不明的起算时间，从自然人音讯消失之次日起算。战争期间下落不明的，从战争结束之日起计算。

第二，利害关系人的申请。没有利害关系人的申请，人民法院不会主动进行宣告。利害关系人包括被申请人宣告人的配偶、父母、子女、兄弟姐妹、祖父母、外祖父母、孙子女、外孙子女，以及其他与被申请人有民事权利义务关系的人。申请时应附有公安机关或者其他有关机关关于该公民下落不明的书面证明。

第三，人民法院依法定程序宣告。宣告失踪只能由人民法院宣告，由被宣告失踪人住所地的基层人民法院管辖。住所地与居住地不一致的，由最后居住地基层人民法院管辖。人民法院受理申请后，依照我国《民事诉讼法》的规定，应当发出寻找下落不明人的公告，公告期间为三个月。

审理案件期间，人民法院应当查清被申请人的财产，指定临时管理人或者采取诉讼保全措施。公告期间届满，如被宣告失踪的事实得到确认，人民法院应当做出宣告失踪的判决。

（二）宣告失踪的法律后果

宣告失踪主要是为了确认失踪的事实，确定失踪人的财产代管人，以结束失踪人财产无人管理的状况。失踪人的财产由他的配偶、父母、成年子女或者关系密切的其他亲属、朋友代管。代管有争议的，没有以上规定的人或者以上规定的人无能力代管的，由人民法院指定的人代管。没有前述代管人，或者前述人无能力作为代管人，或者不宜作为代管人的，人民法院可以指定公民或者有关组织为失踪人的财产代管人。

人民法院做出宣告失踪的判决，应当同时指定失踪人的财产代管人。人民法院指定财产代管人，应当根据有利于保护失踪人财产的原则指定。无民事行为能力人、限制民事行为能力人失踪的，其监护人即为财产代管人。

财产代管人的职责主要是，以失踪人的财产代失踪人支付所欠税款、债务和应付的其他费用，代失踪人向失踪人的债务人要求偿还债务。代付的其他费用包括赡养费、扶养费、抚育费和因代管财产所需的管理费等必要的费用。财产代管人不履行代管职责或者侵犯失踪人财产权益的，失踪人的利害关系人可以向人民法院请求财产代管人承担民事责任。

(三) 失踪宣告的撤销

被宣告失踪的人重新出现或者确知他的下落，法院宣告其失踪的事实依据即不复存在，经本人或者利害关系人申请，人民法院应当撤销对他的失踪宣告。失踪宣告被人民法院撤销后，代管人的财产代管权随之终止，代管人应当将所代管的财产交还给被撤销失踪宣告的自然人，代管人在代管权限内所实施的法律行为，应由被撤销失踪宣告的人承担。

六、宣告死亡

(一) 宣告死亡的定义和条件

1. 宣告死亡的定义

宣告死亡，是指自然人离开自己的住所，下落不明达到法定期限，经利害关系人申请，人民法院依法宣告被申请人为死亡的法律制度。自然人离开自己的住所，长期下落不明，与该自然人有关的财产、人身关系处于无法确定的状态，因此，法律规定宣告死亡制度，由人民法院依法定条件和程序，推定下落不明的自然人死亡，以适时确定和调整这些关系。

2. 宣告死亡的条件

第一，自然人下落不明达法定期限。一般情况，需下落不明满四年，从音讯消失之次日起计算；战争期间下落不明的，从战争结束之日起计算满四年。因意外事故下落不明的，从事故发生之日起满二年。我国《民事诉讼法》还规定了无需经过法定期限的一种特殊情况：因意外事故下落不明，经有关机关证明该公民不可能生存的，利害关系人可以申请宣告其死亡。对于在我国台湾或者在国外，无法正常通讯联系的，不得以下落不明宣告死亡。

第二，利害关系人的申请。利害关系人的申请是宣告死亡诉讼开始的必要条件。利害关系人与申请宣告失踪的利害关系人范围相同。与申请宣告失踪不同的是，我国司法解释对申请宣告死亡的利害关系人规定了顺序：①配偶；②父母、子女；③兄弟姐妹、祖父母、外祖父母、孙子女、外孙子女；④其他有民事权利义务关系的人。

不同顺序的申请人有不同意见的，以前一顺序人的意见为准；同一顺序的申请人有不同意见的，如符合宣告死亡的条件，则应当宣告死亡。对于申请宣告死亡的利害关系人是否应有顺序，有不同的观点。无顺序说认为，只要是利害关系人均有同等的申请权，否则，前一顺序的利害关系人可能基于不正当目的不提出申请，其他利害关系人的合法利益将遭到损害。

宣告失踪不是宣告死亡的必须程序。符合宣告死亡条件的，利害关系人可不经宣告失踪而直接申请宣告死亡。但虽已符合宣告死亡的条件，利害关系人只申请宣告失踪的，应当宣告失踪。

第三，人民法院依法定程序宣告。人民法院受理宣告死亡案件后，应当发出寻找下落不明人的公告。公告期间为一年。因意外事故下落不明，经有关机关证明该公民不可能生存的，公告期间为三个月。公告期满，根据被宣告人下落不明达法定期限的事实是否得到确认，人民法院应当做出宣告死亡的判决或者驳回申请的判决。

（二）宣告死亡的法律后果

宣告死亡是人民法院根据事实依法推定被宣告人死亡，被宣告死亡的人以判决宣告之日为其死亡的日期。宣告死亡制度的目的在于确定与被申请人有关的人身、财产关系。在此意义上，宣告死亡与自然死亡具有一样的法律后果。

1. 被宣告死亡人的人身关系

被宣告死亡的人与配偶的婚姻关系，自死亡宣告之日起消灭。被宣告死亡人的子女可以被他人依法收养。

2. 被宣告死亡人的财产关系

继承关系开始，债权、债务应进行清理，具有人身性质的债权、债务消灭。继承人依照《继承法》的规定，为被宣告死亡人的债务在所继承遗产的范围内承担偿还责任，继承人也有权继续行使被宣告死亡人的债权。

宣告死亡只是人民法院的推定，被宣告人可能并未死亡。在被宣告死亡期间，有民事行为能力人的被宣告人实施的民事法律行为有效。

宣告死亡和自然死亡的时间不一致的，被宣告死亡所引起的法律后果仍然有效。但是，自然死亡前实施的民事法律行为与被宣告死亡引起的法律后果相抵触的，则以其实施的民事法律行为为准。

（三）宣告死亡的撤销

被宣告死亡的人重新出现或者确知他没有死亡，经本人或者利害关系人申请，人民法院应当撤销对他的死亡宣告。死亡宣告被撤销，被宣告人的财产关系原则上应恢复原状，人身关系则视情况不同而作不同处理。

1. 人身关系的处理

如其配偶尚未再婚，夫妻关系从撤销死亡宣告之日起自行恢复；如果其配偶再婚或者再婚后配偶又死亡的，则不得认定夫妻关系自行恢复。在被宣告死亡期间，其子女被他人依法收养，被宣告死亡的人在死亡宣告被撤销后，仅以未经本人同意而主张收养关系无效的，一般不应准许，但收养人和被收养人同意的除外。

2. 财产关系的处理

被撤销死亡宣告的人有权请求返还财产。依照我国《继承法》的规定，取得他人的财产的公民或组织，应当返还原物；原物不存在的，给予适当补偿。其原物已被第三人合法取得的，第三人可不予返还。利害关系人隐瞒真实情况使他人被宣告死亡而取得其财产的，除应返还原物及孳息外，还应对造成的损失予以赔偿。

第三节　法　　人

一、法人解说

（一）法人的定义与特征

法人是社会发展到一定阶段即市场经济较发达阶段的产物。作为一种民事主体，法人是与自然人相对应的社会组织。我国《民法通则》第37条给法人下的定义为：法人是具有民事权利能力和民事行为能力，依法独立享有民事权利和承担民事义务的组织。

法人的特征是法人与其他民事主体相比所具有的不同特性。法人具有以下特征：

（1）法人是社会组织。社会组织是按照一定的条件设立，为一定的目的进行活动，有一定组织机构的社会现象。这一特征是法人与自然人的根本区别。

（2）法人是依法具有民事权利能力和民事行为能力的社会组织。市民社会中，有各种各样的社会组织，但并非所有的社会组织都是法人。有资格成为法人的社会组织，必须依法具有成为民事法律关系主体的权利能力，有独立参加民事法律关系的行为能力。这是法人区别于不具有民事主体资格的一般组织之所在。

（3）法人是独立享有民事权利和承担民事义务的社会组织。法人是严格按照法定的条件和程序设立的社会组织，目的在于让法人能够独立享有民事权利、承担民事义务。在法律上，真正独立于其他相关主体，如法人成员、法人设立人，从而实现法人制度在社会经济生活中的作用。法人享有权利和承担义务的独立性，以其独立人格、独立财产为基础，最终体现为独立责任。

法人必须有自己的名称、组织机构，这是法人人格独立的前提。有了自己的名称和组织机构，使法人能够以自己的名义，按照法人机构的意志活动，表现出法人的独立人格。

法人必须有独立的财产。其财产独立于法人创始人、法人成员和其他民事主体，这是法人人格独立的物质基础。

法人独立承担民事责任。这是法人有独立人格、财产的必然反映和结果。法人以自己的名义、独立的财产对外承担民事责任，实现了在法律上法人作为一种民事主体的完全独立。这也是法人与合伙组织、个人独资企业等非法人组织的根本区别。

（二）法人的本质

关于法人的本质，有不同的学说，主要有三种：法人拟制说、法人否认说、法人实在说。

1. 法人拟制说

拟制说认为，权利主体以具有自由意志的自然人为限，法人是法律拟制的权利主体，是法律的虚构，其存在的目的是为了满足某些特定的法律关系中团体利益的归属。

拟制说虽然认为法人只是法律所拟制的主体，但是，它承认了法人的民事主体资格，区别了法人与其成员的财产，区分了法人与其成员的责任，对现代法人制度的建立起到了非常重要的作用。

2. 法人否认说

否认说不承认法人的存在，认为法人仅是假设的主体。法人否认说又分为三种学说：目的财产说、受益人主体说和管理者主体说。

(1) 目的财产说。该学说认为，有的财产属于特定的个人，有的财产属于特定的目的，后者就是没有主体的。法人不过是为了达到特定目的而由多数自然人的财产集合而成的财产，法人本身不是独立的人格，是为了一定的目的而存在的财产，即“目的财产”。

(2) 受益人主体说。该学说认为，拟制的团体是不存在的，意思行为是个人的意思，集合体的意思是没有，至少是无从证实的。立法者所保护的既不是存在于团体的集合意思，也不是团体的独立人格，而是团体的各个成员所追求的目的。法人仅仅是形式上的权利义务主体，而实际上的权利义务的归属者，是享有法人财产利益的多数个人，即多数实际受益人才是真正的主体。

(3) 管理者主体说。该学说认为，权利主体必须具有意思表示能力，而法人没有意思表示能力。因而，法人的财产并不是属于法人本身所有，而属于管理其财产的自然人，只有管理法人财产的自然人，才是法律上所称的法人。

3. 法人实在说

实在说认为，法人并不是法律凭空的拟制，也并不是没有团体意识和利益，而是一种客观存在的主体。这一学说又分为有机体说和组织体说。

(1) 有机体说，又称团体人格说或意思实在说。该学说认为，法人和自然人一样具有自己的意思表示能力，是区别于自然人个人意思的团体意思。在社团法人中有社员的集合意思，在财团法人中有捐助行为意思，因而法人应成为社会有机体。

(2) 组织体说。该学说认为，法人是一种具有区别于其成员的个体意志和利益的组织体。法人的本质并不是其作为社会的有机体，而在于其具有适合为权利主体的组织。这种组织就是具有一定目的的社团或财团。

通说认为，法人拟制说的主要不足在于把法人视为想像、观念的产物；法人否认说则否认法人作为主体的存在，都不符合社会经济发展的现实；而法人实在说，尤其是其中的组织体说为多数的学者所接受，并为当今的民事立法普遍采纳。

(三) 法人的分类

不同法系的国家，法人分类方法不同。

(1) 大陆法系国家将法人主要划分为公法人、私法人，营利法人、公益法人，中间法人、社团法人、财团法人等。

公法人与私法人。其划分依据如同公法与私法的划分依据一样，众说纷纭。有的认为，是以法人设立的法律依据是公法还是私法来划分；有的认为，是以法人的设立人的不同来划分；有的认为，是以法人设立的目的来划分；有的认为，是以法人是否行使国家权利来划分。综合各种标准，公法人是指依据公法，为完成国家职能设立的法人，如国家机关法人；私法人是指依据私法，为私人利益而设立的法人，如公司。

营利法人与公益法人。这是依据法人成立的目的不同的划分。公益法人是指以社会公共利益为目的的法人，如慈善机构；营利法人是为了从事商业经营，以营利为目的的法人，如公司。

社团法人、财团法人和中间法人。其划分依据是法人成立的基础。社团法人是以人的集合为基础成立的法人，如公司；财团法人是以为一定目的而设立的财产为基础成立的法人，如基金会；中间法人既不是为了社会公共利益，也不是为了成员的经济利益而成立的法人，如同学会。

（2）英美法系国家将法人主要划分为集体法人、独任法人。其划分的标准是法人社员人数的多少。

集体法人是指由多数人组成而可以永久存在的集合体法人，如地方政府法人、公司法人等；独任法人是指一个自然人由于法律的确认而形成的法人，如英王、主教。

（3）我国民法把法人划分为企业法人，机关、事业单位和社会团体法人。

企业法人，是指以营业为目的，独立从事商品生产、经营活动的法人。

机关、事业单位和社会团体法人，都是非营利性的社会组织。机关法人，是指依照国家法律或行政命令成立，依法行使国家权力，并因行使职权的需要而享有相应的民事权利能力和民事行为能力的国家机关，包括国家权力机关法人、国家行政机关法人、国家军事机关法人、国家司法机关法人等。

事业单位法人，是指国家为了社会公益目的，由国家机关举办或者其他组织利用国有资产举办的从事教育、科学、文化、卫生等活动的社会服务组织。如公立学校、公立医院，以及科研院所等单位。

社会团体法人，是指由其成员自愿组成，按照其章程从事社会公益、文化、艺术、宗教等活动的非营利性法人。如人民群众团体、学术研究团体、宗教团体等。

二、法人的成立

法人的成立，是指符合法定条件的社会组织，依照法定程序而取得法人的资格。法人的成立需符合法定的条件、程序。

（一）法人成立的条件

法人的成立必须具有法定的条件。我国《民法通则》第 37 条规定，法人应当具备的条件是：依法成立；有必要的财产或者经费；有自己的名称、组织机构和场所；能够独立承担民事责任等。

（1）依法成立。依法成立，包括法人成立的实质要件的要求，还包括法人应按照法定的程序成立。

（2）有必要的财产或者经费。这是法人成立实质要件之一，是法人能够独立享有民事权利、承担民事义务的物质基础，也是其承担民事责任的财产保障。法律根据法人成立的不同目的，对法人应具有的必要财产和经费的来源、数额有不同的要求。

（3）有自己的名称、组织机构和场所。这是法人具有独立人格的重要前提。只有具有自己的名称，法人才是特定化的组织，才有可能以自己的名义参加民事法律关系，享有民事权利和承担民事义务。组织机构是法人形成团体意思，成为独立主体的组织保障。法人的场所是法人作为特定主体的外在标志之一，也是法人开展民事活动所必需的条件。

（4）能够独立承担民事责任。有了以上的条件，法人就能以自己的名义对自己的债务独立承担民事责任。这既是法人作为一种独立民事主体必须具备的条件，也是其独立的最终体现。

(二) 法人成立的程序

各国对法人成立的程序有不同的规定，而各种不同的法人，成立程序也不相同。大致有以下几种设立原则：特许主义，要求法人的成立必须经过国家的特别许可；核准主义，又称行政许可主义，是指法律规定法人成立的条件，但法人成立须经过行政机关的审核批准；准则主义，即法律预先规定法人成立的条件，无须经过行政机关的审批，符合条件的法人只需办理登记即可成立。

我国法律对法人成立的程序，区别企业法人、机关法人、事业单位法人、社会团体法人，而其成立程序各不相同。

(1) 企业法人的成立程序。经主管机关核准登记，是企业法人成立的必经程序。在我国，主管企业登记的国家机关是工商行政管理机关。

根据企业性质、从事行业不同等，有的企业设立，可直接向工商行政管理机关申请登记；有的企业设立，必须先经过国家相关部门的审查批准，然后才能办理工商登记。工商行政管理机关认为符合条件的，应当予以登记，颁发营业执照。颁发营业执照的时间是企业法人的成立时间。

(2) 机关法人的成立程序。我国《民法通则》第 50 条规定，有独立经费的机关从成立之日起具有法人资格。机关法人直接依据国家法律、行政命令而成立，无需登记。机关法人成立的时间应视具体的法律、行政命令而定。

(3) 事业单位和社会团体的成立程序。我国《民法通则》第 50 条第 2 款规定，具备法人条件的事业单位、社会团体，依法不需要办理法人登记的，从成立之日起具有法人资格；依法需要办理法人登记的，经核准登记取得法人资格。

事业单位的登记管理机关，是国务院机构编制管理机关和县级以上地方各级人民政府机构编制管理机关；社会团体的登记管理机关，是国务院民政部门和县级以上地方各级人民政府民政部门。

三、法人的民事能力

(一) 法人的民事权利能力

法人的民事权利能力，是指法人享有民事权利和承担民事义务的资格。作为一种组织体，法人的民事权利能力与自然人的民事权利能力有以下区别：

(1) 产生、消灭的时间不同。法人的民事权利能力，从法人成立时产生，到法人终止时消灭；自然人的民事权利能力，从出生时享有，到其死亡时消灭。

(2) 内容不同。某些专属于自然人的权利能力内容，如生命权、健康权、婚姻权等，法人不可能享有；某些专属于法人的权利能力内容，自然人不可能享有，如开展信贷业务等。

(3) 法人的权利能力受到经营、业务范围的限制，具体内容各有区别；而自然人的权利能力一般是普遍一致的。所以，法人的权利能力被称为特殊的权利能力。对此问题有相反的观点，认为法人的权利能力不应受到经营范围的限制。否则，法人超出其目的、经营范围所为的行为而产生的民事责任，就不应由法人承担。因为，这时法人已没有民事权利能力，不是民事主体了。

(二) 法人的民事行为能力

法人的民事行为能力，是指法人以自己的意志独立参加民事活动，取得民事权利、承担民事义务的能力。法人的民事行为能力与自然人的民事行为能力相比较，具有以下特点：

（1）享有和消灭的时间不同。法人的民事行为能力和民事权利能力一起发生和消灭，即从法人成立到终止都具有民事行为能力；自然人的民事行为能力受年龄、精神健康状况的限制，不可能与民事权利能力同时享有。

（2）法人的行为能力由它的机关或代表来实现。法人的机关或代表是以自己的意思形式，代表着法人的团体意思，他们根据法律、章程和条例而实施的民事行为，就应认定为法人的行为，其法律后果由法人承担。

（3）法人的民事行为能力受其经营范围的限制，是特殊的民事行为能力。超出法人经营范围的行为，因法人无民事行为能力而无效。但与此相反的观点认为，法人的行为能力一般不受其经营范围的限制。最高人民法院《关于适用〈中华人民共和国合同法〉若干问题的解释（一）》采纳了这一观点，其第 10 条规定，当事人超越经营范围订立合同，人民法院不因此认定合同无效。

四、法人的机关

（一）法人机关的定义、法律特征

法人的机关，是指根据法律、章程或条例的规定，在法人成立时产生，不需要特别委托授权就能以法人的名义，对内管理法人事务，对外代表法人进行民事活动的集体或个人。

法人机关的法律特征是：

（1）法人机关依据法律、章程或条例的规定而设立。

（2）法人机关，是法人的有机组成部分。所以，在法人成立时法人的机关同时产生。

（3）法人机关，是法人意思形成、表示和执行机构。法人的独立意思是通过其机关形成、表示和实现的，法人机关的意思就是法人的意思。

（4）法人机关是法人的领导或代表机关，它对内负责法人的事务，对外则代表法人进行民事活动。

（5）法人机关由单个个人或集体组成。单个个人组成的机关是独任机关，如全民所有制企业的厂长。集体组成的机关是合议制机关，如公司的股东会。

（二）法人机关的种类

（1）意思机关，又称为权力机关或决策机关，是形成法人意思的机关，如股份有限公司的股东大会。

（2）执行机关，是具体执行法人意思机关所形成的意思的机关，如公司的董事会。执行机关的主要负责人是法人的法定代表人。

法定代表人，是依照法律或法人章程的规定，代表法人行使职责的负责人。在我国，法定代表人只能由符合条件的自然人担任，如董事长、执行董事。法定代表人依照法律或法人组织章程的规定，无需法人机关的专门授权，就可以法人的名义，代表法人对外进行民事活动。所以，也有人认为法定代表人是法人的代表机关。

（3）监督机关，是对法人执行机关的行为实行监督检查的机关，如公司的监事会。

五、法人的民事责任

(一) 法人民事责任的特点

1. 法人民事责任是法人的独立责任

法人以自己的名义和独立财产，为自己的债务承担清偿责任。

2. 法人民事责任是有限责任

所谓有限责任，是指法人只在自己独立财产的范围内承担民事责任，法人背后的创立人或其成员，仅以自己的投资为限，对法人承担责任，而不对法人的债务直接承担无限责任。这是法人有限责任的真正含义，实际上是法人成员的有限责任。作为与其他非法人组织的重要区别，习惯将其称为法人的有限责任。该有限责任是以法人有符合法律要求的独立财产为前提的。

(二) 法人相关机关、机构、人员活动与法人的民事责任

1. 法定代表人和其他工作人员的经营活动由法人承担民事责任

我国《民法通则》第43条规定，企业法人对他的法定代表人和其他工作人员的经营活动承担民事责任。由于法人的民事行为能力必须通过法人的机关或授权的代理人来实现，因此，对其法定代表人和其他工作人员执行职务时所为的行为，应视为法人的行为，其法律后果应由法人承担。法人的法定代表人和其他工作人员，同时又是具有一般民事主体身份的自然人，他们不是为执行职务而是为了个人利益的行为，不应由法人承担责任。但是，其行为的相对人善意地相信他们的行为是在执行职务，即使实际并非如此，为保护善意第三人的利益，维护交易安全，法人也可能为他们超越权限的行为承担民事责任。

2. 法人的分支机构的民事活动由法人承担民事责任

法人的分支机构是法人的组成部分，为分担法人所要执行的部分职能而设立，如公司设立分公司。法人的分支机构是由法人依照法定程序设立，可以执行法人的部分职能，但分支机构本身不具有独立的法人资格。

分支机构依法实施的行为或经过法人特别授权的行为，应由法人承担民事责任。为保护善意第三人，维护交易安全，法人分支机构超越其权限的行为，法人也可能要承担民事责任。

六、法人的变更、终止

(一) 法人的变更

法人的变更，是指法人在存续期间所发生的组织机构、活动宗旨、业务范围等方面的变化。

1. 法人组织机构的变更

组织机构变更，主要有法人的合并和分立。

法人的合并，是指两个或两个以上的法人合并为一个法人。有吸收合并和新设合并两种形式。吸收合并是法人合并时，保留其中一个法人的资格，该法人吸收其他的法人，被吸收的法人资格消灭；新设合并是两个或两个以上的法人合并为另一个新的法人，原来法人的资格都消灭。

法人的分立，是指一个法人分成两个或两个以上的法人。有派生式分立和新设式分立。派生式分立是法人分立时，保留原法人的资格，但从中分立出新的法人；新设式分

立是法人分立时，原法人的资格消灭而分立出两个以上的新法人。

法人的合并或分立，应依照法定的程序办理方为有效，并应依法向登记机关办理变更登记。法人合并、分立，它的权利和义务由变更后的法人享有和承担。

2. 法人其他重大事项的变更

法人其他重大事项的变更，主要包括法人的名称、住所、活动宗旨、业务范围、经营方式、注册资金等方面的变化。法人的这些重大事项发生变化，应依法进行，并办理变更登记。

（二）法人的终止

法人的终止，是指法人丧失民事主体资格，民事权利能力和民事行为能力终止。

1. 法人终止的原因

法人终止的原因主要有：①依法被撤销。这是指由法律、行政命令直接撤销法人的资格，或因法人违反法律的规定而被撤销。②解散。这是法人因设立的目的事业完成，法人章程所规定的存续期届满或解散事由出现，法人成员的决议，而发生的法人终止。③依法宣告破产。这是在法人全部资产不足以清偿其到期债务时，由法人或其债权人申请，人民法院依法宣告其破产而法人终止。④其他原因。如战争造成法人终止。

2. 法人终止的程序

我国《民法通则》第 45 条以及最高人民法院《民通意见》第 59 条、第 60 条规定，法人终止应当依法进行清算，停止清算范围外活动。企业法人解散或被撤销，应当由其主管机关组织清算小组进行清算；企业法人被宣告破产的，应当由人民法院组织有关机关和有关人员成立清算组织进行清算。

法人的清算，是指法人消灭时，依法由清算组织清理法人的债权、债务，以终结法人财产关系的活动。法人终止必须进行清算。在清算期间，法人不能进行新的经营活动，只能由清算组织代表法人与清算有关的法人处理未了结的业务、清缴所欠税款、清理债权债务、处理法人清偿债务后的剩余财产。

清算结束后，清算组织应当依法申请注销法人登记，公告法人终止。

第四节　合　　伙

一、合伙的定义

（一）合伙的定义

合伙有广义和狭义之分，广义的合伙，是指两个以上的人为了一定的目的，按照协议形成的联合，包括营利性合伙、非营利性合伙；长期合伙、临时性合伙；形成组织形式的合伙和简易松散的合伙等。

狭义的合伙，是两个以上的主体为了共同的经济目的，自愿签订合伙协议，共同出资，共同经营，共享收益，共担风险，对外承担无限连带责任的非法人组织。从该定义可见，狭义合伙仅指营利性的、有组织形式的、非临时性的合伙。这样的合伙，才有成为一种独立民事主体的条件。本节主要分析的是狭义的合伙。

（二）合伙的法律地位

合伙的法律地位问题，主要争议是合伙能否成为法律上的独立民事主体，具有民事权利能力和民事行为能力。

由于合伙是按照合伙协议形成的联合体，既具有合同性，又具有组织性。传统民法强调合伙的合同性，将其作为一种合同关系规定在民法的债编，不认为合伙是一种独立的组织，不承认合伙的独立民事主体地位。随着经济的发展、社会的变化，各国立法越来越重视合伙的组织性，对合伙的法律地位的规定，发生了变化。①

我国学者对合伙的法律地位问题，也有几种观点：

(1) 合伙不具有民事主体资格，民事主体只有自然人和法人两种，合伙实际上是自然人、法人进行民事活动的特殊形式。

(2) 合伙是独立的民事主体，是自然人和法人之外的第三民事主体。理由是，合伙作为一种组织体，是大量存在的客观实际，它们在事实上已经不同程度地取得了民事主体资格。法律应对此加以确认，明确其权利义务，这也有利于对它们的管理和引导。

(3) 合伙可以有条件地成为民事主体，即将合伙区别对待，一些简易的合伙不能成为主体，这些合伙没有组织的字号，不应成为主体；而有字号、有组织的合伙应成为主体。

合伙是否能成为独立的民事主体，取决于合伙本身是否有成为民事主体的条件。

独立民事主体应具有自己的人格、自己的财产，能以自己的名义参加民事法律关系，享有权利和承担义务。以此考察，狭义合伙有自己的名称，具有一定的组织性，有相对独立的财产，相对独立的利益，并能以合伙的财产对外承担民事责任，在合伙财产不足以清偿合伙债务时，才由各合伙人承担无限连带责任。

因此，合伙不仅是合伙人进行民事活动的形式，而已成为与合伙人相区别的，能以自己的名义进行民事活动，享有权利、承担义务的民事主体。即有条件、有组织的合伙，是具有民事主体资格的，是一种独立的民事主体。

(三) 合伙的法律特征

作为一种民事主体，合伙具有与自然人、法人不同的法律特征：

(1) 合伙是一种社会组织。合伙是随着社会的发展，为适应社会经济生活的需要而出现的社会现象，它按照一定的条件设立，为一定的目的活动，有一定的组织形式。

(2) 合伙是一种非法人组织。社会组织具备法人条件时，依法定程序可成为在法律上完全独立的法人组织。合伙不具备法人条件，不能成为独立承担民事责任的法人。因此，我国《合伙企业法》第5条规定，合伙企业在其名称中不得使用“有限”或者“有限责任”字样。

(3) 合伙是具有民事权利能力和民事行为能力的非法人组织。合伙的人格、财产、利益和民事责任，与合伙人相对独立。这使合伙成为具有组织形式的民事主体，具有民事权利能力和民事行为能力。

(4) 合伙是典型的人合性组织。合伙基于合伙人之间的互相信任而设立，由全体合伙人共同经营。合伙人的增加、变更和退出有严格的条件，原则上须取得全体合伙人的同意，即使合伙人的合法继承人也不当然成为新的合伙人。合伙人之间承担连带责任。

(5) 合伙以合伙协议为成立基础。合伙是合伙人之间的自愿联合，其存在的前提

① 王利明等：《民法新论》(上)，北京：中国政法大学出版社，1988年版，第319页注解①②。

是，合伙人就合伙目的、出资、利润分配、亏损分担、合伙事务执行等事项达成一致协议。

（四）合伙的分类

1. 个人合伙、法人合伙

这是以合伙人的身份不同为标准的分类。对于法人能否作为合伙人，各国有禁止主义和许可主义两种不同的做法。从我国立法来看，未明文禁止。但我国《民法通则》区分了自然人为合伙人和法人为合伙人的情况，前者被称为个人合伙，规定为公民（自然人）一章中的一节，后者规定在法人一章中，为法人联营的一种。

而且，个人合伙和法人合伙联营在对外承担责任上也有区别。法人合伙联营，可以用协议约定各自的责任范围，并非一律是法定的连带责任。① 有的学者批评这样区别对待的做法，违背了合伙的基本原则。1997 年 2 月颁行的《中华人民共和国合伙企业法》中，所称“合伙企业”仅指个人合伙，还是包括个人合伙和法人合伙，还存在争议。

2. 普通合伙、有限合伙

这是以合伙人承担责任形式的不同而作的划分。普通合伙的合伙人都承担无限连带责任；有限合伙中的有限合伙人，只在出资额的限度内对合伙的债权人承担责任。

普通合伙的合伙人有权参加合伙事务的经营管理；而承担有限责任的合伙人，则不参加合伙的经营管理。根据《民法通则》第 35 条的规定，我国的个人合伙都是普通的承担无限责任的合伙，我国《合伙企业法》也要求合伙人都是依法承担无限责任者。

3. 显名合伙、隐名合伙

这是以合伙人中是否有不公开姓名、不参与经营的合伙人所作的划分。显名合伙的合伙人都公开姓名；而隐名合伙中的隐名合伙人，不公开姓名、不参与经营。

隐名合伙人按照与其他显名合伙人的协议为合伙出资，不公开自己合伙人身份，不现于合伙登记，不参与合伙的经营管理，不对合伙的债权人承担个人责任。有观点认为，我国民事法律中，没有关于隐名合伙的规定。有的观点则认为，最高人民法院《关于贯彻执行〈中华人民共和国民法通则若干问题的意见〉（试行）》第 46 条的规定，即“公民执照协议提供资金或者实物，并约定参与合伙盈余分配，但不参与合伙经营、劳动的，或者提供技术性劳务而不提供资金、实物，但约定参与盈余分配的，视为合伙人”。就是我国法律对隐名合伙的规定。

二、合伙的成立

（一）合伙成立的条件

我国《合伙企业法》第 8 条规定了合伙应当具备的条件：

（1）有二个以上合伙人，并且都是依法承担无限责任者。法律、行政法规禁止从事营利性活动的人，不得成为合伙企业的合伙人。

（2）有书面的合伙协议。合伙协议应当载明的事项：①合伙企业的名称和主要经营场所的地点。②合伙目的和合伙企业的经营范围。③合伙人的姓名及其住所。④合伙人

---

① 我国《民法通则》第 52 条规定：“企业之间或者企业、事业单位之间联营，共同经营、不具备法人条件的，由联营各方按照出资比例或者协议的约定，以各自所有的或者经营管理的财产承担民事责任。依照法律的规定或者协议的约定负连带责任的，承担连带责任。”

出资的方式 、数额和缴付出资的期限。⑤利润分配和亏损分担的办法。⑥合伙企业事务的执行。⑦入伙与退伙。⑧合伙企业的解散与清算。⑨违约责任。合伙企业可以载明合伙企业的经营期限和合伙人争议的解决方式。

(3) 有各合伙人实际缴付的出资。用于出资的可以是合伙人的合法财产和财产权利：货币、实物、土地使用权、知识产权或者其他财产权。货币以外的出资可以由全体合伙人协商确定其价格，也可以由全体合伙人委托的法定评估机构进行评估。经全体合伙人协商一致，合伙人还可以用劳务出资。

各合伙人按照合伙协议实际缴付的出资为对合伙企业的出资。

(4) 有合伙企业的名称。

(5) 有经营场所和从事经营的必要条件。

(二) 合伙成立的程序

设立合伙企业，应当向企业登记机关提交登记申请书、合伙协议书、合伙人身份证明等文件。法律、行政法规规定须报经有关部门审批的，应当在申请设立登记时提交批准文件。

企业登记机关收到申请登记文件之日起 30 日内，做出是否登记的决定。符合我国《合伙企业法》规定条件的予以登记，发给营业执照。合伙企业的营业执照签发日期为合伙企业成立日期。合伙企业成立，具有民事主体资格，能够以合伙企业的名义从事经营活动。合伙企业领取营业执照前，不得以合伙企业名义从事经营活动。

三、合伙人的主要权利、义务

(一) 合伙企业重大事项的决策

合伙企业的重大事项须经全体合伙人同意。这些事项包括：①处分合伙企业的不动产。②改变合伙企业名称。③转让或者处分合伙企业的知识产权和其他财产权。④向企业登记机关申请办理变更登记手续。⑤以合伙企业名义为他人提供担保。⑥聘任合伙人以外的人担任合伙企业的经营管理人员。⑦依照合伙协议约定的有关事项等。

合伙人依法或者按照合伙协议，对合伙企业有关事项做出决议时，除本法另有规定或者合伙协议另有约定外，经全体合伙人决定可以实行一人一票的表决方式。

(二) 合伙事务的执行

(1) 全体合伙人对执行合伙企业事务享有同等的权利，可以由全体合伙人共同执行合伙企业事务，也可以根据合伙协议或全体合伙人的决议，委托一名或者数名合伙人执行合伙企业事务，也可以由合伙人分别执行合伙事务。执行合伙事务的合伙人对外代表合伙企业。

(2) 合伙事务的执行人应当依照约定向其他不参加执行事务的合伙人报告事务执行情况，以及合伙企业的经营状况，其执行合伙企业事务所产生的收益归全体合伙人，所产生的亏损或者民事责任由全体合伙人承担。

(3) 不参加执行事务的合伙人有权监督执行事务的合伙人，检查其执行合伙事务的情况。分别执行合伙事务时，合伙人可以对其他合伙人执行的事务提出异议。提出异议时，应暂停该项事务的执行。如果发生争议，可由全体合伙人共同决定。

(4) 被委托执行合伙企业事务的合伙人，不按照合伙协议或者全体合伙人的决定执行事务的，其他合伙人可以决定撤销该委托。

（三）对合伙事务的知情权

合伙人为了解合伙企业的经营状况和财务状况，有权查阅账簿。这是合伙人的知情权。

（四）利润分配、亏损分担

合伙企业的利润和亏损，由合伙人依照合伙协议约定的比例分配和分担；合伙协议未约定利润分配和亏损分担比例的，由各合伙人平均分配和分担。

合伙协议不得约定将全部利润分配给部分合伙人或者由部分合伙人承担全部亏损。

（五）有害合伙利益行为的禁止

(1) 合伙人不得自营或者同他人合作经营与本合伙企业相竞争的业务。

(2) 除合伙协议另有约定或者经全体合伙人同意外，合伙人不得同本合伙企业进行交易。

(3) 合伙人不得从事损害本合伙企业利益的活动。

以上这些是我国《合伙企业法》第 30 条规定的禁止性规范。

四、合伙的财产

（一）合伙的财产构成

合伙财产，是指在合伙存续期间，合伙人的出资和所有以合伙企业名义取得的收益。它由两部分构成：①合伙人出资形成的合伙财产。②合伙经营所获收益等。

（二）合伙财产的权属

我国《民法通则》第 32 条规定，合伙人投入的财产由合伙人统一管理和使用。合伙经营积累的财产归合伙人共有。

根据合伙人用于出资的财产性质或合伙协议，合伙人用于出资的财产，所有权可能转移，也有可能不转移。即使不转移所有权，合伙人向合伙出资的财产，已是合伙的财产，出资人的所有权要受到限制，出资的财产由全体合伙人共同管理和使用。在合伙经营期间，以合伙名义积累的财产，当然归全体合伙人共有。

（三）合伙人的共有权

合伙人的共有权，是按份共有还是共同共有？由于我国法律未作明确的规定，因此，有不同的看法。但从合伙人之间的关系，以及我国《合伙企业法》对合伙人行使权利的规定内容看，合伙人的共有权应是按份共有。合伙人的共有权，因合伙的特殊性受到限制。

合伙财产是合伙企业成立、存续的条件，我国《合伙企业法》第 20 条规定，合伙企业进行清算之前，合伙人不得请求分割合伙企业的财产，但是，法律另有规定的除外。

合伙人在合伙企业清算前，也不得私自转移或者处分合伙企业的财产。但是，受让人为善意时，合伙企业不得以转让人无权转让为由，对抗善意第三人。

合伙企业具有人合性，在合伙企业存续期间，合伙人向合伙人以外的人转让其在合伙企业中的全部或部分财产份额时，必须经其他合伙人一致同意。合伙人依法转让其财产份额的，在同等条件下，其他合伙人有优先受让的权利。

合伙人以其在合伙企业中的财产份额出质的，须经其他合伙人一致同意。未经其他合伙人一致同意，合伙人以其在合伙企业中的财产份额出质的，其行为无效，或者作为退伙处理。由此给其他合伙人造成损失的，依法承担赔偿责任。

五、入伙和退伙

入伙和退伙，是合伙组织在经营过程中出现的合伙人的变更。合伙的组织性使合伙人与合伙相对独立，新合伙人加入或原合伙人退出，并不必然引起合伙组织的解散，因而，合伙经营期间可能出现合伙人的变更。但是，由于合伙是典型的人合性组织，入伙和退伙受到相当的限制。

（一）入伙

入伙是指在合伙组织成立后，非合伙人申请加入合伙，并被合伙人接纳的行为。

1．入伙的条件、程序

新合伙人入伙时，应当经全体合伙人同意，并依法订立书面入伙协议。订立入伙协议时，原合伙人应当向新合伙人告知原合伙企业的经营状况和财务状况。

2．新合伙人的权利、义务

新合伙人与原合伙人享有同等权利，承担同等责任。入伙协议另有约定的，从其约定。但是，必须强调：新合伙人对入伙前合伙企业的债务承担连带责任。

（二）退伙

退伙是合伙经营期间合伙人依法退出合伙的行为。

1．退伙的种类

退伙因发生原因不同，可分为自愿退伙、法定退伙、强制退伙。

（1）自愿退伙又称声明退伙，是指因合伙人单方声明而发生的退伙。自愿退伙，并不是指只要单方的意思表示，就产生退伙的效力，而是需要出现法定的事由，或符合法定的条件或程序。

我国《合伙企业法》第46条规定，因合伙协议是否约定有经营期限而自愿退伙，有不同的事由、条件、程序。约定有经营期限，合伙人可自愿退伙的事由与条件：①合伙协议约定的退伙事由出现。②经全体合伙人同意退伙。③发生合伙人难于继续参加合伙企业的事由。④其他合伙人严重违反合伙协议约定的义务。

未约定经营期限，合伙人自愿退伙的条件、程序：合伙人在不给合伙企业事务执行造成不利影响的情况下，可以退伙，但应当提前30日通知其他合伙人。

（2）法定退伙又称当然退伙，是指发生了法律规定的事由而当然退出合伙。

我国《合伙企业法》第49条规定的法定退伙发生的事由：①死亡或者被宣告死亡。②被依法宣告为无民事行为能力人。③个人丧失偿债能力。④被人民法院强制执行在合伙企业中的全部财产份额。法定退伙以实际发生之日为退伙生效日。

（3）强制退伙又称开除退伙，是指合伙人出现某些情形后，被其他的合伙人除名而退出合伙。

我国《合伙企业法》第50条规定，合伙人被其他合伙人除名的事由：①未履行出资义务。②因故意或者重大过失给合伙企业造成损失。③执行合伙企业事务时有不正当行为。④合伙协议约定的其他事由等。

对合伙人的除名协议应当书面通知被除名人。被除名人自接到除名通知之日起，除名生效，被除名人退伙。被除名人对除名决议有异议的，可以在接到除名通知之日起30日内向人民法院起诉。

2．退伙的效力

退伙对退伙人、合伙组织产生以下效力：①退伙人丧失合伙人的资格。②退伙人或其继承人有权要求对合伙企业的财产状况进行清算，退还其财产份额。退伙时有未了结的合伙企业事务的，待了结后进行结算。③退伙人对其退伙前已发生的合伙企业债务，与其他合伙人承担连带责任。④可能导致合伙企业的终止。如合伙企业只有两个合伙人，其中一人退出合伙，合伙企业因不具备法定人数而终止等。

六、合伙组织、合伙人的民事责任

（一）合伙组织、合伙人对合伙债务的民事责任

合伙债务，是在合伙经营中产生的依法属合伙企业的债务。合伙民事责任的相对独立性使合伙发生债务后，既可能由合伙企业对合伙债务承担民事责任，还可能由合伙人对合伙债务承担民事责任。

1．合伙组织对合伙债务的民事责任

我国《合伙企业法》第39条规定，合伙企业对其债务应先以其全部财产进行清偿。

合伙是具有民事主体资格的组织，依法享有民事权利能力和民事行为能力，并依法有自己的财产，对于合伙债务，首先应由合伙组织以合伙财产清偿。

2．合伙人对合伙债务的民事责任

合伙企业财产不足清偿到期债务的，各合伙人对合伙债务承担民事责任。

合伙人对合伙债务的责任形式，对债权人是无限连带清偿责任。在合伙人的内部，依照法律规定，当合伙企业财产清偿合伙企业债务的不足部分，由各合伙人用其在合伙企业出资以外的财产按照合伙协议约定的比例分担或依法平均分担。合伙人由于承担连带责任，所清偿数额超过其应当承担的数额时，有权向其他合伙人追偿。

（二）合伙人个人债务的民事责任

合伙组织不对合伙人的个人债务承担责任。我国《合伙企业法》第41条规定，合伙人个人债务的债权人，不得以对合伙人个人的债权抵消对合伙企业的债务。

合伙人个人债务应由合伙人自己承担责任。合伙人的个人债务，应先由合伙人在合伙企业以外的其他个人财产清偿。虽然合伙人对属全体合伙人共有的财产享有一定的财产份额，但是，受合伙组织人合性的限制，合伙人不能直接以其在合伙企业中的财产份额清偿个人债务。

当合伙人个人财产不足清偿其个人所负债务的，该合伙人只能以其从合伙企业中分取的收益用于清偿，债权人也可以依法请求人民法院强制执行该合伙人在合伙企业中的财产份额，用于清偿，即以在合伙企业中的财产份额，清偿个人债务需经法定程序，由债权人申请，人民法院强制执行。因执行导致债务人财产份额的转让时，其他合伙人有优先受让的权利。

七、合伙的解散

合伙的解散，是合伙组织民事主体资格的终止。我国《合伙企业法》第七章规定了合伙解散的具体事宜。

（一）合伙解散的事由

我国《合伙企业法》第57条规定了合伙解散的法定事由：①合伙协议约定的经营期限届满，合伙人不愿继续经营的。②合伙协议约定的解散事由出现。③全体合伙人决

定解散。④合伙人已不具备法定人数。⑤合伙协议约定的合伙目的已经实现或者无法实现。⑥被依法吊销营业执照。⑦其他原因。有这些原因中之一情况的，合伙即应当解散。

（二）合伙解散的程序

1. 清算

合伙企业解散后，应当进行清算，并通知和公告债权人。清算人由全体合伙人担任；也可经全体合伙人过半数同意，指定一名或数名合伙人或者委托第三人，担任清算人。未在解散后15日内确定清算人的，合伙人或者其他利害关系人可以申请人民法院指定清算人。

清算人的清算事务主要是清理合伙企业财产和债权、债务，处理与清算有关的合伙企业未了结的事务，清缴所欠税款，处理合伙企业清偿债务后的剩余财产，代表合伙企业参与民事诉讼活动。

2. 合伙企业财产的清偿顺序

我国《合伙企业法》第61条规定，合伙企业财产的清偿顺序是：首先支付清算费用，然后按顺序清偿，即合伙企业所欠招用的职工工资和劳动保险费用，合伙企业所欠税款，合伙企业的债务，退还合伙人的出资。还有剩余时，由合伙人按合伙协议约定的比例分配或平均分配。

3. 注销登记

清算结束，经全体合伙人签名、盖章后，向企业登记机关报送清算报告，办理合伙企业注销登记。

（三）合伙解散后，原合伙企业债务的承担

合伙企业解散后，原合伙人对合伙企业存续期间的债务，仍应承担连带责任，但是债权人在五年内未向债务人提出偿债请求的，该责任消灭。

第五节　其他非法人组织

其他非法人组织，是指除合伙以外的不具法人资格，但可以以自己的名义进行民事活动的社会组织。至于其他非法人组织的法律地位及范围，学界的观点不尽相同。

综观各种看法，其范围一般涉及个体工商户、农村承包经营户、个人独资企业、企业法人的分支机构、筹建中的法人组织、临时性或偶然性主体等。

一、个体工商户、农村承包经营户

（一）个体工商户、农村承包经营户的定义与法律地位

个体工商户，是指在法律允许的范围内，依法经核准登记，从事工商业经营的自然人或家庭。

农村承包经营户，是指在法律允许的范围内，按照承包合同的约定，从事商品经营的农村集体经济组织成员或家庭。

个体工商户、农村承包经营户的法律地位，有几种观点：

第一，个体工商户、农村承包经营户没有主体资格，它只是自然人参加民事活动的特殊形式，是自然人为了取得从事商品生产和经营活动的特殊权利能力和行为能力而采

用的一种形式。

第二，个体工商户、农村承包经营户分为由全体家庭成员经营的和由家庭中一人经营的两种。前者是以家庭成员为合伙人的以营利为目的的经济组织，即家庭合伙；而由家庭中一人经营的，为独资企业。

第三，个体工商户、农村承包经营户是非法人组织，具有民事主体资格。持这种观点的理由是：①个体工商户、农村承包经营户是准组织体。因为个体工商户、农村承包经营户可以起字号、刻印章、开立银行账户、雇用工人等。这使个体工商户、农村承包经营户可以以“户”的名义从事民事活动，表明个体工商户、农村承包经营户有组织体的属性。②个体工商户、农村承包经营户具有明确的目的。其目的就是其经营范围，并在其经营范围内，享有相应的有别于自然人的民事权利能力和民事行为能力。③个体工商户、农村承包经营户具有相对独立的财产。该财产主要用于所从事的工商经营活动、承包经营活动。当然，其财产与个人财产、家庭财产不是严格区分的。

（二）个体工商户的法律特征

个体工商户的法律特征主要是：①个体工商户是个体经济的一种形式，可以是个人经营，也可以是家庭经营。其经营资本直接来自个人财产或家庭共有财产，从事经营者既是财产所有者又是劳动者。②个体工商户必须依法经核准登记才能成立。③个体工商户对外可以以“户”的名义进行经营。④个体工商户应在法律允许的范围内从事工商业经营等。

（三）农村承包经营户的法律特征

农村承包经营户的法律特征与个体工商户有差别。其法律特征主要是：①从事农村承包经营户的人是农村集体经济组织的成员，可以是个人经营，也可以是家庭经营。②农村承包经营户必须签订承包合同，才可以取得土地承包主体等经营者的资格。③农村承包经营户对外可以以“户”的名义进行经营活动。④农村承包经营户，必须在法律规定的范围内，按照合法的承包合同的约定，以及我国《土地承包法》、《土地管理法》以及其他法律法规的规定，从事承包经营活动。

（四）个体工商户、农村承包经营户的财产责任

个体工商户、农村承包经营户的财产责任由投资者、经营者、获得收益者承担无限清偿责任。

我国《民法通则》第29条规定，个体工商户、农村承包经营户的债务，由个人经营的，以个人财产承担；家庭经营的，以家庭财产承担。

其具体情形是：以个人财产投资，收益归个人的个体工商户、农村承包经营户，其债务以个人财产清偿；以个人名义申请登记的个体工商户，以及个人承包的农村承包经营户，用家庭共有财产投资，或者收益的主要部分供家庭成员享用的，其债务应以家庭共有财产清偿；由部分家庭成员投资、经营的，其债务应以该部分家庭成员所有的财产，承担无限连带清偿责任；在夫妻关系存续期间，一方从事个体经营或者承包经营的，其收入为夫妻共有财产，债务应以夫妻共有财产清偿。

二、个人独资企业

（一）个人独资企业的定义与法律特征

个人独资企业，是指依法由一个自然人投资，财产为投资人个人所有，投资人以其

个人财产对企业债务承担无限责任的经营实体。

个人独资企业的法律特征：

（1）个人独资企业是非法人组织。个人独资企业是一个经营实体，具有企业名称、出资人申报的出资、固定的经营场所和必要的生产经营条件、必要的从业人员，符合作为一个组织的必要条件。但独资企业不具备法人的条件，不能成为法人。

（2）个人独资企业具有民事主体资格。个人独资企业是有民事主体资格的非法人组织，对外以企业的名义进行民事活动，具有民事权利能力和民事行为能力。

（3）个人独资企业的投资、财产归属。个人独资企业只能由一个自然人投资，财产为投资人个人所有。

（4）个人独资企业债务由投资人承担无限责任。这是它与法人最大的区别之所在。

（二）个人独资企业的成立

1．成立条件

根据我国《个人独资企业法》第 8 条的规定，个人独资企业的成立条件是：①投资人为一个自然人，但不能是法律、行政法规禁止从事营利性活动的人。②有合法的企业名称。③有投资人申报的出资。④有固定的生产经营场所和必要的生产经营条件。⑤有必要的从业人员等。

2．成立程序

投资人或其委托代理人依法提出申请，登记机关对符合规定条件的予以登记，发给营业执照。个人独资企业的营业执照的签发日期，为个人独资企业的成立日期。在领取个人独资企业营业执照前，投资人不得以个人独资企业的名义从事经营活动。

（三）个人独资企业的经营管理

个人独资企业的投资人可以自行管理企业事务，也可以委托或聘用其他具有民事行为能力的人负责企业的事务管理。委托或聘用他人管理企业事务的，双方应以书面合同明确委托的具体内容和授予的权利范围。投资人对受托人或者被聘用人员职权的限制，不得对抗善意第三人。

（四）个人独资企业的财产及民事责任

1．个人独资企业财产

个人独资企业财产归投资人所有，投资人对本企业的财产依法享有所有权。其有关权利可以依法进行转让或继承。

2．个人独资企业债务的民事责任

个人独资企业的债务，应由个人独资企业财产和投资人的其他财产承担无限责任。我国《个人独资企业法》第 18 条规定，个人独资企业财产不足以清偿债务的，投资人应当以其个人的其他财产予以清偿。个人独资企业投资人在申请企业设立登记时，明确以其家庭共有财产作为个人出资的，应当依法以家庭共有财产对企业债务承担无限责任。

个人独资企业解散后，原投资人对个人独资企业存续期间的债务，仍应承担偿还责任，但债权人在五年内未向债务人提出偿债请求的，该责任消灭。

（五）个人独资企业的解散

1．个人独资企业解散的事由

个人独资企业解散的事由主要是：投资人决定；投资人死亡或者被宣告死亡，无继承人或者继承人决定放弃继承；被依法吊销营业执照；法律、行政法规规定的其他情形。

2．清算

个人独资企业解散，由投资人自行清算或者由债权人申请人民法院指定清算人进行清算。清算期间，个人独资企业不得开展与清算目的无关的经营活动。

3．注销登记

清算结束后，投资人或人民法院指定的清算人应依法到登记机关办理注销登记。

三、企业法人的分支机构

（一）企业法人分支机构的定义与法律地位

1．企业法人分支机构的定义

企业法人的分支机构，是指法人为实现其职能而设立的，可以自己的名义进行民事活动，但是，不能独立承担民事责任的机构。

2．企业法人分支机构的法律地位

企业法人的分支机构是一种非法人组织。但是，它是否具有民事主体资格，有两种意见。一种意见认为，企业法人的分支机构不具有民事主体资格，但具有诉讼主体资格；另一种意见认为，企业法人的分支机构可以作为民事诉讼和行政诉讼的主体，并可以享有名称权和著作权，且能在营业执照规定的范围内，对外进行民事活动。基于这一点，企业法人的分支机构虽非法定民事主体，但是，它可以成为具体民事活动的主体。

（二）企业法人分支机构的成立

理论上，企业法人分支机构的成立条件应当包括依法成立，有自己的名称、组织机构、场所和有可以独立支配的财产等。其设立程序包括须依法办理工商登记，领取营业执照，营业执照签发的日期为分支机构成立的日期。

（三）企业法人分支机构的民事责任

企业法人分支机构的民事责任由法人承担。企业法人分支机构为实现法人的职能，可以在法人授权的范围内独立进行民事活动，但不具备法人的条件，其行为的后果，应由设立分支机构的法人承担。我国《公司法》第 13 条、第 203 条和第 205 条规定，公司可以设立分公司，分公司不具有企业法人资格，其民事责任由公司承担。外国公司对其分支机构在中国境内进行经营活动，承担民事责任。外国公司撤销其在中国境内的分支机构时，必须依法清偿债务，按照我国《公司法》有关公司清算程序的规定进行清算。未清偿债务之前，不得将其分支机构的财产移至中国境外。

四、筹建中的法人

（一）筹建中的法人的定义与法律地位

筹建中的法人，也称设立中的法人，是指为设立法人而进行筹建活动的非法人组织。

关于筹建中的法人的法律地位，学界有不同的观点。一种观点认为，筹建中的法人不是民事主体，也不具有民事权利能力和民事行为能力，其在筹建过程中的行为，是筹建人或设立人的个人行为。另一种观点认为，筹建中的法人与成立后的法人应视为同一法人，法人成立前所享有的权利及所形成的债权债务关系，都应由成立后的法人享有、承担。如果法人不能成立，则其权利能力溯及消灭，即由筹建人或设立人承担相应的法律后果。这就是所谓“同一体说”。

(二) 筹建中的法人的行为及民事责任

为了实现设立法人的目的，往往在法人成立前，要实施一些民事行为，如租用场地、购买办公设备等。虽然，我国法律未明确规定筹建中的法人的民事地位，但是，实际上设立人往往以筹建中的法人的名义实施相关行为。

如果法人成立后，则以筹建中法人的名义，为设立法人而实施的行为的民事责任，由法人承担；法人不能成立时，则应由法人的设立人承担，且各设立人之间负连带责任。

思考题

1. 民事主体的定义和法律特征。
2. 比较民事权利能力、民事行为能力和民事责任能力的概念、特征。
3. 自然人民事权利能力的开始、终止，以及自然人行为能力的划分依据。
4. 监护的法律意义，以及监护人的设立和监护人的职责。
5. 宣告失踪与宣告死亡的条件、法律后果以及宣告后撤销的后果。
6. 法人的定义、特征、成立条件各是什么?
7. 法人机关、法人责任的承担特殊性是什么?
8. 合伙的财产如何定性，以及合伙债务如何承担?
9. 个体工商户、农村承包经营户和个人独资企业的比较。
10. 企业法人分支机构的民事责任如何承担?
11. 以筹建中的法人名义进行的民事活动，应如何承担民事责任?
12. 试述民事主体资格的取得。

学习资料指引

1. 梁慧星:《民法总论》，北京：法律出版社，1996 年版，第 4 章～第 5 章。
2. 王利明等:《民法新论》(上)，北京：中国政法大学出版社，1988 年版，第二编民事主体。
3. 魏振瀛:《民法》，北京：北京大学出版社、高等教育出版社，2000 年版，第 4 章～第 6 章。
4. 彭万林:《民法学》，北京：中国政法大学出版社，1999 年第 2 版，第 4 章～第 6 章。
5. 马俊驹、余延满:《民法原论》(上)，北京：法律出版社，1998 年版，第 4 章～第 7 章。
6. 王建平:《民法学》，成都：四川大学出版社，1994 年版，第 4 章。

参照法规提示

1.《中华人民共和国民法通则》第 8 条至第 53 条、第 133 条。
2.《最高人民法院关于贯彻执行〈中华人民共和国民法通则〉若干问题的意见(试行)》一、公民，二、法人。

3.《中华人民共和国合伙企业法》第 2 条，第二章至第七章。
4.《中华人民共和国个人独资企业法》第 2 条，第二章至第四章。
5.《中华人民共和国公司法》第 13 条、第 203 条和第 205 条。
6.《中华人民共和国农村土地承包法》第二章。
7.《中华人民共和国土地管理法》第 4 条，第二章。

第五章　民事客体

【阅读提示】　本章的重点是理解和把握民事客体，即民事法律关系的客体是民事法律关系中民事权利和民事义务的依托，也是民事权利与民事义务联系的中介。在民事法律关系众多的客体种类中，重点把握"物"与"行为"这两种类型的客体，正确理解"物"与"行为"的定义、内容和特征，以及分类及其法律意义。本章的难点是，作为民事法律关系客体的行为与作为民事活动的行为的区分。

民事客体即民事法律关系的客体，是指在民事法律关系中，民事主体享有的权利和承担的义务所共同指向的事物或者对象。

民事客体承载了民事主体享有的利益，法律上表现为权利。因此，民事客体又被称为民事权利的客体。从定义上说，民事客体是独立存在于主体意识之外，并能为主体所感知和支配的客观事物或者对象，因此，它具有人为不能否认的客观性。

但是，民事法律关系的客体，并不涵盖一切客观事物，而仅指法律规范确认和保护的客观事物。因为，利益可分为物质性利益与非物质性利益，民事客体也分为物质性客体与非物质性客体。

第一节　物

一、物的概念和特征

（一）物的概念

物是存在于人身之外的，能够满足人的利益需要，并能为人所支配和利用的物质实体。作为民事客体的物，其范围异常广泛，只要客观存在，能够满足人的利益需求，并能为人所支配控制的物质，无论是自然之物还是人类创造之物，都是民法学上的物。简而言之，物就是指物质财富，是民事法律关系的最重要的客体。

（二）物的特征

1．物存在于人身之外

作为民事主体的人的人身与尊严，受到当代法律的确认和保护，绝不能作为民事法律关系的客体。

能够作为民事法律关系的客体的物，只能存在于人的身体之外，法律不允许对生存的人的身体或者与身体相联系的组织器官，进行排他性的控制和支配，因此，凡是物都具有非人格性。使用于人身的人工制作的组织器官，例如，能够与人身相分离的假肢、假牙、假眼，未安装在人身之上时是独立于人身之物，一旦装上人体，即成为身体的一部分，不能再视为物。

人身的血液、毛发、某些组织器官等，如果与人体相分离，可以视为民法上的物。

死者的遗体及遗体火化后的骨灰，亦可以视为物而由继承人控制占有。

2. 物能满足人的利益需要

民事主体依托物建立民事法律关系，通常是为了谋取某种物质利益，满足利益需求，是以物必须具有使用价值或者其他价值。没有使用价值或者其他价值，就不可能承载利益，也就不能成为民法上的物。

民事主体的社会需要，既有物质生活方面的，还有精神生活方面的。所以，物的价值既可以体现为物质利益，也可以体现为精神利益。

3. 物能够为主体所控制和支配

民事主体设立民事法律关系，是为了谋取一定的物质利益或者精神利益。若以物为依托，则必须能够对其控制和支配，如果不能支配、控制，主体享有的权利和承担的义务就不能因为意志的作用而得以实现与实际履行，设立这样的关系对当事人没有丝毫意义。

因此，物具有使用价值或者其他价值，而且还必须能够被人所控制、支配。否则，即使能给人带来利益，满足人的需要，例如，日、月的光辉，但是，人不能控制和支配，就不构成民法上的物。

4. 物原则上为有体物

所谓有体物，指占有一定空间而具有外在形体的物质实体，通常表现为固态、气态、液态等，如房屋、树木、土地、河流，以及各种形形色色的物质实体，所以，有体物又被称为有形财产。

《德国民法典》将物仅限于有体物，大陆法系各国沿袭了这一观念。但是，随着现代科技的发展，物的范围有所扩大，某些财产虽然经人的视觉不能感知，但可通过触觉或者其他工具加以感知和控制，如光、电、磁、热等，亦视为物而成为民事法律关系的客体。

二、物的分类

（一）动产与不动产

根据物是否能够移动，以及移动之后是否损害其价值，可以将物分为动产与不动产。

（1）动产，是指能够移动，并且移动之后不损害其价值与用途的物，如牲畜、家电等。某些物如机动车、民用航空器、船舶等，虽然可以正常移动，但是，这些财产价值甚高，法律对其转让设立了登记程序，从而呈现了不动产的某些特征，学理上称为“准不动产”。

（2）不动产，指不能移动或者即使可以移动，但移动之后就会损害其价值或用途之物。不动产主要指土地、附于土地之上的建筑物和其他定着物、建筑物的固定附属设备。

土地之上的出产物，如林木、庄稼，在与土地分离之前，按照我国《担保法》第34条的规定，属于单独的不动产，可以成为独立的权利客体。

土地之下的矿产资源专属于国家，而非土地的构成成分，这是需要注意的。

（3）划分动产与不动产的意义在于：①物权变动的法定条件不同。土地及土地上的房屋是社会生活与生产的极其重要的物质资料，而且经济价值较高，对其权利的变动，法律的管理慎重严格，一般以向国家主管机关登记为法定要件，否则，不发生权利的转移。而动产物权的变化，一般以交付为权利转移的条件。②设定物权的类型不同。他物权中的用益物权，如典权、地上权、地役权、土地承包权等，仅能设定在不动产之上，而担保物权中的动产质权、留置权只能设立在动产之上。③诉讼管辖与法律适用不同。因不动产引起的诉讼，由不动产所在地法院管辖，并依物之所在地法处理，而动产的诉讼则不一定由动产所在地法院管辖，法律对管辖问题有着灵活具体的规定。

（二）流通物、限制流通物与禁止流通物

此种划分的标准，在于物能否自由流通，以及能在多大的范围内自由流通。

（1）流通物，指法律法规允许在民事主体之间自由流通之物，一般的物都属流通物。

（2）限制流通物，指法律法规对物的流通范围和流通程度作了一定限制的物，例如，黄金、白银、文物，受到特殊管制的物品等。

（3）禁止流通物，是法律法规明确禁止自由流通的物，如枪支、弹药，国家的专有财产等。

以上分类的法律意义在于根据可否自由流通和流通的范围与程度，可以确定具体民事行为的法律效力。若为流通物，其他生效要件具备，行为即为有效；若为限制流通物，具备其他生效条件后，还须按规定履行特定手续之后行为才可生效；若为禁止流通物，即使具备其他生效要件，行为亦为无效。

（三）特定物与种类物

根据物是否具有独立特征，以及是否可以相互替代，可将物划分为特定物与种类物。

（1）特定物是具有某些唯一的特征与属性，不能以其他物加以替代的物，包括世界上独一无二的物和原属种类物后经特定化的物。

（2）种类物是具有共同的属性与特征，可以用品种、规格、质量，并用度量衡进行计算的物。种类物彼此可以替代。

划分特定物与种类物的意义在于：①二者所形成的具体法律关系的范围与类型有一定区别。如基于特定物可以产生租赁合同关系，而依据种类物则可以产生消费借贷合同关系。②在以特定物作为标的的债的关系中，若标的灭失，债务人不作替代履行，免除交付原物的义务，但应当赔偿损失。若标的物是种类物，标的物灭失债务人应作替代履行，有义务交付同种类的物。

特定物与种类物的区别不是绝对的，种类物在一定情况下，可以经过民事主体的选择或确定而成为特定物。

（四）可分物与不可分物

根据是否可以分割，并且分割之后是否影响、损害物的价值和用途，可将物区分为可分物与不可分物。

可分物指可以被实体分割并且分割之后，价值与用途不受影响或者损害之物；不能进行实物分割，分割之后将会影响或损害物的价值和用途之物，为不可分物。

区分可分物与不可分物的意义在于：①分割共同财产时，若为可分物，则可进行实物分割；若为不可分物，则只能采取变价分割或者折价补偿的方法分割财产。②在多数人之债中，若标的为可分物，债的关系的主体可按份享有债权或按份承担债务；若标的为不可分物，则主体之间只能连带享有债权或者连带承担债务。

（五）主物与从物

以物与物之间是否具有从属关系为标准，可以将物分为主物与从物。

凡两物相互配合才能发挥作用，其中能独立存在并起主要作用之物为主物，起辅助或补充作用之物为从物。

此种分类的意义在于除了法律或者合同另有规定，从物应随主物转移而转移，对主物的处分效力及于从物。

（六）可消耗物与不可消耗物

根据物经使用之后的形态变化以及是否归于消灭，可以将物分为可消耗物与不可消耗物。

可消耗物亦称消耗物，指一经使用就使物灭失而不复存在，或者改变了原有状态之物，如糖、油、茶、米等生活用品。不可消耗物又称非消耗物，指可以反复使用且不会改变形态和性质之物，如房屋、机器等。

区分可消耗物与不可消耗物的意义在于可消耗物只能作为消费借贷或者转让所有权合同的标的物，不可消耗物则可以成为借用、租赁等转移使用权的合同的标的物。

（七）原物与孳息

此类划分根据在于两物之间的渊源关系。原物是原本存在并可以产生新物或新的收益之物。孳息是原物所生之物或利益。

孳息有法定孳息与天然孳息之分。依法产生的为法定孳息，如存款所生的利息，因出租房屋所收的租金。依原物的自然属性所生为天然孳息，如果树、家畜、家禽之产出物。

划分原物与孳息的意义在于除了法律另有规定或合同另有约定，孳息的所有权应归原物的所有权人。

（八）单一物、合成物与集合物

根据物的构成的个数及其结合状况，可将物分为单一物、合成物与集合物。

单一物是作为一体而独立存在之物，如一桌一椅。合成物亦称结合物，指由数个单一物结合而构成之物，如嵌有宝石的戒指。合成物中各单一物之间无主从关系。集合物亦称聚合物，指由多个单一物或合成物聚合在一起而形成之物，如一座图书馆或一座工厂。

划分单一物、合成物的意义，在于当他们作为法律关系的客体时，在法律观念上应视一个完整的物，具有同一法律性质，因此可对物作为一个整体设定一项完整的权利。但是，对于集合物，主体之权利原则上应单独存在于物之各个部分，而不将整个集合物作为一个权利的客体。

在一定情况下，如实行抵押担保，集合物也可作为一个抵押权客体。此外，在进行交易时，不能随意改变物的组合状态而损害物经组合之后产生的统一的价值与功能。

第二节　货币与有价证券

一、货币

货币，在法律意义上属于种类物。但是，由于其具有高度的可替代性，而作为一般等价物成为了法定的支付手段、流通手段与结算手段等。因此，货币是特殊的种类物。

同时，货币是可消耗物和动产，一经支付，即发生所有权的转移，一旦占有货币即享有货币所有权；丧失对货币的占有，例如遗失，即丧失对该货币的所有权。权利人不能行使原物返还请求权，而只能请求返还不当得利。

货币在民事法律关系中的主要意义和作用在于：①民事主体可以对货币行使占有、使用、收益和处分权，让作为种类物的货币充当物权的客体；②在债的关系中，货币可以作为价款或酬金而成为债权债务的标的物。

二、有价证券

（一）有价证券的定义与特征

有价证券，是设立并证明某种财产权利的书面凭证。作为物的特殊类型，有价证券具有如下特征：

（1）有价证券与证券上记载的财产权利不可分离，具有权利证券化的特点。通常情况下，证券持有人有权主张证券上记载的权利，如果离开证券，就无权主张权利，证券与权利不可分离而合为一体，证券转移权利随之转移。

（2）有价证券的债务人是特定的，证券持有人只能向负有支付义务的特定的债务人主张债权。有价证券的债务人通常不问持券人是否为真正的权利人，见券即应履行债务。有价证券的权利人，可以因为证券的转移而发生变动，这种变动对证券债务人履行债务不发生影响。

（3）有价证券的债务人所负的支付义务是单方义务，无权要求证券持有人支付相应对价。这是证券行为与契约行为的一个显著区别。有价证券的债务人履行了债务并收回证券，由证券形成的债权债务关系即归于消灭。

（二）有价证券的分类

1．按照有价证券所记载的财产权利的性质分类

（1）票据，是开票人签发的代表一定货币，并由自己或委托他人无条件支付的有价证券。票据包括汇票、本票和支票等。票据设定的权利性质属于债权。

（2）股票，是股份公司发给股东以记载并证明股东所持股份的凭证。股票是股份公司股份的表现形式，其设定的权利是股权。

（3）债券，是债券发行人依照法定程序发行的，在一定期限内向持有人还本付息的有价证券。债券在我国主要有国债券、金融债券和企业债券等。

（4）提单，是用以证明货物运输合同与货物已由承运人接受，承运人据此交付货物的凭证。提单是一种物权凭证，其设定的权利是物权。

2．依照有价证券转移的不同方式分类

（1）记名有价证券，即在证券上记载权利人的姓名或名称的有价证券。如记名的本票、支票、汇票、股票、提单等。这种证券载明了权利人，其转移应按照一定的方式进

行，如办理手续等。只有证券指定的人或合法受让人才有权要求债务人履行债务。

(2) 无记名有价证券，指证券未记载权利人姓名或名称的有价证券，如无记名股票、票据以及国库券等。无记名有价证券可以按照民事方式转让，谁持有无记名有价证券，谁就是证券记载的权利的享有者，无记名有价证券的义务人应当对证券的持有者履行义务。

(3) 指示有价证券，指在证券上载明第一个证券取得者的姓名或名称的证券，例如指示支票。指示有价证券的权利人是证券上指示的人，证券的义务人应当对证券指明的权利人履行义务。指示有价证券的转让不是按照民事的一般债权转让方式进行，而应当由现有权利人在证券背面签注，指定下一个权利人的姓名或名称，此所谓“背书”。

第三节　其他客体

一、行为

行为，指民事法律关系的主体行使权利和履行义务的活动。行为是民事法律关系的最重要的客体之一。正确理解作为民事法律关系的客体的行为，要注意将其与民事主体进行民事活动的行为相区别。

民事主体进行民事活动的行为，即民事行为，是民事主体在其主观意志支配之下，通过意思表示以图建立、变更或终止民事关系的行为。行为的效果在于建立和影响主体之间的权利义务关系本身，而作为民事权利义务关系客体的行为，是通过民事主体实施的民事行为而形成权利义务的联系之后，权利的实现与义务的履行所必须依附的载体。权利主体为其利益有权要求义务主体实施一定行为，而义务主体因为义务约束应当实施这一行为。此时的行为已不如民事行为的完全基于自愿自主而具有任意性，它是带有法律效力的权利与义务共同指向的，并且相关主体都不得不进行的活动，而且这一活动的方式、地点、时间等因素都已经确定。可以说，作为民事法律关系客体的行为，是民事主体先前实施的合法的民事行为的逻辑性结果。

作为民事法律关系客体的行为，以不同的标准可以进行不同的分类，大体可作如下划分：

(1) 依照行为的表现状态可分为作为与不作为的行为。

(2) 从行为主体的角度可分为行使权利的行为与履行义务的行为，前者亦称接受行为，后者亦称给付行为。

(3) 从行为的内容看，有劳务行为、交付标的行为、支付价款或酬金的行为等。

(4) 以行为是否带来利益或损失为标准，可分为得利行为与失利行为。

(5) 以是否自愿实施为标准，可分为自愿行为与强迫行为，前者指主体主动自觉的行为，后者指主体不行为而被依法强制的行为。

(6) 以行为是否一次性完成为标准，可分为一次性行为与连续性行为。①

从一般意义上看，债的法律关系的客体主要是行为，这种行为的表现形式为给付。因此，许多民法学者将债权债务关系的客体表述为给付行为。我们认为，这种观点不乏

① 王建平：《民法学》(上)，成都：四川大学出版社，1994年版，第147页。

可以继续研讨之处，但是，给付性确实是作为民事法律关系客体的行为的根本特征。

要正确理解和掌握作为民事法律关系客体的行为，请参见本书合同一章的有关内容。

二、智力成果

智力成果，又称智力活动的成果或者知识产品。

智力成果，是指人们通过脑力的创造性劳动所生产出的，具有一定外在表现形式的劳动产品。智力成果作为精神劳动的产物，凝结着劳动者的具体劳动与人类的一般劳动，具有使用价值和交换价值，从而成为民事法律关系的客体。

相对于一般的有形财产，智力成果在表现形态、利用与交易方式等许多方面，都有其自身的特殊性，因而需要法律对其做出专门的规定，此即构成知识产权法。其中，主要是版权法、专利法和商标法等。智力成果是知识产权法律关系的客体。

智力成果具有如下特性：

1. 创造性

从一般意义上看，创造性指创新或突破，是过去从未有过的智力劳动产品。同时，创造性还包涵智力成果，是通过脑力劳动独立创作或发明而产生的，不是对他人成果的重复或抄袭的意义。不同类型的智力成果，创造性程度可以有所区别，但是，都必须具有创造性，才能成为法律承认和保护的对象，或者说才能成为知识产权法律关系的客体。创造性是智力成果的根本特性。

2. 非物质性

智力成果是一种设计或构思所形成的精神劳动产品，虽然要依附一定的物质载体而存在，但其本身不具有外在的物质形态。对智力成果的占有与控制方式不同于有形的物质财产。人们对物质财产可以直接控制，然而对于无形的智力成果，人们只能认识理解，从而进行利用。由于智力成果的非物质性特征，人们通常将其称作无形财产。

3. 具备一定的外在表现形式，人们可以感知和认识

智力成果不具有外在的物质形态，但是，其存在需借助一定的表现形式，否则，这种无外在物质形态的精神劳动成果，人们无从感知理解，也就不能让人们利用传播和推广而产生社会价值与经济价值。因此，语言、文字、符号、色彩、线条、数据、图表等，都是智力成果借以显现的一般性表现形式。

智力成果的类型，主要有：①作品，即在文学艺术和科学领域内产生的具有创造性的智力劳动成果；②发明，即对产品、方法或其改进所提出的新的技术方案；③实用新型，即对产品的形状构造及其组合所提出的适于实用的新的技术方案；④外观设计，即对产品的形状、图案、色彩或者其结合所做出的富有美感，并且适于工业上应用的新的设计；⑤科学发现，即对客观物质世界的现象、特性或者规律提出的新的认识和解释；⑥商标，即以文字、图形或者二者的结合而构成的以区别商品的生产者或经营者的商品的标记等。

三、人身利益

所谓人身利益，亦称人身非物质利益，指与民事主体的人身不可分离的人格利益与身份利益，具体地表现为存在于人格和身份之上的生存需求或精神需求。

自然人的人身利益，包括生命、健康、名誉、荣誉、姓名、肖像、个人隐私以及个

人自由等。这些人身利益通过立法加以承认和保护，从而成为了生命权、健康权、名誉权、荣誉权、姓名权、肖像权、隐私权、自由权的权利客体。

法人与其他社会组织的人身利益，包括名称、荣誉等，在法律上表现为名称权、荣誉权的客体。

应当注意的是，人身与人身利益是两个不同的概念，人身本身不能作为民事法律关系的客体，此处所讲的客体，仅指与民事主体的人身不可分离的特定利益。

人身利益作为民事法律关系的客体，其特点是：①人身利益是民事主体生存的基本需求，以其作为客体的人身权构成了人权的主要内容。若这些人身利益得不到保障或者缺失，民事主体就会丧失生存条件，从而导致其他民事权利失去了根基。②人身利益与人身密切相联系，除了法律另有明确规定，不可转让和转移。

人身利益可以分为人格利益与身份利益。人格利益，指与民事主体的生命、健康、名誉、隐私、自由、姓名、名称等紧密联系的利益，决定了自然人、法人与其他社会组织的主体资格与生存基本状况。身份利益，指与民事主体的身份相联系的利益，如荣誉、家庭成员之间的身份等，是民事主体通过身份而产生出的极其重要的情感与心理的需求。

思考题

1. 什么是民事客体？作为民事客体的特征有哪些？
2. 物的分类以及各种分类的法律意义。
3. 货币与有价证券为什么能够成为客体？
4. 作为民事法律关系客体的行为与作为民事法律事实的行为有何不同？
5. 为什么智力成果可以作为民事法律关系的客体？
6. 应当怎样理解作为民事法律关系客体的人身利益。

学习资料指引

1. 梁慧星：《民法总论》，北京：法律出版社，1996年版，第3章。
2. 王利明等：《民法新论》（上），北京：中国政法大学出版社，1988年版，第4章。
3. 魏振瀛：《民法》，北京：北京大学出版社、高等教育出版社，2000年版，第7章。
4. 张俊浩：《民法学原理》，北京：中国政法大学出版社，1991年版，第12章。
5. 王建平：《民法学》，成都：四川大学出版社，1994年版，第5章。

参考法规提示

1.《中华人民共和国民法通则》第五章，民事权利。

2. 最高人民法院《关于贯彻执行〈中华人民共和国民法通则〉若干问题的意见（试行）》，四、民事权利。

3.《中华人民共和国担保法》第34条。

4.《中华人民共和国合同法》第17章、第19章～第21章。

5. 最高人民法院《关于确定民事侵权精神损害赔偿责任若干问题的解释》第1条、第3条至第6条。

第六章　法律行为

【阅读提示】　本章的重点是法律行为的定义或者界定，法律行为的成立、有效以及对于法律行为性质的把握。法律行为的核心问题，是意思表示。因此，瑕疵的意思表示及其处理，也是本章的重点问题。本章的难点是，法律行为与民事法律行为、民事行为以及法律行为的附款等概念的联系与区别问题。通过学习本章，学习者应当了解：法律行为理论与相关制度的法理基础，以及制度文化建设的重要思想根源究竟在什么地方。

第一节　法律行为概说

一、法律行为定义

（一）法律行为的定义

“法律行为”一词，是德国法运用法律构造技术，对民法学理论进行抽象化的辉煌成就。日本的德国法注释家认为，法律行为概念的形成，是近代德国民法中，意思表示主义与法典主义偏好的共同产儿。

按照学者的考察，法律行为，主要是从契约制度、遗嘱制度中抽象而来的。在这一制度取得表意行为普遍规则的一般形态之前，它更主要地表现为：相互独立的具体设权行为规则。[①] 虽然，由此对法律行为进行溯源，必须从罗马法作为法律行为制度研究的起点，但是，我们今天所谈论的现代民法中的“法律行为”的概念、理论，均正式确立于德国法。

德国学者一般认为，德国民法中的法律行为制度的形成，与罗马法复兴时期德国历史法学派对罗马法的继受，以及深入研究休戚相关。最早提出意思表示理论的理性法学派代表人物的胡果，就出自这一年代。18 世纪以后的“潘德克吞中兴运动”，更是为法律行为理论的产生，奠定了直接的基础。[②]

在我国民事立法中，并没有直接使用“法律行为”一词，取而代之的是所谓的“民事行为”、“民事法律行为”等名词。学者一般认为，民事行为是以意思表示为要素，在当事人之间发生民事法律后果的行为。民事行为包括民事法律行为、无效民事行为、违约行为、无因管理行为等事实行为。

我国民法理论中，民事行为是民事法律行为的上位概念。我国民法之所以采用了这种不同于传统大陆法国家的特殊分类，按学者的解释：主要是基于区分民事关系中的法律行为与其他部门法中的法律行为，以及避免直接使用“法律行为”概念，导致无效行

① 董安生：《民事法律行为》，北京：中国人民大学出版社，2002 年版，第 1 页。
② 董安生：《民事法律行为》，北京：中国人民大学出版社，2002 年版，第 21 页～第 23 页。

为也为法律行为的“矛盾”等。但是，对此种做法持异议的学者，也不在少数。[①]

按照德国法理论，法律行为为实现私法自治的“法”的手段，“意思表示”是其最核心的内容，无意思即无法律行为。因而，所谓法律行为，就是指以意思表示为要素实施的，发生私法上效果的行为。

（二）法律行为与民事活动

民事活动是民事主体在其意志支配之下，为了实现其生存利益而进行的取得、享有、行使和救济民事权利的行为过程。[②] 这种活动所具有的基础性影响了我国《民法通则》中对于主体行为的定性。作者认为，民事活动包括：法律行为、事实行为、侵权行为、权益行为、毁权行为和裁判行为等。

可见，民事活动为法律行为的上位概念，法律行为为民事活动的内容。将二者进行区分，并明确法律行为属于民事活动的一种，是想表达这样一种理念：在民法上，民事主体为了实现生存利益的实现、移转，必然去从事表意行为。这种逻辑揭示，对于理解“法律行为”本身的涵义或者本质是十分重要的。

法律行为具有如下特征：

1. 应是民事主体实施的，以发生民事法律后果为目的的行为

民事主体主要包括自然人、法人和其他组织，只有由民事主体实施的，引起私法上效果的行为才为法律行为，其他主体所为的行为非为法律行为。

2. 以意思表示为核心

民事法律行为的作出，必须以相应的意思表示为核心。而非意思表示行为，即使能够发生私法上的效果，也不是法律行为，比如无因管理、不当得利等就是事实行为。

3. 法律行为为民事活动的一部分

法律行为的作出究其实质而言，是民事主体之间为了实现其民事利益，或者流转其民事利益等。没有民事利益的流转目的，就不存在所谓的法律行为。在这里，所谓的民事利益，作者称之为民事主体的生存利益，它主要包括人格利益、财产利益等。

二、法律行为的分类

对于法律行为，按照不同的区分标准，可以在理论上对其作出不同的分类。

（一）单方法律行为、双方法律行为与多方法律行为

以法律行为作出人的人数为标准，可以将法律行为分为单方法律行为、双方法律行为和多方法律行为等。

单方法律行为，是仅有一方行为人的意思表示就可以成立的法律行为。单方法律行为效力的发生，不需要与他人意思表示进行结合。比如，遗嘱设立行为、债务的免除行为等。但是，由于单方法律行为直接依行为人单方意思就使他人的民事权益发生变动，有违私法自治的民法基本原则。因此，就整体而言，单方法律行为只能作为法律行为中的一个例外情形而存在。

双方法律行为，是由行为人双方的意思表示达成一致，从而成立的法律行为。最典

---

① 梁慧星：《民法总论》，北京：法律出版社，1996年版，第190页。张俊浩主编：《民法学原理》，北京：中国政法大学出版社，第218页～第219页。龙卫球《民法总论》，北京：中国法制出版社，2002年版，第425页～第427页。

② 王建平：《民法学》（上），成都：四川大学出版社，1994年版，第62页。

型的双方法律行为，是契约行为。双方法律行为的核心，是双方的民事利益的交换与流转。

多方法律行为，是由多个行为人的意思表示达成一致，从而成立的法律行为。比如三人以上合伙的成立行为、公司股东会的决议行为等。

（二）财产行为与身份行为

以法律行为的内容所针对的是财产性的或是身份性的，法律行为可以分为财产行为和身份行为。

财产行为，是以发生财产上的法律效果为目的，发生财产关系变动的行为。身份行为则是以发生身份上的法律效果为目的，发生身份关系变动的行为。

（三）主法律行为和从法律行为

以法律关系内容之间的主从关系为标准，可以将法律行为区分为主法律行为和从法律行为。

主法律行为，又称为主行为，是指可以独立发生法律效果，不以其他行为存在为前提条件的行为。而从法律行为，又称为从行为，是指不能独立存在，必须以其他行为的存在为前提条件的法律行为。从行为具有依附性，一般而言，其效力和存在依附于主法律行为。

（四）物权行为和债权行为

按法律行为的内容及其所引起的法律效果的不同，可以将法律行为分为物权行为和债权行为。此种区分非大陆法系国家的普遍做法，例如，法国、日本民法就不采用此种分类，而德国和我国台湾地区，则是采用此种分类的典型代表。

物权行为，是引起物权关系发生、变更和终止的法律行为。比如土地使用权的出让行为、所有权的变更行为等。

债权行为，是引起债权关系发生、变更和终止的法律行为。在采用物权行为和债权行为区分立法的国家，后者一般都作为前者的发生原因而存在。但这存在例外，二者在某些情况下可以互相独立。比如，所有物的分割，也可以不以债权行为为前提，而在劳务关系成立的债权关系中，也不存在物权关系的变更。

（五）有因行为和无因行为

以法律行为与其原因之间的关系，法律行为可以分为有因行为和无因行为。

有因行为，是与原因不可分离的法律行为。无因行为，是与原因可以分离的法律行为，票据行为即为典型的无因行为。有因行为如果原因不存在，则行为无效。而无因行为的效力，则与原因无直接的关联性，在原因不存在或原因有瑕疵的时候，行为依然有效。

（六）诺成性法律行为和实践性法律行为

以法律行为的要素除了意思表示以外，是否需要实物的交付为标准，可以将法律行为分为诺成性法律行为和实践性法律行为。

诺成性法律行为，仅以意思表示作为成立要件，只要当事人意思表示达成一致法律行为即告成立，所以又称为不要物行为。而实践性法律行为，是指除了意思表示以外，还需要以物的交付作为法律行为成立要件的行为，又称作要物行为。如自然人之间的借款行为等。

（六）要式行为和不要式行为

以法律行为的成立，是否必须依照某种特定的形式为标准，可以将法律行为分为要式行为和不要式行为。

要式行为，就是必须依照法律规定的特定形式和程序完成意思表示，并因此产生法律上效力的行为。不要式行为，是无须依照特定方式就可以完成的法律行为。要式法律行为如果未完成特定方式当为无效，而不要式法律行为则没有这样的限制。

（七）独立行为和辅助行为

以法律行为是否具有实质性的内容来划分，可以将法律行为分为独立行为和辅助行为。

独立行为，指具有独立的实质内容的法律行为，当事人仅凭自己的意思表示即可以完成。而辅助行为并不具有独立的内容，仅仅是辅助其他行为生效。辅助行为常常为独立行为生效的条件。

除了上面的分类以外，依照不同的标准，在学理上，还可以将法律行为区分为有偿行为与无偿行为、生前行为与死因行为、负担行为与处分行为等等。

三、法律行为的要件

所谓法律行为的要件，是指将法律行为作为一个动态的过程进行分解的时候，一个法律行为所应当具有的事实要素。法律行为的要件，主要包括成立要件、生效要件以及法律行为的标的等。由于本书的后文，还要对各部分进行具体的阐述，所以以下仅作简要介绍。

1. 法律行为的成立要件

所谓法律行为的成立要件，是指一个法律行为成立所具有的不可缺少的事实要素。法律行为的成立要件，解决的是法律行为是否存在的问题，属于事实的范畴，也是确定法律行为是否有效的前提条件。

法律行为的成立要件，可以分为一般成立要件和特别成立要件。前者是指一切法律行为成立所应该具备的不可缺少的共同要件。一般认为，法律行为的一般成立要件有：①当事人。此为法律行为成立的主体要素。②意思表示。此为意思法律行为成立的意思表示要素。③标的。此为法律行为成立的行为标的。

法律行为成立的特别要件，是指成立某一具体的法律行为，除了具备一般要件以外，还必须具备的其他的特殊事实要素。比如法律规定某项法律行为为实践性法律行为，而当事人为交付标的物，则可以认为法律行为未成立。

2. 法律行为的生效要件

所谓法律行为的生效要件，是指一个法律行为产生法律上的效力，而必须具备的实质性要素。法律行为的生效以成立为前提，属于价值范畴，暗含了现行法律对于法律行为的效力规制，以及一定的价值取向。大部分情况下，可以说法律行为的成立时间和生效时间是一致的，即法律行为成立即生效。但是在某些特别的情形下，一项法律行为成立了却并未生效。法律行为的生效要件，也有一般生效要件和特别生效要件的区分。

关于法律行为的一般生效要件，一般认为主要由以下方面构成：①当事人具有相应的行为能力。②标的合法、可能，以及确定和妥当。③意思表示自愿真实等。

至于法律行为的特别生效要件，主要包括：在附延缓条件或延缓期限时，条件的成就和期限的到来，关于法律行为生效的特定形式要件等。

四、意思表示

（一）意思表示的界定与构成

所谓意思表示，是指行为人将从事某一法律行为的内心效果意思，以一定方式表达于外的行为。意思表示是法律行为的核心要素。其具有复杂的内部构造。[①] 学者对其具体构成也多有争议。

一般认为，一个完整的意思表示，由目的意思、效果意思和表示行为构成。[②]

所谓目的意思，是指法律行为具体内容的意思要素，它是意思表示成立的基础。一般而言，不具有目的的意思表示或者目的意思不完整的意思，不构成意思表示。

按传统民法理论，目的意思内容包括要素、常素和偶素。所谓要素，是形成某种意思表示行为或法律行为所具备的目的意思的内容，其通常是法律行为必要条款的基础。而常素，是行为人从事某种意思表示行为通常所具有的意思表示元素。至于偶素，则是指依法律行为的性质并非必须具有的，仅依行为人的特殊意志或需要而确定的意思元素。

效果意思，是指意思表示人欲使其表示内容引起法律上效力的内在意思要素。具备了效果意思，就意味着行为人在从事意思表示时，意识到并且追求设立、变更或终止民事法律关系的后果，它反映了意思表示行为区别与其他行为的基本特征。

表示行为，是指行为人将其内在的意思依一定的方式表示于外部，并足以为外界所客观理解的行为要素。民法中的意思表示行为，至少需具备以下两点要求：表示行为为有意志的自主行为；表示行为必须以外界能够客观识别的方式表示出来。

民事行为的表示行为，一般基于明示方式和默示方式作出。

（一）意思表示的形式

意思表示的形式，实质上就是法律行为的形式。在民法理论、民事立法实践中，意思表示的形式主要有以下几种。

1．口头形式

口头形式，指以谈话方式进行的意思表示，包括当面交谈、电话交谈等。由于口头形式具有立即作出、方便迅捷等特点，所以，在某些即时清结的小额法律行为中，得到广泛的运用。但是，口头形式的最大缺点，在于缺乏必要的书面记载，一旦出现纠纷，不易确定证据，或者通过书面证据，来确定当事人之间的真实权利义务关系。

2．书面形式

书面形式，指以书面记载的文字方式，对当事人的意思进行记载的意思表示方式。与口头方式相反，书面形式具有较强的证据效力，可以使当事人的权利义务关系更加明确化。书面形式一般可以分为书面形式和特殊书面形式两种。

所谓一般书面形式，主要是指用文字方式进行的意思表示。如书面的合同、授权委托书以及商务信件、数据电文等等。一般书面形式的采用，通常都是基于法律的强制性

---

① 梁慧星：《民法总论》，北京：法律出版社，1996年版，第163页。龙卫球：《民法总论》，北京：中国法制出版社，2002年版，第448页～第451页。

② 董安生：《民事法律行为》，北京：中国人民大学出版社，2002年版，第165页。

规定或当事人的自愿。在某些法律强制规定的情形下，意思表示的书面形式，还构成该意思表示是否有效的形式要素。

特殊书面形式对应于一般书面形式，主要包括公证形式和鉴定形式。公证形式是指行为人的书面意思表示，得到公证机关的认证，从而使得法律行为的真实性、合法性得到确认。公证形式可以是法律规定的，也可以是由当事人约定的。

鉴定形式一般只适用于合同，是指行为人将其书面合同提交国家工商行政管理部门或有关机关，对该合同的真实性、合法性进行审查后给予的证明。鉴定不是法律规定的书面形式，仅属当事人约定形式的范畴之内。其常常会对既成意思表示的效力产生影响。

3. 默认形式

默认形式，指当事人不直接表明其内在的意思，只是法律或相对人根据其特定行为的外在特征，从而按照一定的法定逻辑或生活逻辑，推定行为人所具有的内在意思的法律行为形式。

默认形式可以分为推定形式、沉默形式等。其中，推定形式，指行为人并不直接表示其内在意思，而只是进行某种行为来进行意思表示。沉默形式，是指行为人既不进行言语上的意思表示形式，也不用特定的积极行为进行表示，而是以某种不作为的方式进行意思表示的方式。需要强调的是，默认形式只有在法律明文规定时，才能作为法律行为意思表示的有效形式。

（三）意思表示的类型

将意思表示按照不同的区分标准，可以作出以下分类。

1. 有相对人的意思表示与无相对人的意思表示

有相对人的意思表示，是指有表示对象的意思表示。将其进行细分，可以再进行所谓的相对人特定和相对人不特定的意思表示等区分。有特定相对人的意思表示，是指意思表示的对象是特定的，一般合同行为的意思表示对象都是特定的。相对人不特定的意思表示，是指意思表示所针对的对象不是特定的，比如悬赏广告等。

无相对人的意思表示，是指没有表示对象的意思表示，或表示对象不具有任何意义的意思表示。比如抛弃动产所有权的行为。

2. 独立的意思表示和非独立的意思表示

独立的意思表示，是指由表意人独立完成的意思表示。独立的意思表示的效力发生不需要依赖他人意思表示，如债务的免除、遗嘱等。非独立的意思表示，是指必须与他人的意思表示一致方能发生法律上效力的意思表示，最为典型的就是合同行为。

3. 对话的意思表示和非对话的意思表示

二者的区分标准，主要是达成意思表示时，双方当事人的意思表示沟通状况。在有相对人的双方意思表示中，相对人可同步受领意思表示的，为对话的意思表示，比如以口头方式直接订立合同的。而对应的非对话方式的意思表示，即指相对人之间没有进行直接、即时的意思表示的沟通而作出的双方意思表示行为，其典型方式即为以信函方式达成的合意。

4. 明示的意思表示和默示的意思表示

明示的意思表示，指行为人以文字、言语或者其他直接表意方式表达内在意思的表意方式。默示的意思表示，是从行为人的某种作为或不作为中推断出来的意思表示。

第二节 意思表示瑕疵

一、意思表示不一致的意思表示

（一）游戏表示

游戏表示，指行为人基于游戏的目的，而作出的非真实的意思表示。行为人在作出意思表示的同时，明知此种游戏表示虽有表示行为，但是，认为表意人却不会对其产生期望，自己也不会准备履行所发生的义务。

关于游戏表示的效力，《德国民法典》规定其为无效。但是，瑞士的法理判例依照信赖主义，认为游戏表示可以使表意人负担信赖赔偿责任。而德国法基于保护相对人信赖利益的考虑，已作出若干改革，通过举证责任的分配，以及诚信原则的援用，加强了对善意相对人的保护。①

（二）真意保留

所谓真意保留又称虚假表示、非真意表示，指表意人把真实意思保留在心中，作出并不反映其内心真实意思的表示。与游戏表示相比，真意保留的特征，在于表意人掩盖了自己真实的意图，具有欺骗的动机。

真意保留行为的构成要件为：①一方当事人实施的虚假表示行为，在内容上具有法律价值，并使人感觉其愿受其约束。②当事人表示的意思与真实的内心意思不一致，并且知道其不一致。③当事人内心并不希望此种表示发生法律上的效力。

关于虚假表示的效力，通说认为原则上有效，表意人应该受其约束，但相对人明知表意人的表示与意思不一致的，该表意行为为无效。在德国法上，婚姻法不适用真意保留，《德国婚姻法》第16条规定，在缔结婚姻时，相对人明知表意人为真意保留，仍不能影响其结婚行为的有效。

（三）虚伪表示

虚伪表示又称伪装表示或假装行为，它是表意人与相对人同谋，不表示其内心真意的意思表示。虚伪表示不许有欺骗第三人的必要，只要具有隐蔽性和意思表示双方当事人的同谋即可。

虚伪表示一般由以下要素构成：①双方当事人皆欠缺内心的真意。②双方都明知对方所作出的意思表示非为真意。关于虚伪表示的效力，通说认为表意人与相对人同谋所为的意思表示原则上无效，但为保护交易安全，不得以其无效对抗善意的第三人。

（四）表示错误

表示错误是指表意人为表意时，因认识上的错误或者欠缺认识，从而导致内心的真实意思与外部所表现的表示行为不一致。例如，误将甲物当乙物购买，误把A当成B从而支付给本应属于B的货款。表示错误属于无意识的非真意表示。

表示错误的构成要件是：①错误是由表意人自己的原因造成的。②表意人的内心真意与表示行为不一致。③表意人不知其内心真意与表示不一致。④错误必须足以影响表

---

① 龙卫球：《民法总论》，北京：中国法制出版社，2002年版，第485页～第486页。

意人决定的意思表示行为。

关于错误的种类，按学理上的区分，主要有：①表示内容中的错误，比如标的物本身的错误，相对人的错误等；②表示行为的错误，即表意人对自己所要表明的意思本身有明确的认识，只是在进行表示时，出现了错误，比如误写、误言等。③动机错误。一般情况下，动机错误不会影响到意思表示的效力。

我国《民法通则》并没有直接规定表示错误，只是规定了行为人对行为内容的重大误解。所谓重大误解，依最高人民法院《民通意见》第 71 条的规定，是指“行为人对行为的性质，对方当事人，标的物的品种、质量、规格和数量等的错误认识，使行为的后果与自己的意思相悖，造成较大损失的，可以认定为重大误解”。在这里，包括了相对人的理解和表达错误，以及表意人的错误陈述等等情形。

至于表示错误的效力，表示主义认为错误不影响到意思表示的效力，意思主义认为错误的意思表示为无效。通说认为，意思表示的内容有错误，或表意人若知其事情即不为意思表示，表意人可将其意思表示撤销。

二、意思不自由的意思表示

（一）受欺诈的意思表示

欺诈，又称诈欺，是指当事人一方故意编造虚假情况或隐瞒真实情况，使相对人基于此判断而为非真实意思表示的行为。欺诈的构成要件，主要有：①须有欺诈行为。通常欺诈行为包含三种情形：一是捏造虚伪事实；二是隐匿真实的事实；三是歪曲真实事实。②欺诈人须有欺诈故意。即行为人须有使对方受欺诈而陷入错误，并因此为意思表示的目的。③相对人须因意思表示人的欺诈而陷于错误。如果相对人虽受有欺诈，却并未陷入错误，则不构成欺诈。④须欺诈行为与错误的意思表示之间有因果关系。

至于欺诈行为的判定，按照最高人民法院《民通意见》第 68 条的解释，可以通过以下方式判定：一方当事人故意告知对方虚假情况，或者故意隐瞒真实情况，诱使对方当事人作出错误意思表示的，可以认定为欺诈行为。

受欺诈作出的意思表示，表意人一般得撤销其意思表示。但是，表意人不得以意思表示的撤销，对抗善意的第三人。若欺诈人不是当事人中的一方，如果是没有相对人的意思表示，表意人可以撤销其意思表示；如果是有相对人的意思表示，则仅以相对人明知或者应知其受欺诈为限，表意人才能撤销其意思表示。

（二）受胁迫的意思表示

所谓胁迫，是指以不法手段和事实，对对方进行恐吓或威胁，以使对方陷入恐惧的精神状态，并因此作出有违自己真实意思的表示。①

胁迫的意思表示，一般具有以下构成要件：①须有胁迫之故意。没有胁迫的意思就不会成立胁迫行为。②须有胁迫的行为。即须有使对方精神陷入恐惧，而作出非真实意思表示的行为。胁迫所针对的对象，可以直接对相对人实施，也可以对其亲友实施；胁迫的对象包括人的生命、身体健康和自由等。③胁迫须使相对人陷入恐惧的心理状态。④胁迫须具有违法性，即目的、手段中的任一违法，即可构成胁迫。⑤须有被胁迫人基于恐惧心理，而作出非真意的意思表示。

---

① 魏振瀛：《民法学》，北京大学出版社、高等教育出版社，2000 年版，第 148 页。

传统民法上，受胁迫的意思表示，不论胁迫人是否为对方当事人，表意人均可撤销其意思表示。我国《合同法》即采纳此种观点，但是我国《民法通则》却直接规定其为无效行为，依特别法优先适用的原则，在我国民法中，受胁迫的意思表示，当为可撤销、可变更的行为。

（三）乘人之危

乘人之危，指行为人利用对方当事人的急迫需要，或所处危难处境，迫使其作出违背真实意愿的意思表示。

乘人之危的构成要件是：①须有乘人之危的故意，即明知表意相对人正处于急迫需要或紧急危难的境地，却故意利用此种情况，从而使得表意人因此而被迫作出对行为人有利的意思表示。②须有表意人在客观上处于急迫需要，或紧急危难的境地。须有相对人实施了足以使表意人为非真实意思表示的行为。③须胁迫行为和非真实意思表示的作出之间有因果关系。除此之外，一般还要求表意人须因胁迫而为的意思表示，使自己遭受了重大的损失。

与受胁迫、欺诈行为类似，乘人之危在我国民法中，也属于可变更、可撤销行为的范畴。

第三节　法律行为的效力

一、无效的法律行为

所谓无效的法律行为，是指因欠缺法律行为的生效要件，不发生法律效力的行为。若具备了欠缺部分要件，该行为即可依法部分发生法律上的效力。无效法律行为可分为自始无效、当然无效、确定无效和绝对无效，也有全部无效和部分无效的法律行为之分。

依照我国《民法通则》第58条的分类，无效法律行为包括：无民事行为能力人实施的法律行为；限制民事行为能力人实施的不能独立实施的民事行为；一方以欺诈、胁迫的手段或者乘人之危，使对方在违背真实意思情况下所为的法律行为；恶意串通，损害国家、集体或者第三人利益的民事行为；经济合同违反国家指令性计划的；以合法形式掩盖非法目的的民事行为等。

我国《合同法》对《民法通则》确定的无效法律行为的范围，在立法时，进行了限制。根据我国《合同法》第52条的规定，无效合同包括：一方以欺诈、胁迫的手段订立的合同，且损害国家利益的；恶意串通，损害国家、集体利益或者第三人利益的；以合法形式掩盖非法目的的；损害社会公共利益的；违反法律、行政法规强制性规定五种。

学理上，根据所欠缺的有效要件的不同，对无效法律行为通常作出以下归类：

（1）行为人不具有相应的行为能力所实施的法律行为。其主要是指无民事行为能力人所实施的法律行为，以及限制行为能力人依法不能独立实施的法律行为等。

（2）意思表示不真实，并损害国家利益的法律行为。意思表示不真实，并非法律行为无效的必然原因。相反，对于当事人单方故意造成的意思表示不真实，如真意保留，法律在一定条件下还强令其生效，以惩戒不负责任的表意人。

但是，对一方当事人实施欺诈、胁迫手段损害国家利益的法律行为，法律采取令其无效的立场。这里应当注意：根据意思自治的原则，不真实的意思表示对于对方当事人来讲，就是民事活动中的一种风险。

(3) 违反法律、行政法规或社会公共利益的民事行为。违反法律、行政法规或者社会公共利益的法律行为，因为违反了公序良俗或者公共秩序，而应当在进行利益权衡以后，认定表意人的行为无效，才更符合法制理念的要求。

按照我国《民法通则》第61条的规定，法律行为被确定无效后，会发生以下法律后果：

(一) 返还财产

法律行为被确认无效后，当事人因该行为取得的财产应该返还。返还的财产，以全部返还为原则。如果原物存在，应以原物返还，否则应作价偿还；如果原物有损坏，应予修复后返还，或支付一定的补偿金。如果取得的是金钱的话，还需按银行利率支付利息，如果是其他无形财产或不能返还的利益，应对该种利益折算返还。

(二) 赔偿损失

法律行为被确认为无效的时候，有过错的当事人应当赔偿对方所遭受的损失，如双方有过错的，应各自承担责任。

(三) 收归国家、集体所有或者返还第三人

双方恶意串通实施法律行为，损害国家、集体或者第三人利益的，应当追缴双方取得的财产，将其收归国家、集体或者返还第三人。但是，应当强调，在我国社会主义市场经济背景下，随着市民社会的形成，除非是比较严重的损害国家、集体或者第三人利益的法律行为，一般情况下，不宜认定或者使用追缴双方取得的财产，将其收归国家、集体或者返还第三人的做法。

二、效力待定的法律行为与可撤销、可变更的法律行为

(一) 效力待定的法律行为

效力待定的法律行为，是指法律行为虽已成立，但是，能否生效尚不确定，只有经过特定当事人的行为，才能确定生效或不生效的法律行为。效力待定的法律行为，既存在转变为不生效法律行为的可能性，也存在转变为生效法律行为的可能性。

在理论上，效力待定的法律行为主要有以下类型：

第一，限制法律行为能力人所实施的依法不能独立实施的法律行为。限制法律行为能力人超出了自己的年龄、智力和精神健康状况所实施的法律行为，只有经过其法定代理人的追认，才能生效。

第二，无权处分行为。无处分权的人处分他人之物或权利，只有该当事人事后取得了有处分权人的授权，或成为了有处分权人，法律行为方可生效。

第三，无权代理行为。行为人没有代理权、超越代理权或者在代理权终止后，以代理人的身份所进行的法律行为，只有经过被代理人的追认，法律行为才能生效。

效力待定的法律行为，其效力确定得经由以下途径：

(1) 特定当事人追认权的行使或不行使。围绕效力待定法律行为所进行的权利配置中，常赋予特定当事人以追认权。追认权人行使追认权的，效力待定的法律行为即成为生效的法律行为。追认权为形成权，其行使应采取明示的方式。权利人放弃追认权或在

交易相对人确定的催告期内，不为追认的明确表示的，效力待定的法律行为自始不生效力。

（2）相对人行使撤销权。为平衡当事人之间的利益关系，法律也同时赋予了善意的交易相对人以撤销权，使善意的相对人有权在明了法律行为效力待定的缘由后，经由撤销权的行使，使该法律行为自始不生效力。该项撤销权为形成权，权利的行使应在追认权人行使追认权之先，否则撤销权的行使不能发生相应的法律效果。

（二）可撤销、可变更的法律行为

可撤销、可变更的法律行为，又称相对无效的法律行为，是指法律行为虽已成立，但因欠缺法律行为的生效要件，可以因行为人撤销权或变更权的行使，使法律行为自始归于无效或进行变更的行为。

可撤销、可变更的法律行为，只是相对无效，有效与否，取决于当事人的意志，不同于无效法律行为的绝对无效。

可撤销、可变更法律行为制度的设立，既体现了法律对公平交易的要求，又体现了意思自治原则，是对上述两项价值的调和。可撤销、可变更的法律行为在被撤销前，已发生针对无撤销权的当事人的效力。在撤销权人行使撤销权之前，其效力继续保持。可撤销的法律行为效力的消灭，必须有撤销行为，仅有可撤销事由而无撤销行为时，法律行为的效力并不消灭。

可变更法律行为的变更，一般系对原来行为的修正以使其具有法律效力。撤销权一旦行使，可撤销的法律行为原则上溯及其成立之时，效力归于消灭。变更权一旦行使，原法律行为也不再存在，而成立一个全新的法律行为。

可撤销、可变更的法律行为，有如下种类：

（1）基于重大误解所实施的法律行为。基于重大误解所实施的法律行为，指法律行为的当事人在作出意思表示时，对涉及法律行为、法律效果的重要事项，存在认识上的显著缺陷。重大误解的构成，从主观方面看，行为人的认识应与客观事实存在根本性的背离；从客观方面看，因为发生这种背离，应给行为人造成了较大损失。

（2）法律行为发生显失公平。发生显失公平的法律行为，是指出于非自愿的原因，实施法律行为的结果对一方当事人过分有利，对他方当事人过分不利。

显失公平系着眼于实施法律行为的结果，只注重对于客观因素的考察，可以有效弥补从主观因素着眼确认法律行为效力不完全在适用上的不足。这种不足，主要体现在受害人常常要承担存在有主观因素的举证责任。而在显失公平的法律行为中，处于不利地位的一方当事人，只需举证证明双方利益失衡的状态，如果对方当事人不能举证，证明这种状态是发生法律行为时双方自愿的结果，该法律行为即为可撤销的法律行为

（3）一方以欺诈、胁迫的手段或者乘人之危，使对方当事人在违背真实意思的情况下为法律行为，并因此给该对方当事人造成损害。我国《民法通则》第 58 条将此类行为规定为无效的法律行为，一方面不正当地强化了国家干预，限制了当事人的自由意志；另一方面也常常会给被欺诈、胁迫以及处于危难处境的当事人带来更为不利的法律后果。因此，我国《合同法》第 52 条将其规定为可撤销、可变更的法律行为。

第四节　法律行为的附款

一、附条件的法律行为

（一）条件界定与分类

条件，是当事人以将来客观上不确定事实的发生或不发生，决定法律行为效力发生或消灭的附加条款。这是当事人有意识地将其法律行为的效力，通过附款的增加，给予限制或者干预的情形，为世界各国民事活动的惯例。

1．条件的特征

（1）条件为当事人约定的法律行为之附款。

所谓附款，指对法律行为效力的发生所加的限制，其本身不构成独立的意思表示，而是法律行为的一部分。作为附款的一种，条件系当事人自由约定加于法律行为效力上的限制。一般所言的法定条件，不是此处所说的附款。

（2）所附条件应为将来发生的事实。

能够作为所附条件的法律行为中的“条件”的事实，必须是尚未发生的事实；已经发生的事实，不能够作为法律行为所附的条件。这说明：条件具有未来不确定性。

（3）所附条件应为不确定的事实。

条件还必须为不确定的事实，也就是说，条件本身可能发生也可能不发生，如果行为人能够肯定其发生或不发生，则不能作为条件或视为未附条件。

（4）条件为决定法律行为效力的限制性条款。

条件为对法律行为效力所加的限制，此种限制主要指决定法律行为效力的发生和消灭。决定法律行为效力发生的条件，为停止条件。附停止条件的法律行为，在条件成立前，法律行为未生效，但已经成立，也就是其效力处于停止状态。决定法律行为效力消灭的条件为解除条件。附解除条件的法律行为，其法律效力已经发生，但因条件成立而丧失效力。

2．条件的分类

（1）停止条件和解除条件。

以条件所决定的是法律行为效力的发生还是消灭为标准，可以将条件分为停止条件和解除条件。附停止条件的法律行为虽已成立，但未生效，其效力一直处于停止状态，须待条件成就才能发生效力。附解除条件的法律行为，一经成立就已生效，但条件的成就，会导致其失效。

（2）积极条件与消极条件。

以积极事实，即事实的发生作为条件的成就，就是积极条件，也称肯定条件。反之，以某事实的不发生作为条件的成就，就为消极条件，也称否定条件。

（3）随意条件、偶成条件和混合条件。

随意条件指以当事人一方的意思决定其是否成就的条件，条件的成就与否完全依赖当事人一方之意思表示。

偶成条件是以偶然的事实作为决定其条件成立与否的条件，该条件成就与否与当事人的意思无关。偶成条件的是否成就一般都依赖于第三人的意思或者自然事实。

混合条件是混合当事人的意思及偶然事实作为条件共同成立的条件。

(二) 附条件法律行为的效力

1. 条件成就

条件成就，即法律行为所附的条件内容已经实现。条件成就的法律行为，即发生确定的法律效力或消灭法律效力。但是，条件的成就，必须是自然的，而不是人为的。

2. 条件不成就

条件不成就，就是构成条件内容的事实确定地不实现或者不出现。条件不成就的法律后果，与上述的条件成就的情形恰好相反。同样，要强调的是，条件的不成就也是自然的。如果人为地阻碍条件地成就，从而出现了条件不成就的后果，则不能构成条件的不成就。

二、附期限的法律行为

(一) 期限界定与分类

期限，就是当事人以将来确定的时间事实的到来，决定法律行为的效力的附款。附期限的法律行为，指在法律行为中约定一定的期限，以该期限的到来作为法律行为效力发生与否的前提条件。

期限和条件，都是对法律行为效力的限制，都是期待中的未发生事实。二者的差异，在于期限是确定的到来的事实，而条件则属于将来是否发生不确定的事实。

附期限的法律行为，在学理上有如下分类：

1. 延缓期限与解除期限

附延缓期限的法律行为，是指法律行为虽已成立，但在所附期限到来之前，法律行为不发生法律效力，直到期限界至时，法律行为的效力才发生，故延缓期限又称始期。

附解除期限的法律行为，是指在约定的期限到来之前，法律行为已发生法律效力，但法律行为的效力会随着解除期限的到来而消灭。

2. 确定的期限与不确定的期限

根据期限是否确定，附期限的法律行为可以分为附确定期限的法律行为和附不确定期限的法律行为。所谓确定期限，就是指期限所指的时期为确定的时间。而不确定的期限中的时期则为不确定。

附期限法律行为在期限到来时发生，法律行为的效力发生或消灭。在期限到来前，通说认为相对人享有期待权。[①]

需要强调，当事人所附期限，必须是合法的，可以合理预期的，而不能是不合法的，或者不可预期的。比如，一万年之后，本法律行为生效，就为民事法律所不能允许的。

第五节 法律行为的解释

一、法律行为解释的必要性

法律行为的解释，即对意思表示的内容的相关要素，如意思表示的到达与否、法律行为的形式等，依据一定的方法所给予的解说、推演和释明。之所以会发生法律行为的

---

① 魏振瀛:《民法》，北京：北京大学出版社、高等教育出版社，2000 年版，第 160 页。

解释，完全是因为法律行为在进行的时候，当事人的意思表示的内容，需要明确化、具体化，以及纠纷争议解决的效率化的需求。

法律行为解释的主体，可以是人民法院，也可以是当事人，甚至民事案件的案外人。但是，一般意义上的法律行为的解释，是指人民法院在审判案件时所作出的司法解释。

法律行为需要进行解释，主要是因为在民事活动中要使用法律语言和法律文字等。而法律文字本身所具有的模糊性、专业性，特有的语境等，以及当事人在进行意思表示的时候，可能出现的疏忽，都会导致法官无法确定当事人的真实权利义务关系。

民法倡导意思自治原则，因此，在出现当事人意思表示模糊的情况时，就有必要对当事人的真实意思进行解释，从而，确定真实自愿的民事权利义务关系。通过解释，解决双方当事人之间的民事交易关系中的利益冲突。

法律行为解释的目的，主要在于探究当事人内心的真实意思。应当注意的是，为了加强对第三人的保护，现代民法大都采用意思主义和表示主义的折中模式，所探究的中心，往往不是当事人的内心真意，而为表示的意思。

二、法律行为的解释方法

法律行为的解释方法，从解释所依据的标准和手段进行分类，可分以下类型：

（一）文义解释

所谓文义解释，即从法律行为所使用的文字词句出发，对其含义进行解释，以探究法律行为所表达的真实意思的解释方法。民法理论上，关于文义解释，应当首先从法律角度对当事人使用文字进行限定和阐释。但是必须注意的是，文义解释也不得拘泥于当事人所使用的字句，而应该探究当事人的共同真意。

（二）目的解释

目的解释，主要指在进行法律行为的解释时，参照当事人从事该法律行为时的可推测的目的或者用意进行解释，以使解释的结果与当事人的真实目的相符。一般而言，目的解释常常出现在一个解释对象有数种解释可能的情形时适用。

（三）整体解释

整体解释，就是对法律行为的整体情况进行考量，将行为的各个部分相互参照，以确定法律行为的准确意思内容。例如，在合同解释中，往往需要将合同作为一个整体，从整体意思上来理解各个条款的真实含义。

（四）习惯解释

所谓习惯解释，就是在进行法律行为解释的时候，结合相应的交易习惯对法律行为的模糊之处，进行补充或确定的解释方式。一般常见的习惯有交易习惯或行业标准习惯，所以，进行习惯解释时，要注意把握习惯的内容和使用条件。同时，必须注意此处所依的习惯，必须首先满足民法对于习惯的强制性限定，不得违反民法的强制性规定或诚实信用和公序良俗的要求。

（五）公平解释

所谓公平解释，实质上为民法上公平原则的具体适用，即在进行法律行为的解释活动中，依照公平的原则，兼顾当事人双方的利益进行的解释。公平解释的方法，与其他解释方法的不同之处，在于其融入了较多的价值上的判断，在一定程度上是对民事活动进行价值衡量的结果。

在对某一具体法律行为中的意思表示进行解释时，具体使用哪种方法，要由解释者根据需要解释的对象和内容来确定。也就是在现实民事活动中，什么样的法律行为或者何种意思表示，需要哪种解释方法，是不能一概而论的。

思考题

1. 法律行为是什么？其与民事活动关系如何？
2. 法律行为成立要件与生效要件有何关系？
3. 意思表示的定义和特点，意思表示瑕疵有哪些分类？
4. 意思和表示不一致、不自由瑕疵的比较。
5. 法律行为的效力有哪些类型？如何进行区分？
6. 无效的法律行为、效力待定的法律行为与可撤销、可变更的法律行为的区别。
7. 什么是法律行为的附款分类？为什么要对法律行为加上附款？
8. 附条件的法律行为与附期限的法律行为的差别何在？
9. 何谓条件的成就、不成就，如果人为促成条件或者阻止条件，其效力如何判定？
10. 法律行为解释的必要性是什么？具有什么目的？
11. 法律行为解释的方法有哪些？能否运用诚实信用方法对法律行为进行解释？
12. 法律行为的解释与法律解释的区别。

学习资料指引

1. 梁慧星：《民法总论》，北京：法律出版社，1996年版，第6章、第10章第四节。
2. 彭万林：《民法学》，北京：中国政法大学出版社，1999年，修订版，第7章。
3. 魏振瀛：《民法》，北京：北京大学出版社、高等教育出版社，2000年版，第8章。
4. 张俊浩：《民法学原理》，北京：中国政法大学出版社，1991年版，第8章。
5. 王建平：《民法学》，成都：四川大学出版社，1994年版，第3章。

参考法规提示

1.《中华人民共和国民法通则》第四章第一节。
2. 最高人民法院《关于贯彻执行〈中华人民共和国民法通则〉若干问题的意见(试行)》第65条～第77条。
3.《中华人民共和国合同法》第三章合同的效力，第125条。
4. 最高人民法院《关于适用〈中华人民共和国合同法〉若干问题的解释（一）》第9条、第10条。
5. 最高人民法院《关于适用〈中华人民共和国婚姻法〉若干问题的解释（一）》第1条、第2条、第10条。

第七章　民事权利

【阅读提示】　本章的重点是民事权利的定义、特征与分类，民事权利取得的原因、享有、行使的方式，以及民事权利的私力救济与公力救济的具体方式、方法。在现实生活中，民事权利总是受到各种各样的限制的，那么，学习者可以通过本章的学习，会得到一个具有说服力的答案。本章的难点是，民事权利享有与行使的差别以及私力救济为主、公力救济为辅原则的确立。

第一节　民事权利界定

一、民事权利定义

民事权利，有多种解释，本书采纳通说，即民事权利是法律为保障民事主体实现某种利益的意思，而允许其行为的界限①。权利人可以在法定范围内，享有一定利益或实施一定行为，可以请求义务人为一定行为或不为一定行为，以保障其享有或实现某种利益。当权利人因他人的行为而侵害其民事权利的享有、行使时，可以请求有关国家机关采取强制措施予以保护。

在理解民事权利的定义时，要注意将权利与权限区别开来。所谓权限，是法律授予的由当事人的行为使其发生作用的法律地位。根据这种地位，一方当事人须根据他方当事人的意思为一定行为。权利不等于权限，权限更接近于民事法律义务。代理人的“代理权”就是一种权限。

理解民事权利的定义，还应当从民事权利的特征入手。作者认为，在我国社会主义市场经济背景下，为了建设全面小康社会，中共中央在《关于完善社会主义市场经济体制若干问题的决定》中强调，坚持以人为本，树立全面、协调、可持续的发展观，促进经济社会和人的全面发展。因而，民事权利在我国必然会从数量、质量和内容、范围等层面，大幅度增加。

对于民事权利的特征，作者认为主要有以下六点：

①民事权利是基础性的权利，具有基础性。②民事权利的主体、种类、数量以及范围、所受到的保护等，在质、量和规模上，都是普遍的和空前的，因而具有广泛性。③民事权利往往与民事主体的权利意识、权利本身的利益性以及抽象性相联系，因而又具有观念性。④民事权利作为法定权利，只要民事主体依法取得、享有、行使和救济其民事权利，则当然产生相应的法律拘束力。所以，它还具有效力性。⑤民事权利在现实生活中，受到时间、空间的界限限制，因此具有时空性。⑥民事权利作为法定权利，在享有、行使以及实现和救济的过程中，还受到各种各样的条件因素的制约，所以，它又

① 彭万林：《民法学》，中国政法大学出版社 1999 年 8 月修订版，第 72 页。

是具有条件性的。[①]

需要说明的是，这些归纳，是作者经过长期的研究得出的结论。立足于市民社会的存在和发展以及民商法是市民社会的法，民事权利和民事活动是民法学的两大根基等认识，作者认为，民事权利在本质上，就是市民生存利益资料或者资源的划分方式或者工具。

二、网络民事权利

随着我国社会主义市场经济的发展和各种新事物不断出现，产生了新民事权利。可以说，现代的民事权利这种私权是随着社会的进步而不断发展、完善的。

1962 年 3 月 15 日，美国总统肯尼迪在《关于保护消费者利益的国情咨文》中，表述了四项消费者的权利，即安全的权利、了解的权利、选择的权利和消费者意见被尊重的权利等。这四项权利的产生，开启了消费者权益的新时代，并迅速传遍世界，再加上后来补充的消费者损害救济的权利，它已经成为各国公认的保护消费者权利的最基本准则。

近年来，伴随着电子计算机与互联网络的飞速发展，人们展开了一场关于法律应否保护虚拟网络中的隐私利益、财产利益等争论。比如，某人在互联网上注册了一个“邮箱”，某人未经注册人许可，擅自破解其密码而将“邮箱”中的电子邮件公布于互连网；或者某人注册为某网络游戏的玩家，通过上网玩要游戏，而使游戏中自己的虚拟人物的“能力”、“装备”获得了提升，而他人却通过破解玩家的游戏密码，盗取了玩家通过不断上网而积累的虚拟人物等。

这些情况下，一旦虚拟网络中的利益人的网络隐私权以及带有财产利益的相关权利被人盗窃、破坏，在权利人要求法律保护其上述权利时，法律应否予以保护？虽然法律要介入虚拟网络相关利益的保护会遇见很多技术上、观念上的难题，但是虚拟网络中的诸如网络隐私、网络财产等相关利益，均是合法取得的，代表了利益人之间的相关权益交易关系。作者认为，只要网络利益合法，内容具体明确，并可以通过一定手段予以支配，就可以赋予其民事权利的性质，用法律手段来保护这些构成民事权利的网络利益。

三、民事权利的分类

按照不同的标准，可以将民事权利区分为不同的类型。具体而言，民事权利可以按照不同的标准做如下分类：

（一）支配权、请求权、形成权、抗辩权

以民事权利的作用为标准，可以区分为支配权、请求权、形成权、抗辩权等。

1．支配权

支配权，是指权利人可以直接支配权利客体，而具有排他性的权利。一方面，权利人可以直接支配权利客体，以满足自己利益的需要；另一方面，权利人可以禁止他人妨碍（害）其对权利利益的支配。知识产权、人格权、物权等权利为支配权。

2．请求权

请求权，是指权利人可以要求他人为或不为某种行为的权利。一般来说，请求权的权利人，不能对权利的客体予以直接支配，必须通过义务人的作为或不作为来实现其权

① 王建平：《民法学》，成都：四川大学出版社，1994 年版，第 55 页～第 58 页。

利。请求权是基于基础权利而发生的，权利人必须要有基础权利才能有请求权。因此，依基础权利的不同可将请求权分为：物权上的请求权、债权上的请求权、人格权上的请求权、身份权上的请求权等。

3．形成权

形成权，是指权利人依自己单方面的意思表示，使民事法律关系发生、变更或消灭的权利。形成权的主要功能，在于权利人得依单方意思表示，使已成立的法律关系之效力发生、变更或消灭。比如，无权代理人实施的行为，真正有权人可以予以追认，也可以不予追认，一旦权利人对无权代理行为予以追认，该行为将对权利人产生约束力。属于形成权的主要有承认权、选择权、撤销权、解除权、抵消权等。

4．抗辩权

抗辩权，是指对抗他人行使相关权利的权利，也称拒绝的权利。抗辩权的作用在于“防御”，故需待他人的请求，始得对其行使抗辩权。依我国《合同法》第66条至第69条之规定，抗辩权又可以分为同时履行抗辩权、先履行抗辩权和不安抗辩权等。

（二）绝对权、相对权

以民事权利的效力范围为标准，可化分为绝对权和相对权。

1．绝对权

绝对权，又称对事权，是指无须通过义务人实施一定的行为即可实现，并以对抗不特定人的权利。绝对权有两个特征：一是权利人无须通过义务人的行为，自己可以直接实现的权利；二是义务主体不特定。物权、人身权、继承权等为绝对权。

2．相对权

相对权，又称对人权，是指必须通过义务人实施一定的行为才能实现，只能对抗特定人的权利。相对权也有两个特征：一是权利人不能直接实现其权利，必须通过义务人的行为才能实现；二是只能请求特定的人为一定行为，该权利也就只能对抗特定的人。债权为相对权。

（三）财产权、人身权和两者兼备权

依民事权利的客体所体现的利益划分，可以将民事权利区分为财产权与人身权。

1．财产权

财产权，是以具有经济价值的利益为客体的权利，其与权利人的人格、身份相分离而具有价值。财产权可以予以估价（折价）而计算出价值，并能够流通转让。财产权包括物权、债权、知识产权等。

2．人身权

人身权，是以人身之要素为客体的权利，其与权利主体的人格、身份不可分离。人身权可再分为人格权与身份权。人格权指存在于权利人自己人格上的权利，亦即以自己的人格利益为标的之权利。身份权即亲属权，是以一定血缘关系（包括拟制血缘关系，如收养）和婚姻关系而建立起来的一定身份关系上的权利。

3．两者兼备权

所谓两者兼备权，是同时具有财产权与人身权两重性质的权利，如继承权、股权等。

(四) 专属权、非专属权

按照民事权利与权利人的联系而划分为专属权与非专属权。

1. 专属权

专属权，是指专属于特定的权利主体的权利，其权利与主体不得分离，比如人格权、身份权等。

2. 非专属权

非专属权，是指能通过转让、继承等方式，可以与权利主体相分离的权利。债权、物权等基本上都是非专属权。

(五) 主权利、从权利

在相互关联的民事权利中，依各个权利的地位而可作此划分。

1. 主权利

主权利是不依赖于其他权利为条件，可以独立存在的权利。

2. 从权利

从权利则为依赖于主权利而不能单独存在的权利。在担保关系中，被担保的债权为主权利，担保权是从权利。

(六) 既得权、期待权

以权利是否已经享有（取得）而可以将权利划分为既得权和期待权。

1. 既得权

既得权是指权利人已经取得并能享有或者享受权利利益的权利。既得权应该是已具备成立要件并具备现实性，如被继承人死亡后，继承人取得的遗产权利就是既得权。

2. 期待权

期待权是指因法律要件不具备或不充分，而尚未现实取得的权利。如商品房预购人在取得交付的商品房之前，对该预购的房屋所享有的权利，就是一种期待权。

第二节　民事权利的取得

一、民事权利取得的原因

民事权利的取得，是民事主体对民事客体以及其上所附载的权利，经过民事活动加以占有、支配和控制的民事行为。[①]

民事权利取得的原因，从根本上说，在于民事主体满足其需求的需要。有主体利益满足的需求，才会有主体通过一定的民事行为，获取相应的民事权利。因而，民事主体需求的满足，是民事权利取得的基础或内在根本原因。

一般来说，民事主体的需求与满足，不是一种民事客体就能办得到的。需求的多层次性和持续性，决定了民事主体对民事客体支配、占有和控制的多面性、永久性、持续性。即民事主体只要生存，就会有不断产生的利益需求，民事主体就会不断地取得民事权利，或者至少是向取得民事权利而努力，以不断地支配、占有、控制着民事客体。

民事主体的生存过程，就是持续的依赖民事权利取得的过程。因此，民事权利的取

① 王建平：《民法学》（上），成都：四川大学出版社，1994 年版，第 182 页。

得原因，还有民事流转、民事法律的完善保护以及社会经济的不断发展等。

二、民事权利取得的条件

民事权利的取得是要有一定的条件的，包括了主、客观条件的具备。某一项具体的民事权利的取得，作者认为应该具有如下条件：

1. 民事主体资格的具备。民事主体资格即民事身份，是以民事权利能力和民事行为能力表现出来的。具备民事主体资格，就是强调民事活动参加者，在两种能力方面合乎民法规范的要求。否则，不具备民事主体资格的参加者，参加民事活动取得民事权利，可能导致民事行为的无效或效力待定等情况。

2. 民事客体的可能。客体在法律上的可流通性和事实上的可能性的统一为客体的可能性。对于民事客体而言，只有在法律上具有可融通性的特征和在事实上的存在、能够取得，方具备取得民事权利的可能性。一般来说，法律禁止流转、限制流转的民事客体，以及已经灭失、不可能出现，或不能由民事主体支配的客体，都为可能性欠缺的民事客体，不能为民事主体所取得。

3. 民事活动的合法性。这一条件是强调民事行为必须从内容到形式都应当合乎民法规范的要求。一旦民事活动行为违反法律、行政法规的强制性规定，即使它取得了民事权利，也将不被法律予以支持、保障或承认。

4. 民事权利的安全保障性。民事主体取得的民事权利，需要有相应的安全性或保障性，否则，民事主体将失去民事权利或不能实现民事权利的利益。担保制度、债权保全制度等的设置，正是为了满足民事权利的安全性、保障性等客观要求。

5. 民事流转的速度，在某种程度上也是民事权利取得的条件。

三、民事权利取得的方法

民事权利取得的方法也称民事权利的发生方法。当然，民事权利取得的方法，在强调民事权利发生的方法时，也强调其发生的原因。按照一般理论，民事权利取得的方法主要有以下三个方面：

（一）原始取得、继受取得

原始取得，又称无原权取得，是指民事权利的取得，不依赖于任何已有权利，而是通过一定民事行为或法定事由取得权利的方法。一般而言，原始取得的民事权利主要有人身权、所有权、知识产权等。在民事权利的无原权取得中，只有一方民事主体，而没有前手作为另一方民事主体存在。

继受取得，又称传来取得，是指以原民事权利人的权利为依据，通过一定的民事行为取得民事权利的方法。继受取得的财产权主要有所有权、他物权、债权等。继受取得的主要特征有：①有原权根据；②后手取得；③取得的依据是法律规定和民事行为等。

（二）直接取得、间接取得

直接取得，也称自己取得，是民事主体为自己的利益，以自己的民事活动取得民事权利的行为。理论上，民事权利的取得，以民事主体自己直接取得为主。直接取得的特征为：①依托自己的行为能力；②自己为民事活动；③直接获得对民事客体及其权利的支配、占有和控制。

间接取得，也称代理取得、他人帮助取得等，是由他人代替本人进行民事行为，以取得民事权利归自己享有，产生的义务由自己承担的行为。代理取得和信托取得就是最典型、最主要的间接取得。

随着社会进步与社会分工进一步细化，很多民事权利的取得，需要通过专业化的知识才能实现，因而，间接取得将在现代社会扮演越来越重要的地位。

(三) 即期取得、远期取得

即期取得，是指民事主体在民事活动中，依法或依合同约定能够即刻取得民事权利的方式。动产所有权交易，一般就是通过这种方式进行的。

远期取得，就是不能在行为时即刻取得民事权利的方式。通过附生效条件行为、附生效期限的行为，取得民事权利就是远期取得。远期取得民事权利的核心特点，是远期利益构成了一种期待利益。

四、民事权利取得的效果

对民事权利的取得而言，只要取得手段、条件合法，必然产生民事权利获得法律认可、确认以及受法律保护的效力。因而，民事权利取得后的效果主要包括：物权发生或转让，债权关系的建立或产生，知识产权形成或出现，人身权特定化或专有化，救济权附随或派生等。

第三节　民事权利享有

一、民事权利享有的条件

所谓民事权利的享有，指民事主体通过一定的民事行为或民事活动，对民事权利的标的或民事客体加以支配、占有和控制，从而实现其利益的过程。由于民事主体作为理性人追求利益最大化的要求，必然通过其民事行为支配、占有和控制民事客体，以维持其生存利益之需要，满足其利益要求。

民事权利的享有，需要有一定的条件，这些条件，可能来自于民事主体自身，也可能来自于他人、法律制度、社会环境等。具体包括以下四点：

(1) 民事主体的权利观念。权利观念亦称权利意识，这是民事主体自己对待民事权利的认识和社会对待民事权利的态度的总和。对于权利观念，可以从两个方面理解：①民事主体对自己的民事权利的理解和认识，即通常所说的民事权利认知感，这就要求民事主体具备一定的文化素质以及法律素质。②民事主体对其民事权利享有的状态的理解和认识。现实生活中，民事主体由于缺乏权利观念，往往对自己的民事权利的理解和认识不够，从而导致经常发生民事权利被侵害却不知道的情况发生。这种情况的存在又会导致民事权利失去时效保护或救济的机会。因此，民事权利观念，是民事权利享有状态必须解决的前提问题。

(2) 实际享有民事权利能力的补救。民事权利观念作为一种意识能力，对于那些欠缺民事行为能力者即限制民事行为能力人、无民事行为能力人而言，是难以苛求的。于是，针对这部分民事主体，民事立法上、理论上都主张对他们的能力障碍，通过法律制度和法律措施予以补救。这种补救，在我国民事立法中，主要是通过监护制度、法定代理制度等来实现的。

(3) 民事权利保障环境的实现。民事权利的享有，需要一个相对安全的有保障的外部环境。此处的“安全”，是针对民事权利享有的状态而言的，即只有安全的保障或安全的外部环境，民事权利的享有才能维持较长时间或较稳定状态。

（4）民事权利救济机制的完善。在民事权利享有的过程中，可能会有侵权、违约等行为给民事主体的利益带来损害或妨害，这个时候，就需要有效的权利救济机制来排除妨害、去除损害，或者补救损失。完善、高效率的民事权利救济机制，能够给权利人享有民事权利带来充分的保障，以及现实的安全感。

二、民事权利享有的方法

民事权利的享有，不是一个单一的行为或者某个行为过程，而是一系列行为或者行为过程的组合。作者认为，享有民事权利的方法，从其类型上划分，主要有以下三点：

（一）积极享有、消极享有

所谓民事权利的积极享有，即民事主体通过作为的民事行为，对所支配、占有和控制的民事客体，加以使用、收益和处分，从而达到满足其生存利益的目的的情形。

民事权利的消极享有，是相对于民事权利积极享有而言的，指民事主体通过不作为的民事行为支配、占有和控制民事客体，实现其民事利益的情形。具体表现出来，就是对民事客体不直接使用、不积极收益或不立即处分，就可以享有相关的民事利益。比如，人们通过储存某种商品，以防止出现购买不及造成的不便，就是如此。

民事权利的消极享有，也是一种权利的享有，只不过它是通过不对民事客体立即加以处置或者支配，或直接的使用、收益或处分的形式来表示自己的利益而已。

（二）直接享有、间接享有

所谓民事权利的直接享有，是民事主体通过自己的民事行为，支配、占有或者控制民事客体，从而可以随时随地以其行为，建立起与民事权利享有之间对应关系的情形。由于民事客体具有可支配性，可占有、控制性，民事主体就可以依据其意愿，任意进行相应的民事行为，通过对民事客体的支配与控制甚至于处分等，满足其利益要求。

民事权利的间接享有，是缺乏民事主体自己行为与民事客体之间的直接联系或对应关系的民事权利享有的情形。这种情况的出现，完全是因为有些民事主体，存在着能力障碍，即民事权利的享有首先要经过他人即监护人或者法定代理人的行为支配、占有和控制民事客体，然后，再由民事主体自己或依靠他人行为的帮助，来支配、控制民事客体。

（三）静态享有、动态享有

民事权利的静态享有，是指民事主体通过民事行为，使民事客体处于保持状态，从而，权利人在较长时间内固定享有该民事权利的情形。一般情况下，对财产所有权，尤其是对不动产和不易消耗物所有权的享有，最能体现民事权利静态享有的特点。

民事权利的动态享有，是指民事主体对处于流动状态的民事客体，以其行为加以支配、占有和控制，从而实现其使用、收益和处分等目的的权利享有形式。这种形式，主要发生在债权、继承权等享有领域，它带来的直接后果，是民事权利发生转移。

三、民事权利享有的后果

民事权利的享有，不仅给民事主体自身带来相应的后果，也给市民社会带来相应的法律拘束力。也就是不仅事实上能左右和决定民事客体的命运，而且，法律上也会发生具体后果大相径庭的情形。民事权利享有所带来的后果，有如下几种：

（1）民事权利法律强制力产生。法律强制力，是指民事权利的法律保护力和受侵害时的强制补偿力。这种效力，包含在民事权利的享有过程中。这种强制力，具体表现在：一是民事权利享有人因其合法民事权利的享有而受法律保护，并排除任何非法妨害；二是民事义务人因此而承受相应的法律拘束，不得违约或侵权；三是公权机关对民事权利享有过程中所遇见的妨害予以排除，并强制妨害人给予补救或补偿。

（2）民事客体流转秩序的形成。民事权利的享有，属于民事主体对民事客体支配、占有和控制的过程，其必然在一定时间、空间范围内，形成民法规范所期待的秩序，这也就是民事客体流转的秩序。

（3）判断侵权行为的标准出现。民事权利的享有状态，必然是民事主体对民事客体的支配、占有、控制过程的持续，那么，一旦出现使该过程被妨害的情况，则当然是民事主体享有的妨害。除了那些合法妨害之外，任何妨害均被作为民事侵权行为看待。因而，民事权利享有的具体状态，就可以成为民事侵权行为判定的一个基本标准。

（4）民事合法利益的归属具有合法性。民事主体依法对民事客体的支配、占有、控制，作为直接后果的民事利益在归属性质上就具有的合法性，就能够通过法律的形式予以承认，受到法律的保护。

第四节　民事权利行使与限制

一、民事权利行使的条件

民事权利的行使，是指民事主体在其意志支配下，通过处置民事客体或者民事权利自身，依法实际获得民事利益或者满足自己的利益需求的行为过程。民事权利的行使，也称民事权利的实现。

它与民事权利享有的最大差别是，民事权利的享有，表现的是民事主体对于民事客体的支配、控制关系或者民事权利的“支配”关系，而民事权利的行使，则表现的是民事主体对于民事客体的处置和处分关系或者民事权利的“转移”关系。

民事权利行使所需要的条件可以归纳为：

（1）市民社会的养成以及法制的完善。随着市民社会的形成，即全面小康社会的不断发展，人即市民的自由越来越得到尊重，其能够享有的民事权利更加丰富，这就为行使民事权利提供了前提条件——有了民事权利，才可能享有、行使民事权利。

民事主体为了实现自己的利益需求，就要处分自己的民事客体，转让民事权利。而行使民事权利的行为，要得到法律所能够承认的后果，就需要按照法律规则来进行。法律的完善与否，对民事主体能否以利益最大化的方式，通过合法的行为，行使其民事权利将起很大的作用。

当然，民事权利的行使，一旦受到了他人的不当妨害或者侵害，还需要通过一定的方式予以救济。这时，法律就成为民事权利行使的重要保障手段。因此，市民社会的形成，法制的完善，是民事权利能够充分、正当行使的最基本前提。

（2）主体利益的需求与意思表示的作出。民事主体取得、享有民事权利，从其生存利益现实化或扩大化的要求看，并不能说已经达到了全部目的。在某些时候，民事主体为了利益的需求，还需要通过行使民事权利来实现目的。这样，只要有主体利益的需求，就会产生民事权利的行使。当然，仅仅有利益需求，并不能达到行使民事权利的目的，还需要有主体的意思表示的作出。意思表示的作出，是主体利益需求的反映，也是行使民事权利的基本条件。

（3）义务主体的协作或容忍。权利总是和义务相对应的，行使民事权利，总有相应的义务人履行相应的义务。因此，义务主体履行民事义务，主要有为（积极履行）或不为（消极履行）两种形式。在义务人恰当履行其义务的时候，权利人行使民事权利的目的才能很好的实现。

但是，权利人在行使其民事权利的时候，也可能会给他人带来一定的不便，如某人要出入自己的房屋，必须要从邻居的土地上经过。那么，这个时候就需要邻居的容忍，也就是邻居应该允许权利人正常地从自己的土地上通行或者通过。

（4）民事权利合法，且其行使手段正当、合法。民事权利具有合法性，才为法律所确认、保护，权利人行使民事权利，才可能给其带来合法的利益。同时，就是行使合法的民事权利，也还需要其行使权利的手段正当、合法，否则，可能会导致其行为无效，甚至可能导致行政责任或者刑事责任问题。

（5）民事责任的切实保障。仅仅有权利人正确地行使其合法的民事权利，要求义务人予以协作，对充分实现民事权利来说，还是不够的。也就是说，一旦义务人不按照权利人的要求履行义务，或者他人违法妨害民事权利的行使，这个时候就需要切实有效的民事责任来保障权利人能够用法律的手段，要求义务人给予以协助或者容忍，或者不妨害权利人对其民事权利的正常行使。

民事责任是从一个消极后果层面保障民事权利的充分行使的。尤其是当民事权利因为义务人的妨碍、侵害，而不能得到有效的行使的时候，停止侵害、排除妨害、恢复原状以及赔偿损失等民事责任的承担，可以给予权利人以合法手段，排除或去除妨害和侵害。

当然，仅仅讲民事权利的充分行使也是不完全的。对于权利人而言，合法、恰当的行使民事权利也是很重要的。如果权利人借口行使民事权利，实际上却行损害他人利益之实，那么，这种危害社会和他人的法律后果的产生而导致的民事责任的承担，也是必须要强调的。因此，民事责任不仅能够约束义务人，也可以起到引导权利人合法、正确行使民事权利的作用。

二、民事权利行使的途径

民事权利的行使，主要反映的是民事主体的意思自治。行使民事权利，需要一定的手段或者途径。这个途径，可能因权利人不同、民事权利不同而有所差别。

作者认为，民事权利的行使，主要有自己行使和他人代为行使两种。

（一）自己行使

所谓自己行使，又称直接行使，是指民事权利人通过自己的民事行为，对其合法民事权利按其内容、手段等要求加以行使，以实现自己利益目的的情形。从理论上讲，由于自己对自己的情况最为了解，因而，民事主体自己应该是行使自己民事权利的理想人选。

现实民事活动中，自己行使民事权利的情形，既非常普遍，也理所当然。这正是所谓“当事人是自己利益的最佳判断者”法则决定的。

（二）他人代为行使

他人代为行使，是指民事主体将自己的民事权利，以法定方式或委托方式交给他人即某民事权利主体人之外的其他人，由其在法定或委托的权限内，代替民事权利人去实施行使民事权利的行为，以实现民事权利人利益的情形。

民事权利由他人代为行使的原因很多，主要有：因为权利人自身民事行为能力的欠缺，而由法律设定代其行使民事权利的人；因为民事权利人自身为了用最经济的手段获取利益最大化的需要；还有的甚至是为了规避法律强制性规定的需要，而将民事权利让他人代其行使。民事权利由他人代为行使，主要有如下几种方式：

（1）监护。监护是监护人对未成年人和精神病人的人身、财产和其他合法利益依法实行监督和保护。监护作为一种义务性职位，监护人的主要职责之一，就是对于被监护人依法不能直接行使的民事权利或者直接参加的民事活动，通过法定代理或者同意、追认等加以实现的过程或者情形。

（2）代理。代理是指代理人以被代理人的名义为某种行为，由此所产生的后果由被代理人承担的行为。① 代理可以基于法律设定或合同约定两种形式产生。前者为法定代理，主要基于监护而产生；后者为委托代理，由委托人、被委托人之间的代理合同而产生。

代理的实质，在民事权利行使层面上，实际上是一种民事权利在不能由本人行使时的一种有效的替代或者法律制度上的帮助。通过代理制度，我们可以看出代理的功用，就是为民事权利的行使提供保障的一种制度。

（3）行纪。行纪是通过行纪合同产生的，行记人以自己的名义为委托人从事贸易活动，委托人支付报酬的行为。行纪关系本身，之所以会和民事权利的行使联系起来，完全是因为权利人自己在相关的贸易活动方面，存在着能力或者技能的差别，因此，需要行纪人这种专业性的人士，为权利人实现其民事利益，提供专业化的服务。

（4）信托。信托制度是英国衡平法精心培育的产物，按其词义，应为信用委托，即委托人为了自己的或第三人的利益，将自己的财产所有权转移至其所信任的受托人名下，由受托人依据信托合同约定的目的、方式，管理委托人交付的财产的行为。

有学者认为，信托就是行纪。② 信托虽然和行纪有很多相似之处，但严格地讲，信托和行纪是有区别的。行纪制度源于古罗马法，而信托制度产生于英国法，信托制度最大的特点就是双重所有权制度，即名义所有权与真实所有权的分离。也就是名义上信托财产的所有权人是受托人，而事实上的所有权人是委托人，这与大陆法传统的一物一权原则是不相融合的。

基于双重所有权制度，使信托具有很多独特的特点。如信托财产独立原则，即信托财产与受托人、委托人的财产相独立，不属于他们的破产财产；信托责任有限原则，即受托人处理信托事务，只以信托财产为限承担有限责任等。这些制度是行纪制度根本无法实现的，因而，信托与行纪是两个相区别的概念。

信托制度的设计，本身就是为了权利人自身行使民事权利的不便而构架的。因而，

① 当然，隐名代理中，代理人就是以自己的名义为被代理人谋取利益。

② 彭万林：《民法学》，北京：中国政法大学出版社，1999 年版，第 612 页。

信托当中的委托人把财产或者事务移交非受托人时，实质上是把自己行使该项财产或者事务的民事权利，交给了受托人来处置的。因此，信托即民事权利实现的间接方式。

三、民事权利行使的限制

任何权利都不可乱用，这也是民事权利行使的最基本原则。

在现代民法中，权利人行使民事权利是其自由意志的表现，法律不应该予以太多干涉。古罗马法上就强调："凡行使权利，无论对于何人，皆非不法。"[①] 随着社会主义市场经济的发展，人们一般普遍认为，应该对民事权利的绝对自由原则给予修正，对民事权利的行使，给予一定限制，特别是强调"民事权利不可乱用"或者"禁止权利滥用"。

禁止权利滥用，是民法中的公平原则、诚信原则等伴随市民社会发展所必然强调的法制信念。因而，任何民事权利的行使，都应该有一个"度"的范围，超过这个"度"，就可能带来损害国家、社会公共利益或者他人利益的后果，这是为法律所不能容许的。

对民事权利行使的限制，主要有以下两个方面的理由：

（1）国家利益、社会公共利益的限制。

国家利益和社会公共利益所代表的是一个国家、一个民族或者社会公众的生存、发展方面的整体利益或者群体利益。权利人行使自己的民事权利，如果与国家利益、社会公共利益或者社会公众的生存、发展方面的整体利益或者群体利益相冲突，那么，法律一般禁止或者限制权利人的权利行使。

当然，国家利益、社会公共利益或者社会公众的生存、发展方面的整体利益或者群体利益，也不是随意限制、妨碍权利人。我们更不能用多数人的利益，作为一种简单的量上或者质上的比较，用来作为打压少数人正当利益的棍棒。就是说，法律为了保护国家利益、社会公共利益或者群体利益，而对民事权利加以限定的时候，也应该被限定在适当的"度"上。

（2）合同的限制。

在民事合同中，合同当事人通过合同的形式，将双方当事人的民事权利、民事义务予以确定。当事人在行使合同权利的时候，往往会被合同对当事人行使权利的范围、方式、时间等方面的限制，或是承担合同义务的要求等，构成合同层面上对于民事权利行使的限制。同时，法律也会通过相关的合同制度或者措施，如缔约过失、履行抗辩制度和优先权制度以及除斥期间、赔偿间接损失措施等，对合同权利人行使的民事权利，设定一定的限制，以规范当事人的行为。

第五节　民事权利救济

一、民事权利救济的定义

所谓私力救济，是指民事主体在享有、行使民事权利的过程中，遇到障碍、侵害或者其他妨害情况时，利用自己的力量或者求助国家公力机构，排除或者去除这些妨碍的情形。民事权利救济的原因，比较复杂，有人为的，也有客观的。如行为人的加害行为、义务人不履行或不按照法律规定、约定履行义务，以及自然灾害、灾难事件等。

---

① 梁慧星：《民法总论》，北京：法律出版社，2001 版，第 286 页。

一般而言，民事权利救济的目的，就是恢复民事权利享有、行使的正当状态，或者通过获得相应的损害赔偿，让民事权利人被损害的利益，恢复到原来的状态。所以，民事权利的救济，是民事权利取得、享有和行使过程中，必然会出现的问题。

在学理上，民事权利的救济，如同一个人生病之后，需要看医生和吃药、打针把病治好一样，是一种去除民事权利消极状态或者限制因素的必然方法。就民事权利救济时采用的方法而言，可以分为私力救济、公力救济两种。

二、私力救济

民事权利的私力救济，又称民事权利的自力保护或自力救济，是指民事权利主体对其享有和行使的民事权利，受到非法损害或妨害时，以其自身力量采取相关法律措施，加以自我去除或保护的民事行为。

私力救济应该做广义的理解，其具体形态可以包括：

（1）自救，即民事主体自己对其被损害或妨害的民事权利，通过自己的力量加以救济。如当对方当事人以少给商品的方法，损害自己一方的民事权利时，立即提出补足数量或者采取少付款的措施来进行补救。

（2）自卫，即民事主体在其民事权利受侵害、妨碍时，利用自己的力量强制他人，去除其权利上的损害与妨碍的情形。例如，对正在实施的侵害进行正当防卫，或者对正在发生的损害实施紧急避险等。

（3）自助，民事主体在其民事权利受侵害、妨碍时，利用自己的力量对于他人的自由或财产施以拘束或控制行为，去除其权利上的损害与妨碍的情形。自助行为分为财物自助和人身自助两种。为了保护自己的合法权利不受侵害，理论上讲，应当允许和鼓励人们在其合法权利受到非法侵害时，进行财物自助和人身自助。

（一）私力救济的特点

（1）有效性或者效率性。私力救济中，权利人可以针对侵害人的侵害或者妨碍，立即或较快地采取救济措施，其所花费的成本较低，容易获得救济的成效。而公力救济，则具有滞后性、高成本性、复杂性和低效率性。

在公力救济中，一般要在侵害或者妨碍的损害发生后，才允许权利人向法院等公力机构提起救济请求。同时，权利人在提出请求时，还要预先支付诉讼费用等预期成本，并收集相关证据。若再加上公力救济从开始到救济实现，需要在程序上花费时间等，这对权利人排除妨害，获得实际有效的救济来说，显然是不利的。所以，私力救济相对于公力救济，其更加有效，居于第一位或者主要地位的选择，就显得顺理成章了。

（2）自力性。私力救济主要通过权利人自己的行为，而不是通过国家公力机构的活动来去除其民事权利上的妨害和障碍的，因而具有突出的自力性或私力性。

自力性特征，表明私力救济的可行性在于：当人们基于救济成本考虑，选择具体的救济方式的时候，自力性本身意味着救济的低成本与高效率的对应关系。

（3）易操作性。私力救济中，民事主体在保护自己的民事权利免受损害或妨害过程中，可在具体时空和现实条件下，采取简便易行、及时有效的方法或救济措施立即加以处理。这些措施，只要不违反法律的禁止性规定，就是可行的，也是具有合法性的。

易操作性意味着，私力救济不需要面对诉讼时效，收集证据，以及起诉、反诉、开庭、辩论，还有上诉、执行等复杂问题，尤其是如果当事人双方都比较理性，或者都讲诚实信用的话，那么，对于民事权利被侵害或者被妨碍的事实，通过双方自己的协商或者提出请求，也就解决了，结果可能对双方都有好处。

（4）受限制性。私力救济被严格限制，大抵是因为私力救济脱胎于同态复仇。加上现实生活中真正承认、尊重和理性对待自己和他人民事权利的人并不多。因此，在使用私力救济过程中，有些权利人容易采取过激手段或者措施，这样就会损害国家、社会或他人的合法权益，这是为法律所不允许的。

事实上，私力救济过程中，确实容易发生这类损害。所以，私力救济应该受到法律的限制，也就是立法时，对进行私力救济的“度”，私力救济的手段、时间等，要有科学合理的界定。

但是，需要强调，这样说并不意味着私力救济应该被过分限制，也不是说，私力救济需要完全禁止。在公力救济成本过高，司法不公比较多发的情况下，仅仅抽象地强调公力救济的公正性或者合法性，是不实事求是的。

（二）私力救济的方式

理论上，私力救济包括自救、自卫和自助三种形态。具体在现实中，主要可以归纳为这些形式：

（1）协商。协商是在民事权利的享有、行使遇到妨碍或者障碍时，由双方当事人通过自己的协调、商议等方法，解决双方的争议和矛盾的情形。

一般而言，协商并不被人们认为是一种私力救济方式，这大抵是因为这种方式太普遍了。事实上，协商确实可以分为：形成民事法律关系的协商、解决民事争议纠纷的协商等。如发生轻微的交通肇事以后，允许双方“私了”，就是让双方当事人通过协商，解决那些不需要警官出面调解的轻微交通事故。

（2）调解。调解是在民事权利的享有、行使遇到妨碍或者障碍时，由第三方从中召集双方当事人，并通过斡旋、劝说或者说服等方法，解决双方之间的争议、矛盾的情形。

调解在我国曾经是离婚案件的必经程序。但是，这里所说的调解，是民间调解，即调解人为非公职人员的调解。这种由第三方居中，作为双方选择的解决其民事权利争议和纠纷的调停人，通过化解矛盾的方式，让双方当事人达成调解方案，以了断冲突的方法，是一种对于双方利益都比较有利的方法。所以，千百年来，我国人民比较喜欢这种民事权利的救济方式。

（3）主张或者放弃权利。在民事权利遇到障碍或者妨害时，主张权利或者放弃权利，也是一种民事权利的自力救济方式。只是对于这种方式，许多人更不以为然。理由是，这是民事权利享有、行使行为本身应有之意。

事实上，当某人在购物时，发现其所选择的商品有瑕疵，他可以拒绝购买或者拒绝付款，也可以主张少付价款等。这时，主张处于受损害状态的权利，本身就是一种救济方式。相比之下，如果某人不主张这个权利，那么，就意味着对于这个被损害的权利的放弃。因而，从放弃权利也是一种消极救济的角度来看，打赢官司后，不去申请强制执行，就是一种救济方式。

（4）紧急避险。紧急避险，是民事主体为逃避现实正在发生的民事权利侵害或妨碍，所采取的一种有意识地损害、牺牲较小利益，逃避险情的行为。

紧急避险的方法，主要是采取措施，积极的脱离或躲开加害源或者险情发生现场，以避免紧急危险造成侵害或者损害扩大。例如消防员为了避免大火延烧，将未着火的毗邻房屋拆除，就是一种紧急避险行为。

紧急避险的构成，应当具备下列条件：①危险来自于自然原因、人的行为或其他事实。在这里，紧急避险的“危险”要比正当防卫宽泛得多。②这些危险正在危及民事权利或民事客体上的正当利益，包括人的生命、身体、自由，以及财产安全等。③避险的行为是迫不得已做出的。④避险行为，主要是牺牲他人较小利益而保护较大的利益。如房客为逃避火灾，而打破宾馆的门窗逃生。⑤避险行为不是向加害人直接作出等。

我国《民法通则》第129条规定：“因紧急避险造成损害的，由引起险情发生的人承担民事责任。如果危险是由自然原因引起的，紧急避险人不承担民事责任或者承担适当的民事责任。因紧急避险采取措施不当或者超过必要的限度，造成不应有的损害的，紧急避险人应当承担适当的民事责任。”按照最高人民法院《民通意见》第156条的规定，因紧急避险造成他人损失的，如果险情是由自然原因引起，行为人采取的措施又无不当，则行为人不承担民事责任。受害人要求补偿的，可以责令受益人适当补偿。

(5) 正当防卫。正当防卫，指对于正在实施的不法侵害，为防止自己或他人权利或公共利益受到损害，采取措施加以抗拒或者对抗，意图阻止不法侵害所为的行为。这种行为的特点，在于给防卫加上了“正当”二字。何谓“正当”，我国民事立法没有给出一个明确界定。

正当防卫的条件是：①民事权利的损害或妨害正在进行中；②损害或妨害的性质为不法或非法，即妨害或侵害来自于人的不法行为；③防卫的目的，是去除不法侵害或保护合法民事权益，免受不应有的损害；④必须向不法侵害人作出防卫行为；⑤防卫要在必要的限度内。

符合这些条件者，为民法上所讲的正当防卫。若不符合，则为民事权利滥用或民事权利的不当行使，例如，挑拨防卫、假想防卫、防卫过当等，应该承担相应的民事责任。我国《民法通则》第128条规定：“因正当防卫造成的损害，不承担民事责任。正当防卫超过必要的限度，造成不应有的损害的，应当承担适当的民事责任。”

(6) 留置权。在承揽合同、保管合同、仓储合同和运输合同等中，承揽人、保管人、仓储人、承运人等，因提供劳务而对相对人享有债权，当债务人不支付报酬或者费用的时候，承揽人、保管人、仓储人、承运人等可以将承揽物、保管物、仓储物、承运物予以扣留，并可以用该扣留物所得价金优先受偿。

在这里，留置的对象为动产[①]，并且只能就因与该动产直接相关的劳务债权而享有留置权，即留置物必须与债权直接相关。留置权优先于质权、抵押权，但留置权自留置人丧失对留置物的合法占有时消灭。

(7) 合同履行抗辩权。合同履行的抗辩权，是一种重要的私力救济的方式。合同当事人在双务合同中，可以通过行使合同履行抗辩权，保护其自身的合同方面合法权利不被对方当事人侵害或者妨碍。我国《合同法》第66条至第69条，规定了三种合同履行

① 有学者认为，我国《合同法》第286条规定的建筑工程承包人的优先受偿权为法定留置权，为一种特殊的留置权。本书采用通说，将留置权的客体，主要限定在动产范围内。

抗辩权，即同时履行抗辩权、先履行抗辩权和不安抗辩权等。

此外，我国《合同法》第73条至第75条规定的代位权、撤销权等，作为合同履行中的保全措施，也是属于私力救济措施的范畴。还有，我国《担保法》第二章至第六章规定的具体担保形式，也应当属于防范型私力救济措施。

三、公力救济

公力救济，是指民事主体通过请求国家公力机关启用专门的民事权利救济程序，去除民事权利上的障碍或排除其妨碍的过程或行为。公力救济因为动用的是国家的专门力量即公力、专门程序，因而，其强制效果颇佳。有时候，私力救济无效后，行为人必须及时请求国家公力机关依法给予救济或者处理，才能取得合法、有效的后果。

理论上，公力救济对保护民事权利来说，是完美无缺的。因为，国家公力机关依法被赋予了权威性和强制性，它们恪尽职责，可以使法律顺利而全面地实施、执行，也可以用国家的力量阻止或惩处民事权利加害人，保护民事主体充分、自由地享有、行使民事权利。

但是在现实市民社会中，公力救济被自身的特点、缺陷或者适用条件所限制，其效用必然大打折扣。因为，民事主体的民事权利在享有、行使过程中，受到侵害或妨碍，只有达到一定程度并且符合公力救济的条件时，才能实际启动公力救济程序，公力机关也才可能给予相应的保护。

公力救济本身很容易受执法者的水平、其他人为因素和客观条件的限制或制约，有时很难实现其制度性、措施性设计的预期目的。加上公力救济本身还具有高成本、低效率等特点，决定了公力救济相对于私力救济来说，必然处于第二者的地位。

在我国，公力救济的方式主要有以下几种形式：

（1）诉讼。权利人的民事权利在受到不法侵害或妨碍、私力救济无效或者当事人直接选择了公力救济时，权利人通过诉请人民法院，经过人民法院的审判和裁决，去除民事权利的侵害、妨害，以实现对民事权利的国家力量保护。一般而言，诉讼要经过一审、二审两级人民法院的审理活动，才会有终局性的裁判结果。因此，试图通过诉讼方式救济民事权利，不但需要支付较高的成本，而且，还需要当事人具备娴熟的诉讼技巧以及坚定的诉讼信念。

（2）仲裁。民事主体就有关民事权利纠纷或争议，依照仲裁协议约定，自愿将纠纷交给仲裁委员会作出终局性裁决，然后，双方都有义务执行这种裁决的一种救济民事权利的途径或方法。在我国，依照《中华人民共和国仲裁法》的规定，仲裁是一次性的、终局性的，从仲裁庭作出裁决之日起发生法律效力。仲裁裁决生效后，双方当事人必须履行生效的裁决。否则，权利人有权申请被申请方所在地的人民法院强制执行。

（3）申请强制执行。对已经发生法律效力的法院判决、仲裁裁决以及其他具有强制执行力的法律文书，在义务人不履行或者不执行时，即构成对于权利人的民事权利的侵害、妨害或者妨碍，因此，权利人申请人民法院强制义务人或债务人，执行或者履行该法律文书确定的义务，从而去除对于民事权利的妨害。申请强制执行，在我国目前是一件非常不容易的事。理由是除了义务人或者债务人的恶意逃债以外，整个社会缺乏对于民事权利的重视和尊重，措施乏力，不以履行债务为荣，反以逃债为荣，这是不可忽视的重要原因。

（4）督促程序。民事主体在义务人不履行债务，尤其是债权的实现受到债务人的人为障碍时，权利人通过依法申请法院签发支付令，法院以支付令督促义务人履行其义务的程序或方法，去除民事权利实现的障碍因素。虽然这是一个好的制度性公力救济方法，但是，我国人民法院在使用督促程序时，因为种种原因，效果很差。

（5）公示催告。我国《民事诉讼法》第193条规定："按照可以背书转让的票据持有人，因票据被盗、遗失或者灭失，可以向票据支付地的基层人民法院申请公示催告。"公示催告是通过向人民法院申请确认票据事实，除斥相对的利害关系人的票据权利的方法，去除票据持有人民事权利上的障碍。这种方法，在现实生活中，因为票据使用的有限性，而非常少见。

四、私力救济为主，公力救济为辅

作者认为就整个市民社会的基本运行规律而言，是以私力救济为主，公力救济为辅。这是由民事权利是私权决定的，也是由民事活动的广泛性、利益性和生存性决定的。

虽然对于民事主体而言，其民事权利受到妨碍或被侵害时，是选择私力救济还是公力救济，是不容易下结论的。但是，私力救济的优点与公力救济的缺陷恰恰是相对应的。这就意味着私力救济对于民事主体，由于人们对救济效率的考虑、救济成本的核算以及救济时间的预见等，往往容易促成起作出选择私力救济的决策。因此，私力救济是处于第一位、最直接的选择。

然而，私力救济也容易超过法律所允许的范围，并且私力救济并不是一定能取得预期成就，加上当事人所采取的手段的力度是有限的，这就导致了私力救济的局限性，以及救济后果法律正式承认的有限性。但是，这并不是说私力救济与公力救济是绝对对立的。应该说私力救济与公力救济二者是相辅相成的。

一般来说，当权利人享有、行使的民事权利受到妨碍、侵害时，权利人首先想到的是用私力来维护其权益。只是当私力救济不能奏效或无法取得成效时，权利人就需要用公力救济来满足其民事权利救济的要求。

当然，私力救济也能够成为实现公力救济的有效手段。比如，某人留置了债务人的财产，但其必须通过诉讼、强制拍卖等公力手段，来处分留置的财产。而处分留置的财产后，才能够实现权利人救济的目的。有时候，公力救济要想取得理想的效果，也需要权利人采用相应的私力救济的方式予以配合。因此，我们不能将私力救济与公力救济对立起来。

思考题

1. 形成权、请求权与抗辩权的区别是什么？为什么？
2. 什么叫权限？权限与民事权利有哪些区别？
3. 取得民事权利的原因是什么？有哪些条件？
4. 民事权利享有与行使的区别在何处？
5. 代理与行纪、信托的区别各是什么？理由何在？
6. 民事权利救济的原因是什么？私力救济有哪些种类？
7. 如何评价私力救济为主、公力救济为辅。

学习资料指引

1. 梁慧星:《民法总论》，北京：法律出版社，1996年版，第9章。

2. 胡长清:《中国民法总论》，北京：中国政法大学出版社，1997年版，第4章。

3. 张俊浩:《民法学原理》，北京：中国政法大学出版社，1991年版，第4章。

4. 王建平:《民法学》（上），成都：四川大学出版社，1994年版，第2章、第二编和第三编。

参考法规提示

1.《中华人民共和国民法通则》第五章民事权利。

2. 最高人民法院《关于贯彻执行〈中华人民共和国民法通则〉若干问题的意见(试行)》四、民事权利。

3.《中华人民共和国担保法》第34条。

4.《中华人民共和国合同法》第66条～第69条。

5.《最高人民法院关于确定民事侵权精神损害赔偿责任若干问题的解释》第1条、第3条至第6条。

第八章 代 理

【阅读提示】 代理制度是经济发展的产物，并对市民社会的发展，发挥了极其重要的作用。代理制度于公，促进了民商交易活动，加速了商品的广泛流通，增加了社会财富的积累；代理制度于私，则使民事主体不仅摆脱了事必躬亲的束缚，打破了民商活动的地域局限，更可以在具有专业技能代理人的辅助下，降低各种民商活动的成本。本章的主要内容，是代理产生的原因、无权代理、表见代理以及商事代理等制度。本章的重点是无权代理，难点是表见代理和商务代理。

第一节 代理产生的原因

一、代理的概念和特征

(一) 代理的概念

代理指一人代替另一人为法律行为，其所产生的法律效果直接归属于所代替的另一人的法律制度。代替他人为法律行为的人，称为代理人；为其所代替并承受法律行为效果的人，称为本人。本人在民法上又称为被代理人、授权人或委托人等。

根据我国《民法通则》第63条的规定，代理是指“代理人在代理权限内，以被代理人的名义实施民事法律行为。被代理人对代理人的代理行为，承担民事责任”的法律制度。

(二) 代理的特征

1. 代理人以意思表示为使命

由于代理是被代理人利用代理人的技能为自己服务，因此，代理人应以自己的技能为被代理人的利益独立为意思表示，才符合代理制度的上述目的。代理人以此区别于使者，后者只传达他人的意思，而不独立为意思表示。

由于意思表示是法律行为的基本要素，因此，代理人的使命就是代他人为法律行为，如订立合同、履行债务、受领债的给付，以及请求损害赔偿等。不为意思表示的行为，不得成立代理。

由此，使代理行为区别于其他委托行为，如代人保管物品、照看儿童等事实行为。这些行为尽管也出于他人委托，但受托人不必对第三人为意思表示，因而不是代理行为。

2. 代理人必须为被代理人的利益进行活动

代理人是为被代理人利益而为法律行为的人，在其实施的法律行为中，只能为被代理人的利益，而不能为自己的利益。这是代理制度的目的所在，也为被代理人需要代理人的目的所在。代理人在为被代理人实施法律行为的过程中，如果追求自己的利益，则构成不诚实行为，是对代理制度本质的一种违反，就要承担相应的法律责任。

应当说明的是，在有偿代理的场合，代理人在实施代理的过程中，有获取利益的报酬存在。但是，这与为被代理人的利益进行活动，是完全不同的两回事。这里所说的代理人必须为被代理人的利益进行活动，仅指代理人在与第三人所为的法律行为中，只能以贯彻、实现被代理人的利益为宗旨。

3. 代理行为的法律效果归属于被代理人

被代理人利用代理人进行法律行为的目的，是增进自己的利益，而不为其他。因此，代理行为的法律效果直接归属于被代理人，这是代理制度的应有之义。①

代理行为的法律效果，归属于被代理人的方式，依直接代理和间接代理的不同而不同。在直接代理的情形下，代理行为的法律效果直接归属于被代理人。所谓间接代理，指代理行为的法律效果，先由代理人承担，然后再移转给被代理人。因而在间接代理情况下，代理行为的法律效果，间接地归属于被代理人。

（二）代理的分类

以代理权产生的原因划分，可分为委托代理、法定代理与指定代理。这种分类，在我国《民法通则》第 64 条有明确规定。

委托代理，是代理人根据被代理人授权而进行的代理，即委托代理的代理权，产生自本人的授权行为。

我国《民法通则》第 65 条规定，民事法律行为的委托代理，可以用书面形式，也可以用口头形式。书面委托代理的授权委托书，应当载明代理人的姓名或者名称、代理事项、权限和代理期间，并由委托人签名或盖章。

法定代理，是指基于法律的直接规定发生的代理。在法定代理中，代理权的发生，是基于法律的直接规定，这主要是为了保护处于特定情况下的民事主体的利益，维护民事交易的安全。

法定代理主要适用于被代理人是无行为能力人、限制行为能力人等情况。如在我国，监护人就是被监护人的法定代理人。

另外，还有所谓的家事代理，也被认为属于法定代理。家事代理，指夫妻于家庭生活中的日常性法律行为，相互有代理权的情形。在法律有特别规定的情况下，社会团体也可能会成为其成员的法定代理人。例如，根据我国《工会法》的规定，工会在特定情况下是其会员的法定代理人，可以代理会员签订集体劳动合同，参加与劳动争议有关的诉讼等。

指定代理，是指基于人民法院或有关机关的指定行为而发生的代理。在这里，“有关机关”指依法对被代理人的合法权益负有保护义务的组织或者机构，如未成年人所在地的居民委员会、村民委员会等。

与委托代理不同的是，法定代理人的代理事务比较宽泛。相比之下，指定代理人的代理事务比较专门、特定。如人民法院为失踪人的财产指定代管人，为民事诉讼中的原告、被告指定诉讼代理人，皆属于指定代理范畴。

---

① 彭万林：《民法学》，北京：中国政法大学出版社，1999 年修订版，第 166 页。

二、代理产生的原因

(一) 代理制度的发生

代理，是一种依他人的独立行为而使本人直接取得其法律效果的法律制度。但是，代理制度在中外法制史上的出现比较晚。

在古代法律制度中，法律行为实行严格的形式主义，而且，必须由当事人亲自为之。例如，在罗马法学家盖尤士的《法学阶梯》中，就有不得用自由人以获得财产的规定。在古罗马法中，唯家长有权利能力，家子及奴隶不过为家长手足之延长，因此，奴隶与家子的行为，被视为家主的行为，并无发生代理观念之必要。而且，古代法制崇尚简明，依他人独立行为，而承认自己法律关系的变动，也非当事人所愿意。所以，早期的罗马法未形成代理制度的原因，大抵在此。

到罗马帝政时代，由于商品经济的发展，商品市场日渐扩大，人们的民商活动范围渐广，社会关系日趋复杂的现实，使得原料的采购、商品的销售等等，已不能由经营者事事躬亲了，于是代理制度应运而生。古罗马在后期，已有代理的类似制度出现，后为德国民法典所继受。自 17 世纪开始，代理便成为一项独立而又重要的民法制度。[①]

(二) 代理产生的原因

(1) 主体资格的缺陷。在近代立法中，一切自然人莫不具有权利能力。然而，对于无意思能力者，却不得自为法律行为的原则，构成了对于主体资格缺陷者的最大限制。

若使无行为能力或限制行为能力的未成年人及精神病人，能够实际参加社会活动，获得民事权利能力的实效，唯有依赖代理制度才有可能。

于是，各国的民法典莫不为未成年人、精神病人设立法定代理人，其功能与作用的设定，正在于此。

(2) 私人或者自然人、法人权利能力、行为能力的专业性限制、时空限制等。个人依其自由意思处理社会生活关系，是为近代法的价值理想。

但是，个人的精力、时间有限，尤其是能力中的专业技能欠缺，仅仅依靠个人的力量，是无法实现民事主体的利益最大化目的的。于是，以自己所信任之人作为代理人，并以自己的经济信用为背景，利用代理人的才能或者专业技能，从事具有专业性或者时空限制性的民商活动，就成为必然之选。

同时，作为各种经济组织，也能借助于代理制度，克服地域、时间和专业技能不足等限制，从而在全国市场、国际市场上进行产品的购销、投资、合作，以及各种各样的牟利行为。

(3) 市场经济发展的必然结果。这是强调代理的专业化和市场化功能。就是说，市场经济的发展，造就了许多专门的代理业，如外贸代理、证券投资代理，以及代销、委托理财，还有信托业等，这些都是代理制度发展的最本质、最深刻的根本原因。

(4) 商事代理的高效率。商事代理，又称商务代理、商业代理，是代理商、生产商和经营商等商人，在追求经济利益为直接目的的商业活动中，以有偿为基础并以实现商务活动的高效率为宗旨，在商事领域实施的一种代理行为。

这种代理行为，符合市场经济发展的需求，符合商人追逐高效率交易，降低交易成

---

① 梁慧星：《民法总论》，北京：法律出版社，2001 年版，第 234 页。

本的要求，符合民商活动利益最大化的要求。商务代理是我国民事代理制度在商事活动领域的一种重要表现形式。

三、代理制度的作用

1. 顺利实现被代理人的利益

代理制度在实现被代理人的利益方面，是一种不能不重视的一项法律制度。这种制度的存在和运行，给那些无行为能力人、限制行为能力人的民事利益的实现，奠定了坚实的民事法律制度基础。无行为能力人、限制行为能力人的民事利益的实现，因为有了法定代理制度，而变得不但有可能，而且也是必然的。

2. 代理推进了私法自治原则

在代理制度中，本人因为代理得以坐享代理人实施代理行为的法律效果，这一效果意味着本人不必自己亲自去做，就能实现自己的权利或者利益目标，体现了私法自治的积极功能——授权产生效率。

在整个民事法律制度中，代理制度是基本法律制度，这种制度的基本价值，是把民商主体的各种利益的实现，交给民商主体自己去选择。让民商主体自己在选择之前，判断选择的必要性，并从选择的结果上，判断代理制度的利益实现功能的大小和高低。

3. 代理人的代理行为，是其本人民商活动能力的必然补充

代理制度的意义，还在于它是民事主体从事民商活动的权利能力、行为能力，在专业化、打破时空限制方面，得到了极大的加强。这不仅仅是弥补了本人精力、知识不足，专业技能有限等不足，更为重要的是，代理制度中的商务代理，还拓展了商人的市场的空间，提高了商人们的办事效率，有助于商人们降低交易成本。

对于各种各样的经济组织，借助于代理制度，利用代理人的才能，特别是专业技能从事各种各样的民商活动，在全国市场、国际市场上谋求利益，是一种扩展自己民商活动的活动空间和活动范围的有效方法，体现了全球经济一体化的私法原则——民商利益最大化原则。方便民商主体更好地实现自己的权利，并拓展参与社会经济活动的空间,[①] 是现代市民社会里代理制度的灵魂。

第二节　代理权行使与代理关系终止

一、代理权行使的限制

代理人在代理权限内，以被代理人的名义实施民事法律行为，就是代理权的行使行为。

代理权的行使，在理论上，强调代理人必须为了被代理人的利益，恪尽职守，以被代理人的利益为本，避免出现诸如双方代理、自己代理、无权代理、非法代理以及滥用代理权等不符合代理权设定目的的行为。

从被代理人民事权利实现的角度看，代理人行使代理权的限制，实际上是一种对代理人实施代理行为的规范性规则。这些规则，有些已经成为我国目前民事法律法规中的具体规范，而有些则尚待今后的民事立法更进一步去完善。

① 刘心稳：《中国民法学研究评述》，北京：中国政法大学出版社，1999 年版，第 258 页。

代理人在行使代理权的过程中，有如下几个方面的限制性规则：

1. 不得代理或禁止代理的行为

依照法律规定或者按照双方当事人约定，应当由本人实施的民事法律行为，不得代理。否则，凡是依法或者依双方的约定，必须由本人亲自实施的民事行为，如果由代理人代理实施的，则该行为是无效的。

我国《合同法》第47条规定，限制民事行为能力人订立的合同，只有经法定代理人追认后，该合同有效，但纯获利益的合同或者与其年龄、智力、精神健康状况相适应而订立的合同，不必经法定代理人追认即为有效。

同时，对于限制民事行为能力人订立的合同，相对人可以催告法定代理人在一个月内予以追认。法定代理人未作表示的，视为拒绝追认。合同被追认之前，善意相对人有以通知的方式撤销的权利。

2. 按照代理要求行使代理权

这种规则，主要是对于代理人行使代理权技能或者技巧的具体要求。主要是：①委托代理人按照被代理人的委托行使代理权；②法定代理人依照法律的规定行使代理权；③指定代理人则按照人民法院或者指定单位的指定行使代理权。④共同代理中，数个委托代理人共同行使代理权的，如果其中一人或者数人未与其他委托代理人协商，所实施的行为侵害被代理人权益的，由实施行为的委托代理人承担民事责任。

除此之外，与共同代理人相反的是，会出现被代理人是共同数人的情形。当被代理人是数人时，其中一人或者数人未经其他被代理人同意，而提出解除代理关系，因此造成代理人损害的，由提出解除代理关系的被代理人承担。

3. 连带责任规则

由于代理关系是一种三方关系，所以，在代理权行使过程中，往往会出现各种各样的连带责任。在我国《民法通则》第四章第二节的规定中，就有连带责任的具体承担规则。主要是：

(1) 委托书授权不明的，被代理人应当向第三人承担民事责任，代理人负连带责任。

(2) 代理人和第三人串通，损害被代理人的利益的，由代理人和第三人负连带责任。

(3) 第三人知道行为人没有代理权、超越代理权或者代理权已终止还与行为人实施民事行为给他人造成损害的，由第三人和行为人负连带责任。

(4) 代理人知道被委托代理的事项违法仍然进行代理活动的，或者被代理人知道代理人的代理行为违法不表示反对的，由被代理人和代理人负连带责任。

4. 不履行职责规则

代理人不履行职责，是一种不负责任的表现。对于因为这种不负责任的行为而给被代理人造成损害的，代理人应当承担民事责任。

5. 转委托规则

转委托，是代理权的又一次授予或者转手授予。发生转委托情形，往往是因为有重大的客观障碍等情况存在。所以，对于转委托，在民事立法上，多有限制性规则。主要是：

(1) 委托代理人为被代理人的利益需要转托他人代理的，应当事先取得被代理人的同意。事先没有取得被代理人同意的，应当在事后及时告诉被代理人，如果被代理人不同意，由代理人对自己所转托的行为负民事责任。

（2）由于急病、通讯联络中断等特殊原因，委托代理人自己不能办理代理事项，又不能与被代理人及时取得联系，如不及时转托他人代理，会给被代理人的利益造成损失或者扩大损失的，属于紧急情况，即为了保护被代理人利益的紧急情况，因此而转托他人代理的，转委托人不承担民事责任。

（3）委托代理人转托他人代理的，应当比照我国《民法通则》第 65 条规定的条件，办理转托手续。因委托代理人转托不明，给第三人造成损失的，第三人可以直接要求被代理人赔偿损失；被代理人承担民事责任后，可以要求委托代理人赔偿损失，转托代理人有过错的，应当负连带责任。

6．无权代理与表见代理规则。

我国《合同法》第 48 条至第 50 条规定，行为人没有代理权、超越代理权或者代理权终止后，以被代理人名义订立的合同，未经被代理人追认，对被代理人不发生效力，由行为人承担责任。

但是，本人知道他人以本人名义实施民事行为，而不作否认表示的，视为同意代理，不构成无权代理。

对于无权代理，相对人可以催告被代理人在一个月内予以追认。被代理人未作表示的，视为拒绝追认。合同被追认之前，善意相对人有以通知的方式加以撤销的权利。

至于行为人没有代理权、超越代理权或者代理权终止后，以被代理人名义订立合同，相对人有理由相信行为人有代理权的，属于表见代理，该代理行为有效。

另外，法人或者其他组织的法定代表人、负责人超越权限订立的合同，除相对人知道或者应当知道其超越权限的以外，该代表行为有效。

二、代理关系的终止

代理关系作为一种民事关系或者商事关系，不可能是无限期存在的。代理关系的终止或消灭，有客观原因，也有主观原因。根据我国《民法通则》第 69 条、第 70 条的规定，代理关系终止的法定事由如下。

（一）委托代理终止的事由

（1）代理期间届满或者代理事务完成，这是最正常的一种代理关系终止原因，属于客观性质的原因。

（2）被代理人取消委托或者代理人辞去委托，这是一种非正常的代理关系终止原因，属于主观性质的原因。

（3）代理人死亡，这也是一种非正常的代理关系终止原因。由于代理人的死亡，代理的人身信任基础已经不存在了。所以，代理关系当然应当因为这种客观原因的出现而自然消灭。

（4）代理人丧失民事行为能力，这一点的学理理由与上一点基本相同。

（5）作为被代理人或者代理人的法人终止，这也是一种客观原因引起的代理关系的终止。由于法人的终止与自然人的死亡具有同样的性质，所以，人“死”则代理关系“灭”。

需要说明：被代理人死亡后，有下列情况之一的，委托代理人实施的代理行为有效：①代理人不知道被代理人死亡的；②被代理人的继承人均予承认的；③被代理人与代理人约定到代理事项完成时代理权终止的；④在被代理人死亡前已经进行而在被代理人死亡后为了被代理人的继承人的利益继续完成的。

（二）法定代理或者指定代理终止

委托代理关系的终止原因，偏重于客观原因，而较少设计到主观原因。与此相近的是，法定代理或者指定代理终止的原因，也是客观原因多于主观原因。主要是：

（1）被代理人取得或者恢复民事行为能力。这是一种与法定代理关系发生的相反理由。被代理人已经取得或者恢复了民事行为能力，成了完全行为能力人，那么，法定代理人当然应该退位了。

（2）被代理人或者代理人死亡。这是一种实体权利主体的消失和代理权人的不存在，因此，终止法定代理人的代理权就是必要的。

（3）代理人丧失民事行为能力。这种情况的出现，已经不符合法定代理设定的目的了。

（4）指定代理的人民法院或者指定单位取消指定。这是一种主观原因。取消指定，意味着指定代理的目标已经实现，或者指定的理由已经消灭，所以，代理关系的消灭也是正常的。

（5）由其他原因引起的被代理人和代理人之间的监护关系消灭。监护关系消灭了，法定代理关系当然就应当消灭。

第三节　无权代理

一、无权代理的概念和特征

（一）无权代理的概念

无代理权的人以他人名义实施的代理行为，称为无权代理，亦即无代理权之代理。

无权代理在法律上并不当然无效。无权代理，如经本人追认，即成为有权代理，发生与自始有代理权的代理同样的效力，而由本人承受法律行为的效果。如未经本人追认，则应由该无权代理人对相对人承担责任。

无权代理如本人不予追认，也只是不直接对本人发生效力，并不是不发生法律行为的效力。我国《民法通则》、《合同法》，对无权代理都设有专门的规定。

我国《民法通则》第66条规定，没有代理权、超越代理权或者代理权终止后的行为，只有经过被代理人的追认，被代理人才承担民事责任。未经追认的行为，由行为人承担民事责任。我国《合同法》第48条规定，行为人没有代理权、超越代理权或者代理权终止后，以被代理人名义订立的合同，未经被代理人追认，对被代理人不发生效力，而由行为人承担责任。

（二）无权代理的特征

1. 行为人实施的法律行为，符合代理行为的表面特征

代理行为的特征，有表面特征和实质特征两类。表面特征为：代理人以意思表示为使命，代理人必须以被代理人的名义进行活动。

而实质特征为：代理行为的法律效果直接归属于被代理人。无权代理是符合代理行

为的表面特征而不符合其实质特征的行为。若不符合代理行为的表面特征，则不属于代理行为，不能成立无权代理，而属于其他的行为，如无因管理行为等。

2. 行为人对所实施的代理行为不具有代理权

不具有代理权的原因，可以是原始的即自始未授予代理权，也可以是嗣后的即已授予代理权，但超越了其范围或期限行使代理权等。如果对代理权的有无发生了争议，无权代理人有责任证明其代理权的状态或者代理行为的依据。如果无代理权的事实是由本人或第三人主张时，由他们负举证责任。

3. 代理行为的后果具有不确定的特征

无权代理行为，只有经过追认，才能转化成有效的代理行为。如果没有被本人追认，则只能是无权代理行为。对于无权代理行为的后果，只能由无权代理人自己承担。

对于不知道无权代理的相对方的善意第三人，我国《合同法》第48条则规定了其有主张撤销权，可以撤销无权代理人的无权代理行为。

二、无权代理的发生原因

（一）根本未经授权的代理，自始就不存在代理权

即行为人从未获得被代理人的授权，也不存在获得代理权的其他根据，而以代理人的身份，对相对人为代理行为。

（二）超越代理权的代理

代理人始终有代理权，只是代理人所实施的代理行为超越了代理权范围。

（三）代理权已终止后的代理

代理人一度有代理权，而该代理权因发生代理权消灭事由已经消灭。代理人在代理权消灭后，仍以代理人身份对相对人为代理行为。[①]

在理解无权代理时，必须注意的是，我国《民法通则》第66条第3款、第67条规定了恶意串通、非法代理等情形的无效代理。同时，理论上还有自己代理、双方代理等无效代理。

这里的无效代理，是因为违法而当然无效，不是无权代理。

三、无权代理的效力

在民法理论上，无权代理行为本人不予追认的，该行为并非当然无效。只是不能依代理制度对本人发生代理行为的效力而已。这种情形下，该无权代理行为如果具备一般法律行为的有效要件，虽不发生代理行为的效力，仍将发生一般法律行为的效力，并由该无权代理人自己作为当事人而承担相应的民事法律后果。

我国《民法通则》第66条规定，“未经追认的行为，由行为人承担民事责任”。我国《合同法》第48条也规定，“未经被代理人追认，对被代理人不发生效力，由行为人承担责任”。这些规定说明：无权代理，在本人不予追认时，仅仅对于代理人自己产生法律效力。

（一）被代理人的追认

无权代理经本人的追认，即转变为有代理权之代理，发生代理行为的效力。无权代理是否能转变为有权代理，取决于本人是否对此行为予以追认。

---

① 梁慧星：《民法总论》，北京：法律出版社，2001年版，第256页。

在无权代理的情形，本人享有对无权代理人实施的民事行为是否追认的权利，即追认权。此追认权，系为保护被代理人的利益而设定。因为，无权代理行为，并不一定对被代理人不利，法律为保护被代理人利益，以及为了有利于经济交易与流转秩序，特别设追认权制度，依被代理人的自由选择，决定该无权代理行为是否对自己发生效力。

（二）相对人的保护

1．相对人的催告权和撤销权

因为代理是一种特殊的民事权利关系，涉及三方当事人的利益。所以，关于无权代理，法律为保护本人的利益，使其有追认权，而为保护无权代理之相对人的利益，使相对人有催告权和撤销权。

相对人的撤销权，也属于形成权。其效力在于：在本人对无权代理行为未予追认前，相对人可以行使撤销权，消灭该无权代理行为，使相对人与本人之间的民事行为归于无效。

我国《民法通则》第 66 条规定了本人的追认权，而未规定相对人的催告权和撤销权，在本人与相对人利害关系上，有失平衡之嫌疑。为弥补此漏洞，我国《合同法》第 48 条第 2 款增设了相对人的催告权、撤销权的规定。

2．相对人撤销权的限制

按照我国《合同法》第 48 条第 2 款的规定，对相对人的撤销权的行使有所制约和限制。

一是唯有善意相对人，才有此撤销权，而恶意相对人没有此撤销权。所谓恶意，指相对人明知代理人无权代理；善意，指相对人不知代理人无代理权。恶意相对人明知代理人无代理权，仍然与其为法律行为，使之承担本人不予追认所造成的后果。故未赋予撤销权。反之，善意相对人并不知道代理人无代理权，为平衡他与本人之间的利益，有必要在赋予本人追认权的同时，赋予善意相对人撤销权。

二是撤销权须在本人未追认前行使，如果本人已经追认，善意相对人的撤销权即归于消灭。如果本人已经表示否认，这时，无权代理行为已经注定不能对本人发生效力，善意相对人的撤销权，也当然归于消灭。

（三）行为人的责任

1．无权代理人对相对人的责任

按照我国《民法通则》第 66 条、《合同法》第 48 条的规定，无权代理行为，本人不予以追认的，应由该无权代理人对相对人承担民事责任。所谓承担民事责任，是指由该无权代理人作为当事人履行该民事行为中对相对人的义务，或者不能履行时对善意相对人承担损害赔偿责任。

但是，在相对人属于恶意，即明知代理人无权代理的情形，无权代理人可以不承担损害赔偿责任。必须注意的是，此无权代理人的责任，系由法律规定直接发生的一种特别责任，不以无权代理人有故意或过失为要件，属于一种无过失责任。

2．恶意相对人与无权代理人的连带责任

按照我国《民法通则》第 66 条第 4 款的规定，相对人明知代理人没有代理权，仍与之实施民事行为，因此给本人造成损害的，由该恶意相对人与行为人负连带责任。

3．委托书授权不明时，本人与代理人的连带责任

委托书授权不明时，法律为维护相对人利益及经济流转秩序，使该代理行为对本人发生效力。其根据在于，因委托书授权不明，无法判断代理行为是在授权范围之内或在授权范围之外时，视为在授权范围之内。

依授权行为之性质为单方行为，委托书授权不明，属于授权人即被代理人之过失，代理人本不应负责。但我国《民法通则》第 65 条第 3 款规定，代理人应与被代理人负连带责任。这显然是为了维护交易安全及相对人利益考虑。但未免对代理人过苛，使之有代人受过之嫌。

第四节　表见代理

一、表见代理的界定与特征

（一）表见代理的定义

表见代理，是指无权代理人以被代理人的名义，与第三人实施民事行为，因为代理人与被代理人之间有某种特定的关系，客观上足以使善意第三人有充分理由相信行为人具有代理权，因而被代理人应就行为人的行为后果，向第三人承担民事责任的一种法律制度。

大陆法系国家和地区的民法典中，均未明文出现“表见代理”一词，所谓表见代理实乃学理归纳所得。英美法系国家，将表见代理称之为“不容否认的代理”或称“不容否认的声明”[①]。其不同于大陆法系国家的是，强调第三人有足够理由相信行为人有代理权，被代理人对这种行为后果不能否认，而应承担责任。

按照英美国家的法例，“外表授权”是代理权产生的原因之一。因为，外表的授权，而使第三人基于善良的信用而认为该代理人拥有代理权的同时，被代理人对代理行为的后果不可否认，应承担相应的责任。这是英美法禁止反言原则在代理关系上的具体应用。

相对于大陆法系而言，表见代理只是法律拟制的有效代理，本质是无权代理。英美法系中的表见代理，更像是一种有权代理。另外，英美法系的归责原则也不同于大陆法系，它强调优势责任。

优势责任原则，是指由于本人较之代理人在经济上处于优势，其承担民事责任的能力更可靠，故应先由本人承担民事责任。现代民商法学界认为，这比严格责任更科学、合理，即表见代理强调被代理人主观上没有重大的过失就可以免责，这与无过错责任原则矛盾，而优势责任原则的法律后果比较明确，且与市场经济的公平和效益原则相一致。

表见代理的类型包括：①授权表示型表见代理。②权限逾越型表见代理，即行为人原有某种代理权，但他超越代理权进行活动。这种超越又可以分为质的超越和量的超越[②]。③权限延续型表见代理，即代理权终止以后的活动，构成表见代理的情形等。

---

① 何美欢：《香港代理》（上），北京：北京大学出版社，1996 年版，第 69 页。

② 史尚宽：《民法总论》，北京：中国政法大学出版社，2000 年版，第 546 页。

（二）表见代理的特征

表见代理，具有以下三个基本法律特征。

（1）行为人无代理权。无论是行为人自始没有代理权，还是超越代理权，或者代理权终止，行为人的代理行为，均未经被代理人授权或事后追认，都属于无权代理，以此与有权代理相区别。

（2）相对人有理由相信，该行为人有代理权。这是表见代理成立的关键。一般而言，它应具备以下三个条件：①相对人相信行为人有代理权，是有客观根据的，它以行为人与被代理人之间存在的某种事实上或法律上的联系为基础。②相对人必须是善意的，即不知道行为人无代理权。③行为人与相对人之间的民事行为合法。

（3）代理行为有效。代理行为有效，即其代理行为的后果直接由被代理人承担。这是表见代理与无权代理的本质性区别，也是与无效代理的根本区别所在。

（三）表见代理的本质

表见代理的本质，有人认为是无权代理①，有人认为是有权代理，还有人认为，表见代理应当是一种独立的代理状态②，是与无权代理和有权代理并行的效力形式。

尽管表见代理的实质内涵与无权代理有相通之处，其表象特征及法律的后果与有权代理有共同之点，兼具了无权代理和有权代理的某些基本特征。但是，不容忽视的是它也有自己的独立的特征和要件。

二、表见代理的构成要件

（一）表面要件

表见代理的构成要件，包括表面要件和特别要件两个方面。

其表面要件包括：无权代理行为人以被代理人的名义进行民事活动；行为人与相对人之间的民事行为合法有效，即当事人有相应的民事行为能力、意思表示真实、内容形式合法等；行为人与相对人之间，民事活动的法律效果由被代理人承担。

（二）特别要件

表见代理的特别要件包括以下两点：

（1）客观要件。客观要件即行为人没有代理权，却有足以令相对人相信其有代理权的客观情形。相对人主张表见代理，须对自己误信行为人有代理权、在主观上不具有过失负举证责任。

（2）主观要件。主观要件，即相对人是否有过错的条件。在这里，还存在“单一要件说”和“双重要件说”两种不同的主张。

（三）单一要件说与双重要件说

单一要件说，即相对人无过错说，指相对人对无权代理的发生无过错，是构成表见代理的唯一的特殊要件。不同于单一要件说，在双重要件说中，本人承担的是一种过错责任。两者相比较，双重要件说更有合理性，更体现公平原则，更具有说服力。

现实生活中，单一要件说则更有效率。从制定代理制度的目的来说，确实是为了保护和扩大本人的利益，但是，表见代理制度的功能，主要是保护善意第三人的利益。所

---

① 王家福：《中国民法学·民法债权》，北京：法律出版社，1991年版，第609页。

② 谭　玲：《论表见代理的定性及表象形态》，载《当代法学》2001年第1期。

以，可以推论出：单一要件说更可取。虽然，被代理人的利益也应当重视，但却不宜是表见代理的构成要件，只是在单一要件说赋予法官自由裁量权的范围中予以考虑。

三、表见代理的适用

（一）表见代理的效力

一般认为，符合构成要件的表见代理，具有与有权代理同样的效力，代理行为的法律效果直接归属于被代理人。被代理人承担表见代理的法律后果，如果因此受到损失，有权向无权代理人请求赔偿。如果损失因双方的过错发生，按双方过错的性质和程度分担损失。

第三人可自由选择，主张表见代理或主张无权代理，可抛弃享受表见代理效力的地位，承认无权代理人的行为，为狭义的无权代理，而且，依民法关于无权代理的规定，追究无权代理人的责任。

（二）对待表见代理的态度

1. 相关法律的规定

改革开放以来，随着市场经济的发展，市民社会的不断发育，我国社会出现了大量的表见代理现象。但是，我国民事立法中，没有直接确立表见代理制度。

我国《民法通则》第 65 条第 3 款、第 66 条第 1 款规定："委托书授权不明的，被代理人应向第三人承担民事责任，代理人负连带责任。""本人知道他人以本人的名义实施民事行为而不作否认表示的，视为同意。"这些规定，不是关于表见代理的规定。

1987 年 7 月 21 日，最高人民法院在《关于审理经济合同纠纷案件中具体适用经济合同法的若干问题的解答》第 1 条第（一）项中规定："合同签订人用委托单位的合同专用章或者加盖公章的空白合同书签订合同的，应视为委托单位授予合同签订人代理权，委托单位对合同签订人签订的合同，应当承担责任。"这种规定，具有表见代理的意义。

最高人民法院的解答，虽然与我国《民法通则》第 66 条"没有代理权、超越代理权或者代理权终止后的行为，只有经过被代理人的追认，被代理人才承担民事责任"的规定相冲突，但是，事实上，最高人民法院的解释，是符合我国社会经济交往的实际情况的，因而是合理的。

另外，我国《合同法》第 49 条规定："行为人没有代理权、超越代理权或者代理权终止后以被代理人名义订立合同，相对人有理由相信行为人有代理权的，该行为有效。"这一条的规定，被认为是我国立法第一次公开承认和规定了表见代理。

2. 相关建议

（1）不可滥用表见代理。

对于表见代理，法律以牺牲被代理人的利益，保护善意相对人的利益，维护交易的安全，从制度架构上设立了表见代理制度，但是，它绝对不可以被滥用。比如，在夫妻之间的表见代理，并不是没有边界的。

滥用表见代理，势必将更多的无辜的人牵涉进来，从而影响正常的社会交往和市民社会的法律秩序。

（2）表见代理与非法、犯罪行为不能混同。

通过非法或犯罪行为，取得代理权凭证的无权代理行为，不能成立为表见代理，所谓的“被代理人”应当承担责任。这意味着，我们应当区分表见代理与非法或犯罪行为的界限。

(3) 相对人的选择权。

对于相对人来说，既可以向行为人要求其承担狭义无权代理的责任，也可以直接向被代理人主张表见代理的成立，要求其承担民事活动的法律后果，个别时候，还可以要求行为人与被代理人承担连带责任。

无疑，选择权掌握在相对人手中，相对人选择权的行使，也不会因为代理人承担了责任，当然就损失了交易的机会，这符合民法所倡导的鼓励交易与效率原则。

(三) 积极防范表见代理

1. 制度型防范

针对授权表示型的表见代理而言，制定严格的管理制度，有利于防止出现表见代理。也就是说，除法定代表人以外，任何人以企业的名义，对外签订合同必须持加盖企业公章的授权委托书，否则，其所进行的一切行为，均视为其个人行为，与企业无关。当然，让每一个客户都知道企业的这种制度，是这种制度与防范措施的关键。

2. 授权书防范

针对权限逾越型的表见代理而言，授权书本身必须规范，是一项防范表见代理的有效措施。一般而言，委托书必须写明代理事项、有效期间等内容，否则，就容易发生授权不明确。法律规定因为授权不明造成的损失，由被代理人承担后果。

司法实践中，授权委托书的内容不规范，是极大的安全隐患，非常容易产生表见代理。尤其是职务代理，常常容易成为表见代理的捷径。

所谓职务代理，是指依照劳动或雇佣关系而取得代理权的代理。现实生活中，各单位内部通常有关于不同部门、不同职务、不同级别的人，享有不同职务权限的规定，成为限制或者明确是否构成表见代理的具体规范文件。

但是，这些规定属于各个单位的内部规章，往往难以为相对人所了解或者知晓。加上职务往往是享有代理权的最好证明，所以，要减少或者避免表见代理，必须认真对待职务身份的管理问题。

3. 相对人告知防范

针对权限延续型的表见代理，如果企业法定代表人，包括企业主要负责人、主要业务人员的变更或调离，以及职务的升迁等重大变动情况，应当及时或尽快告知主要客户，或者相关的客户；企业相关的告知意思，应当以书面形式制作并邮寄送达。

同时，企业法定代表人、负责人的变更，应尽快报当地工商局作变更登记，换发新的营业执照。以新的营业执照，作为一种对表见代理的可能的抗辩依据。

第五节　商事代理

一、商事代理的界定

(一) 商事代理关系

1. 商事代理的概念

商事代理，又称商务代理、商业代理。广义上说，凡是人们以追求经济利益为直接目的，并在商业领域实施的一切代理行为，均可称为商事代理。但狭义上，商事代理仅指代理商以商号名义，为商号代为商行为的代理。即代理商受商号的委托，以商号的名义，在一定的区域内代为商行为以获取报酬，其法律后果直接由商号承担的一种代理制度。其中，商号称委托人，接受委托者称代理商。

2. 商事代理法律关系

商事代理有三方当事人，即代理商、被代理人以及第三人。他们在实施具体行为过程中，产生了三种不同的法律关系。

（1）代理人与被代理人之间的授权关系。这种关系是基于被代理人对代理商的明确委托授权产生的，是商事代理中的基础关系。

（2）代理商与第三人之间的关系。代理商依据代理权，以被代理人的名义向第三人为意思表示，或受领第三人所为意思表示。

这种关系是形式上的交易关系，代理商一般并不承受行为所产生的后果。如果代理商超越代理权，而被代理人不予追认时，代理人与第三人的形式上的关系，就转变为具有实质内容的法律关系了，即由该无权代理的代理商，作为法律关系的当事人并对第三人承担责任。

（3）被代理人与第三人之间的关系。被代理人承受代理商为意思表示，或受领意思表示所致的法律后果，即对第三人享有一定的权利或承担一定的义务。这种关系是实质上的交易关系。

以上三方关系，又可以归纳为两层关系。一层是代理商与被代理人之间的内部关系；一层是代理商及被代理人与第三人之间的外部关系。前者是基于商事代理契约而成立的，后者则是基于买卖商品等商行为，或提供某种服务契约而成立的。①

（二）商事代理的法律特征

（1）代理商是在被代理人明确委托授权的情况下，代替被代理人实施行为。代理商代理被代理人实施的行为，视为被代理人自己实施的行为。

（2）代理商须以被代理人的名义实施行为。代理商以自己的名义实施行为，其法律后果就须自己承受。理论上，将代理商接受被代理人委托，以自己的名义实施行为的，称为“间接代理”。这种代理，在现实生活中也常有所见。

（3）代理商在代理权限内，独立实施行为。代理商能以被代理人名义实施行为，而将结果归属于被代理人，是因为代理商拥有代理权。

同时，代理商在行使代理权的过程中，有权在代理范围内，独立为意思表示，独立地决定代理行为的内容和方式。

（4）代理行为产生的法律后果，直接由被代理人直接承担。代理商实施的行为，在被代理人与第三人之间，发生设立、变更、终止相应的权利义务关系的法律后果。

（5）商事代理是有偿代理。代理商实施的行为，是被代理人委托实施的，被代理人必须向代理商支付报酬。如果事先未约定报酬，被代理人也必须按照惯常做法或者交易习惯支付相应的代理报酬。

---

① 顾功耘：《商法教程》，上海：上海人民出版社，2001年版，第65页。

二、商事代理的范围与分类

（一）商事代理的范围

能够从事商事代理的人，应当是经过商人登记，并且可以从事商事代理业务的商人，即代理商。代理商所能从事的代理业务，应当限制在合法的商行为范围内。

由于代理商代理行为，需要知识、信息、经验和能力等主客观因素的制约与限制，任何一个代理商，均不可能是万能代理商，它必须是某一方面或某几方面的专业代理商。

1．业务范围

各种商事交易行为，以及提供各种代理服务。代理商能够选择代理的业务范围，主要有两方面：一是各种商事交易行为，如买卖、承揽、运输等；二是提供各种代理服务，如代理商事登记、税金缴纳、商标注册等。

2．不适用商事代理的情况

以下几种行为，不适用商事代理：①具有人身性质的行为，如约稿、预约演出等；②按照当事人约定，不得由他人代理的行为；③内容违法的行为；④侵权的行为等。

（二）商事代理的分类

按照代理商代理权限的大小，对商事代理进行分类，可以分为：独家代理、普通代理和总代理等。

1．独家代理

独家代理，是指在约定地区和一定时期内，享有某种或某些指定商品的专营权的代理。在这里，所谓专营权，是指独家代理商行使专卖或专买的权利，即在代理合同有效期限内，所代理商品在该地区只能通过该“独家代理”商进行经营。

被代理人在该地区和合同期限内，不得再委派第二个代理商从事同类业务，被代理人自己也不得在该地区和合同期限内，直接从事这种业务。如果直接从事业务，被代理人仍应向独家代理商支付这些业务的佣金。

2．普通代理

普通代理，是指不具有排他性代理权的商事代理。按照这种方式，被代理人可以在同一市场上，同时建立多家代理关系，也可超越代理商直接销售商品，却不向代理商支付佣金。普通代理与独家代理的区别主要在于：代理权不同、收取佣金的范围不同。

3．总代理

总代理，亦称全权代理。它是指由委托商在特定时间内设立的，将委托商的全部商业事务或者某一个方面的全部事务，交由代理商进行全权处理的商事代理。

在总代理中，代理商既能够享有专营权，又可以代表委托商从事签约、履约以及处理货物等各种商务活动。

由于总代理赋予了代理商较大的权限，被代理人委托授权时，要十分谨慎。[①] 应当说明：现实经济生活中，总代理的使用比较少见，而独家代理、普通代理的使用，要普遍得多。

西方国家的许多著名的大公司或者跨国公司，往往是通过其世界性的商事代理网

---

① 徐学鹿：《商法学》，北京：中国财政经济出版社，1998 年版，第 182 页。

络，让其商品或者服务，直接进入有关国家和地区市场。比如微软、可口可乐、西门子以及奥迪、奔驰和宝马等产品，就是这样进入中国市场的。

三、商事代理与民事代理的区别

（一）产生的根据不同

商事代理产生的唯一依据，是被代理人的委托授权。而民事代理可以是法定的代理、委托代理和指定代理等，产生的依据是多个而不是一个。

（二）代理人实施代理的目的不同

商事代理的目的，是为了取得报酬。民事代理中的法定代理、指定代理均是无偿的，并不是为了获得代理报酬，即或是委托代理，也可能是无偿的，并不都是以有偿为目的。

（三）对代理人的资格要求不同

商事代理的主体，只能是商人，并且是具有一定专业知识和能力的从业人员，具有专业性强的特点。而民事代理的主体，可以是任何公民，也可以是任何法人，大多数情况下，并没有非常严格的主体资格条件中的专业化要求。

（四）代理的内容不同

商事代理是一种营业，代理本身是实施商行为，是有偿行为。而民事代理限于民事行为，有的涉及的是财产关系，而有的是非财产的人身关系；同时，有的是有偿的，有的是无偿的，并且，不以有偿作为民事代理的条件。

（五）对转委托的要求不同

转委托又称复代理，是指委托代理人为了被代理人的利益的需要，将其所享有的代理权的一部分或者全部转托他人。因转委托而享有代理权的人，称复代理人。在民事代理中，可以产生复代理。只要符合下列两项条件就可以：①必须是为了被代理人的利益；②应事先取得被代理人的同意，紧急情况下未经被代理人同意而转委托的，应尽快通知被代理人并作出说明。而在商事代理中，代理商有权选任自己的代理商，只要被代理人在合同中没有禁止性约定，代理商转委托就有效。

思考题

1. 评述代理产生的原因与代理制度的作用。
2. 请说明代理权行使的限制因素。
3. 在哪些情况下代理关系消灭？
4. 试述无权代理、表见代理的联系与区别。
5. 试述你对表见代理的看法。
6. 表见代理的单一要件说与双重要件说，你倾向于适用哪种？理由何在？
7. 对表见代理，你认为应当如何防范其弊端？
8. 商事代理的产生原因与民事代理是否相同？为什么？
9. 说明商事代理的具体类型，并举例分析。
10. 商事代理与民事代理的区别有哪些？

学习资料指引

1. 梁慧星：《民法总论》，北京：法律出版社，1996 年版，第 7 章。

2. 魏振瀛：《民法》，北京：北京大学出版社、高等教育出版社，2000 年版，第 9 章。

3. 彭万林：《民法学》，北京：中国政法大学出版社，1999 年版，第 8 章。

4. 张俊浩：《民法学原理》，北京：中国政法大学出版社，1991 年版，第 9 章。

5. 何美欢：《香港代理法》（上），北京：北京大学出版社，1996 年版，第 1 章～第 13 章，第 15 章。

参考法规提示

1.《中华人民共和国民法通则》第 4 章第二节代理。

2.《最高人民法院关于贯彻执行〈中华人民共和国民法通则〉若干问题的意见（试行)》第 78 条～第 83 条。

3.《中华人民共和国合同法》第 47 条～第 49 条，第 21 章委托合同。

4.《中华人民共和国海商法》(1992 年 11 月 7 日）第 72 条、第 75 条、第 91 条和第 175 条。

5.《中华人民共和国对外贸易法》(1994 年 5 月 12 日）第 13 条。

6. 商务部《中华人民共和国国际货物运输代理业管理规定实施细则》（2004 年 1 月 1 日）第 3 条～第 5 条，第二章设立条件。

7. 国家知识产权局《专利代理管理办法》（2003 年 6 月 6 日）第三章专利代理人的执业。

8. 国家发展计划委员会《招标代理服务收费管理暂行办法》(2002 年 10 月 15 日）第 7 条，第 10 条。

9. 中国保监会《保险代理机构管理规定》(2001 年 11 月 16 日）第 4 条～第 5 条。

10. 国家税务总局《税务代理业务规程（试行)》(2001 年 10 月 8 日）第 3 条，第二章税务代理关系的确立。

11. 中国人民银行《商业银行、信用社代理国库券业务管理办法》（2001 年 1 月 9 日）第 2 条～第 6 条。

12. 铁道部《铁路客运售票代理试行办法》(1998 年 5 月 8 日）第 7 条～第 9 条。

13. 财政部《代理记帐管理暂行办法》(1994 年 5 月 31 日）第 4 条～第 13 条。

14. 交通部《中国外轮代理公司业务章程》（1986 年 12 月 13 日）第 2 条～第 3 条。

15. 对外经济贸易部《关于对外贸易代理制的暂行规定》(1991 年 8 月 29 日）第 2 条～第 5 条。

第九章　民事责任

【阅读提示】　民事义务主体不履行民事义务，就应当依法承担民事责任。民事责任制度为民事权利的实现和救济提供了法律强制性保障制度设计。本章的重点是把握民事责任产生的原理，民事责任的定义、特征及其功能，深入理解各种民事责任的界定与构成要件，归责原则，以及民事责任的承担方式。学习本章须注意理解的是：停止侵权、排除妨碍、消除危险、消除影响、恢复名誉和赔礼道歉等，也是民事责任的承担方式。

第一节　民事责任界定

一、民事责任的定义与特征

民事责任，即民事法律责任，指民事主体不履行民事义务而依法应当承担的不利的民事法律后果。

民法是权利法，大多数民事法律规范的内容，都是授予民事主体以民事权利。当事人根据民事法律规范缔结民事法律关系的目的，也是为了享有民事权利，并通过义务主体履行义务而实现民事权利。没有民事义务的履行，就没有民事权利的实现。

民事责任制度的建立，可以促使义务主体自觉履行义务。如果义务主体不履行义务或者不按照要求履行义务，就要依照民事责任的法律制度承受相应的不利的法律后果。民事责任制度为民事法律关系中权利主体权利的实现与救济，提供了法律上的强制力保障。

在学理上，民事责任不同于民事义务。民事义务是根据法律规定或者依法约定，民事法律关系中的义务主体必须为一定的行为或者不行为，以满足权利主体的利益要求的必要性与手段。

民事义务是民事责任产生的前提，但是却并不一定必然导致民事责任的产生，只有不履行民事义务或者不适当履行义务，才会承担民事责任。

民事责任制度源于古罗马法。古罗马法中的债务，包括债务和责任两个概念，有债务就必然有责任，二者连带且不存在先后之分。日耳曼法第一次将债务与责任加以区分。日耳曼法规定，债务属于法中的“当为”，不包含强制的意义，欲强制债务人实施给付行为，必须在债务之外存在责任关系。大陆法系继受日耳曼的法律观念，将债务与责任作了区分，如《法国民法典》、《德国民法典》等，都有这方面的规定。

我国的民事立法，严格区分了债务与责任。因此，我国《民法通则》将债务与责任分别规定在不同的章节。按照我国《民法通则》第 84 条的规定，债权只是一种请求权，债权人无权强制债务人履行债务。债务人不履行债务时，债权人应通过请求公力机构，来强制债务人履行债务。因此，民事责任具有如下特征：

（一）民事责任产生的前提是民事义务主体不履行民事义务

我国《民法通则》第106条规定："公民、法人违反合同或者不履行其他义务的，应当承担民事责任。"在这里，民事义务包括法定义务与约定义务，无论何种义务，义务主体都应当按照义务的内容，正确及时地加以履行，否则，就会损害权利主体的利益，从而导致义务主体承担民事责任。

可见，义务与责任属于不同的概念，但是二者是紧密相连的。义务是责任产生的前提，没有义务就没有责任；而责任是违反义务的法律后果，是法律惩罚违法者、救济权利人的一种强制手段。

（二）民事责任具有国家强制性

国家强制性，是国家依靠公权力调整民事法律关系，强行使民事主体之间的失衡的利益关系恢复正常的属性。

民事责任有许多具体的实现方式，其背后都以国家强制力作后盾而必须予以兑现。在债的关系中，也会产生法律的约束力，但是否履行债务，还取决于债务人的个人意志，债权人不能自己直接采用强制方式，迫使债务人履行债务。而只能行使请求权，债权人请求国家采用强制方式，迫使债务人履行债务。但是，一旦权利义务关系演变为法律上的责任关系，国家相关法律便会排斥义务违反者对是否承担责任或者如何承担责任方面进行自由选择。责任的承担者必须依照民事法律责任制度的有关规定承担民事责任，或者说，依法承担不利的法律后果，从而去补救权利人一方受到损害的权益。

民事责任制度或民事责任法，是民法的重要组成部分，同样，也存在当事人的意思自治。在民事责任产生之后，应该受到法律救济的一方，可以自由处分自己的权利，或者说应当获得的利益，但是，这项权益是国家强制力产生作用的结果。当事人自由协商处分通过责任制度获得的权益，不能否定民事责任的国家强制性。

（三）民事责任以责任承担者补偿受害方的受损利益为目的

法律责任以惩罚目的和补偿目的为区分标准，可以被分为惩罚性责任和补偿性责任。

惩罚性责任，不以责任人造成损害结果的计量为基础，通常是强加在责任人身上的不利益大于其行为造成的损害或者获得的利益，以产生威慑不法行为的效果，维护社会公共利益和公共秩序。此外，责任人因责任支付的利益，一般不会转移到受害人身上。刑事责任是最典型的惩罚性责任。

补偿性责任，一般以责任人造成的损害结果的计量为基础，责任的大小范围要与责任人行为造成的损害后果基本相适应。通过责任的承担，补偿受害人的财产损失与精神损失，恢复具体的当事人之间的利益关系的原态。至于民事违法行为与社会公共利益的关系，补偿性的民事责任制度并不予以关注。

民事法律关系，主要是财产利益关系。在这个关系的运行过程中，当事人一方受到的损害主要是财产损害，即使是非财产的某些人身损害，也可能导致间接的财产损害，或者可以用支付财产的方式加以弥补。

为了实现同质补偿的目的，民事责任在责任形式上，主要是财产责任。其中，最常使用的方法就是损害赔偿，即以支付财产的手段去救济受害人。

民事责任的补偿性特点并非是绝对的，在法律有特别规定的情况下，民事责任的某些具体形式，也可以带有一定的惩罚性。不过，这种惩罚性的产生，一般是在责任人的不法行为损害的范围广，已经有了一定的社会危害性，或者这种危害后果，常常难以实际计量。

二、民事责任与其他法律责任的区别

法律责任一般分为民事责任、行政责任与刑事责任。民事责任与行政责任、刑事责任的主要区别在以下几方面。

（一）强制程度不同

民事责任具有强制性，但相对刑事责任与行政责任，其强制性较弱，而且常常表现为一种间接的强制，当事人可以主动承担民事责任，不需国家权力的介入。

同时，当事人还可就责任的承担等相关问题自行协商、自行和解或自行了断。而刑事责任与行政责任，必须由国家司法机关与行政机关介入而强制追究，当事人之间不能自己协商或者和解，责任内容与追究责任的程序，都必须严格依照刑法与行政法以及相关程序法的规定执行。

（二）责任目的不同

民事责任的功能在于提供救济，目的是补偿受害人因义务人违反义务的行为造成的损失，使其恢复到原有的正常有序状态，因此，民事责任是一种补偿性责任。行政责任与刑事责任，是对犯罪行为与行政违法行为施加惩罚，是一种惩罚性责任。

（三）构成要件不同

民事责任的构成要件，一般要求行为人的行为造成实际损害后果，若无实际损害后果发生，不会产生民事责任。而行政责任与刑事责任的构成，并不一定要求行为造成实际的危害后果，追究责任的依据，是行为本身的社会危害性。

从责任主体方面看，民事责任主体在某些情形下，不一定是造成损害后果的行为人，如被监护人造成的损害，由其监护人承担责任。而行政责任与刑事责任的主体，一定是行为人本人，而不可能由其他人代替。

（四）责任方式不同

民事责任的承担方式，主要是财产责任，其次是非财产责任，具体有：停止侵害、排除妨害、消除危险、返还财产、恢复原状、赔偿损失、支付违约金、消除影响、恢复名誉和赔礼道歉等，对象是权益受损人。而行政责任与刑事责任的责任方式，主要是剥夺罪犯生命或者人身自由，对行政违法人处以警告、罚款、拘留以及其他方式的行政处罚。行政责任与刑事责任中的财产处罚所得要上缴国家。

三、民事责任的分类

（一）合同责任与非合同责任

以责任的产生是否依据合同的存在，可以将民事责任分为合同责任与非合同责任。

合同责任，即因为合同关系引起的责任，如违反合同约定的义务，违反合同法律法规规定的义务等而产生的责任。

合同责任不等同于违约责任，违约责任只是合同责任的一种主要类别。此外，对合同的变更、解除产生的责任、缔约过失责任等，都是因合同关系产生的责任。

非合同责任，指不是因为合同关系产生的责任，其中，最主要的是侵权责任，即行为人违反法定义务，不法侵害他人非合同上的财产权利和人身权利，以及其他合法权益，依法应当承担的民事法律责任。此外，拒绝返还不当得利产生的责任等，都属非合同责任。

区分合同责任与非合同责任的意义，在于有利于正确认识民事责任的产生根据、构成要件以及责任方式，从而正确地适用有关的民事法律规范。

（二）财产责任与非财产责任

这是根据责任的内容是否涉及财产为标准作出的划分。

财产责任，是责任的承担方式具有财产内容，以使受害人得到财产上补偿的民事责任。如支付违约金、赔偿损失、返还财产等。

非财产责任，是不以财产为内容，责任目的是使受害人受到损害的非财产权利获得恢复或者救济的民事责任，如赔礼道歉、消除影响、恢复名誉等。

区分财产责任与非财产责任的意义，在于财产责任最终要落实到财产的交付上，因此，责任的承担要受制于责任人的财产状况，即不能超越责任人实际财产状况。而非财产责任不涉及财产，与责任人的财产状况不发生联系。此外，非财产责任适用于行为人造成的非财产损害。

（三）共同责任与单独责任

根据责任承担者的人数，可以将民事责任划分为共同责任与单独责任。

共同责任，即责任的承担者是两人或两人以上的民事责任。共同责任并非指责任人与受害人都应负责，而是指责任一方有两个或两个以上的责任主体，也就是一方的多数人责任。

根据共同责任的对外关系，共同责任又分为按份责任与连带责任。按份责任是责任人依照约定或法律规定，各自按照确定的份额承担责任，彼此不产生连带关系。连带责任是责任人依照约定或者法律规定，不分份额地向权利人或受害人承担责任，只要权利人提出请求，单个责任人不能以超出自己的责任份额加以拒绝。

由于连带责任人内部也有份额的划分，因此，超额承担责任之后，超额承担者有权向共同关系中的相关责任人请求补偿。

单独责任，是指只有一个民事主体承担民事责任，单独责任不是单方责任。当单方责任是一人时，属单独责任；当单方责任人有数人时，单方责任就成了共同责任。

区分共同责任与单独责任的意义，在于单独责任简单清楚，易于执行。共同责任涉及多个主体，对内须确定份额，对外有按份与连带之分。若属连带责任，权利人或受害人有权选择其中的某个主体承担全部责任，受损的权益可以获得更加充分及时的救济。

（四）无限责任与有限责任

根据财产责任中涉及的财产范围，财产责任又可分为无限责任与有限责任。

无限责任，是责任人应当以其全部所有的财产承担责任。如个人合伙的合伙人，对合伙组织的债务，承担的财产责任就是无限责任。

有限责任，是责任人只以其一定范围的财产承担财产责任，在该范围之外的财产，债权人不得追索。如有限责任公司的股东，只以其出资对公司的债务负责，抵押人以抵押财产为限，为债务人清偿到期不能履行的债务等。

区分无限责任与有限责任的意义，在于承担无限责任不限于责任人的某一财产范围，更有利于对受害人予以充分完全的财产补偿。一般而言，除了法律法规另有专门规定，责任人的财产责任都是无限责任。

四、民事责任的归责原则

所谓归责，就是以什么为依据确认责任的归属。

归责原则，就是指确认民事责任归属的一般法律准则。归责原则依据的是公平正义观念与民事责任的救济目的，围绕过错对构成民事责任的意义和作用而建立的一般准则。

归责原则解决的根本问题，是确认责任的归属是否需要以过错作为必要条件。但是，归责原则不等同于民事责任的构成要件，归责原则只是为确认民事责任提供一个理性的一般依据，而构成要件则是为民事责任是否产生提供具体标准。

单纯依据归责原则，并不能决定行为人是否应当承担民事责任，在适用某一归责原则的大前提下，还需要考量构成民事责任的各种具体要件，如行为人是否确有过错、行为人行为与结果之间是否存在因果关系等等，方能决定行为人有无民事责任。

归责原则问题在民事法律责任理论与实践中是一个基础问题，同时也是一个最重要的规则设计问题。不同的归责原则，决定了民事责任的不同的构成要件、举证责任的分配、免责条件、承担后果的方式，是合同法、侵权行为法理论研究以及相关司法实践必须解决的首要问题。正确理解和准确适用归责原则，其理论意义与实践意义十分重大。

归责原则应是一元模式还是多元模式，至今理论界仍有不同见解。

作者认为，民法调整的社会关系领域异常广阔，民事主体的人身权与财产权受到损害的情形又千差万别，各有其特殊性，故不宜采用一项归责原则，作为确认一切责任归属的依据。只要某类特定损害关系的调整，可以适用同一的确认责任归属的标准，就可以由此归纳出一项具有一定适用范围的归责原则。因此，归责原则不是单一的，而应是多元的，但是，这种多元又应当是有限度的，即应当建立一个有限的多元化体系。

建立有限的多元化体系，必须考虑的基本因素是：①单个归责原则存在的合理性与科学性。②归责原则之间的协调性。

建立有限的多元化的归责原则体系，符合民事责任制度的功能要求，所以，民事责任的归责原则，应当包括过错责任原则、无过错责任原则与公平责任原则。

（一）过错责任原则

过错责任原则，是以行为人的过错作为确认责任归属的法律原则，即行为人的行为造成的受害人的人身损害或财产损害，有过错即有责任，无过错即无责任，过错是构成民事责任的根本要件。

我国《民法通则》第106条第2款规定：“公民、法人由于过错侵害国家的、集体的财产，侵害他人财产、人身的，应当承担民事责任。”这一规定，确立了过错责任原则在我国民法中的最重要的普遍适用的法律地位。

过错责任原则的特点在于：

1．过错是构成民事责任的根本要件

行为人对其行为是否应当承担民事责任，需要考虑多项因素，如损害后果、因果关系等，但若承担过错责任，过错是构成责任的根本要件，即使其他要件具备，只要行为人无过错，就不会产生民事责任。

无过错即无责任，是过错责任原则的本质特征。

2. 过错是确定责任范围、责任轻重、责任形式的依据

在责任主体为一人的情形下，过错的程度直接影响责任的轻重。在有多数责任主体的情形下，过错状况决定了每一个责任主体承担责任的范围。

如果受害人也有过错，则双方过错的状况决定了责任的承担与分配。与此同时，过错的性质还决定了责任的承担方式。例如，故意较之过失，其产生的责任方式显然要重于过失。

3. 过错责任原则，具有全面的法律功能

过错原则中的“过错”，作为根本责任要件，除能为受害人提供有效的法律救济外，还可惩罚有过错的责任主体。从而宣示了一条基本的法律原则，即一个人只要谨慎行事，遵守社会生活领域的各项法律规则与公序良俗，即使出现有害结果，也不会承担责任而受到法律的惩罚，从而充分体现了民事责任的救济功能、惩罚功能与教育功能，较好地协调了“个人行为”与“社会安全”的两种利益界限。

过错责任原则始于罗马时期的《阿奎利亚法》，后来通过罗马法学家的解释、法官的判例进而获得完善。在 19 世纪，该项原则进入成熟阶段，1804 年的《法国民法典》正式以立法形式确认过错责任原则。继《法国民法典》之后，各国民法典大多以过错责任原则作为承担民事责任的一般归责原则。在现代民事责任制度中，无论是大陆法系还是英美法系国家，过错归责是被普遍采用的归责方式。

在过错责任原则的运用中，有一种特殊的适用方式——过错推定责任。

过错推定责任，仍需以过错作为行为人承担民事责任的主观要件，只是对过错的认定由推定而产生，即让加害人对自己没有过错进行证明，若不能证明其无过错，法律推定其有过错，于是应当承担民事责任。

过错推定责任的产生，是因为现代科技和知识水平的发展与提高，人们的知识范围必然有一定局限，再加上受害人的具体环境、身份等因素，在主张权利时，难以对加害人的过错进行举证。为了充分有效地保护相对人或受害人的合法权益，法律才规定了过错推定责任这一过错责任原则的特殊适用方式。

（二）无过错责任原则

无过错责任原则，也称为无过失责任原则，指民事责任的构成不以过错为要件的归责原则。必须注意理解的是，无过错责任原则只是不以行为人的过错作为承担责任的依据，而不是以行为人没有过错作为承担责任的依据。

理解无过错责任原则，应当注意以下几点：

（1）无过错责任原则，不以行为人主观上的过错作为民事责任的构成要件，但是，仍然要考虑相对人或受害人的过错和第三人的过错。相对人或受害人的过错和第三人的过错，可以减轻或免除行为人的责任。

（2）相对人或受害人无需证明行为人主观上存在过错，行为人亦不能以自身不存在过错作为抗辩理由，但可以依法以其他事由提出抗辩。

（3）无过错责任原则，只适用法律有特别规定的情形，不能擅自扩大其适用范围。

无过错责任原则是随着近代工业化的进程而出现的。由于工业事故的增加，加上受害人难以证明雇主的主观过错，这种状况使得许多工业事故的受害人无法获得赔偿救济。为了消除过错责任原则造成的不公平的后果，欧洲各国纷纷立法确认了无过错责任

原则。英美法系国家，亦通过判例逐步确立了这一归责方式，通说认为，英美法中的严格责任，就是无过错责任。

我国《民法通则》第106条中，规定了无过错责任，并在第121条至第127条中具体规定了无过错责任的适用范围。我国《合同法》第107条规定的违反合同的民事责任条件，亦是无过错责任原则的具体适用。

关于确立无过错责任的理论依据，西方学者提出了不同的见解，其中主要有危险说、利益说、公平说等等，其中，以“危险说”影响最大。这种学说认为，现代化工业生产创造了企业利益的同时，给人们带来了人身与财产方面的极大危险，企业享有这些利益，就应当对危险导致的具体损害承担赔偿责任，从而对这些不可避免的损害进行合理的分配，实现损害后果的分配正义，加强对弱者和社会利益的保护。

无过错责任的兴起，反映了立法的价值取向由个人本位向社会本位的转变。

（三）公平责任原则

公平责任原则，又称为衡平责任原则，指当事人对损害发生均无过错，而又不能适用无过错归责，按照公平观念，由当事人合理分担损失的一种归责方式。

公平责任原则作为确定责任归属的规则，是对不幸损害的一种补救措施，在公平理念调节下的分配方式，其本质含义已不是一般意义上的法律责任。

正确理解公平责任原则，需要注意以下几点：

（1）公平责任原则只适用于当事人对损害结果的发生均无过错，且不能适用无过错归责的情形。如果加害人有过错或受害人有过错，或者第三人的过错导致损害，都不能适用公平责任原则。

（2）公平责任原则是以公平观念为指导，对不幸损失进行分配。其要考虑的因素包括一方受损程度，另一方受益程度，双方当事人的经济状况等，从而合理地分配责任，而并非一定要使当事人平均负担损失。

（3）公平责任原则，只适用于财产损害赔偿，而不能适用于非财产损害赔偿，而且只限于直接财产损失，不能包括间接财产损失。

我国《民法通则》在颁行时，也规定了公平责任原则。其中主要是：

第一，我国《民法通则》第132条确立了公平责任原则的基本规定。

第二，我国《民法通则》第128条关于正当防卫超过必要限度，造成不应有的损失时，应当承担适当民事责任的规定。

第三，我国《民法通则》第129条关于紧急避险造成损害后果，在一定情形之下，应当承担适当民事责任的规定。

第四，我国《民法通则》第133条关于无行为能力人、限制行为能力人致人损害之后责任承担方式的规定。

以上这些条款，都是公平责任原则在我国民事立法中的具体适用。

第二节 缔约过失责任

一、缔约过失责任的定义

缔约过失责任，是指在缔结合同的过程中，一方当事人违反建立在诚实信用原则之上的先契约义务，给另一方当事人造成损失而应当承担的损害赔偿责任。

关于缔约过失责任产生的理论依据，学者们的见解不尽相同，主要有侵权行为说、法律行为说、法律规定说、诚实信用原则说等。

通说认为，缔约过失责任产生的基础，是合同缔结时诚实信用原则的要求。即当事人进入了合同的磋商谈判阶段，以及订立契约阶段之后，已由一般关系而进入一种特殊的信赖关系，因此，当事人负有先契约义务，也就是合同成立生效之前的诚信义务，以维护对方当事人的诚信利益。如果当事人一方违反这一义务导致合同不成立、无效或者被撤销，应当赔偿另一方因此而受到的损失。

缔约过失责任与违约责任都属于合同责任，但属两种不同的合同责任。二者的主要区别在于：

1．两种责任产生的前提不同

缔约过失责任产生的依据，是商品交易的诚实信用要求与合同法的具体规定，只要当事人的过失行为，符合合同法规定的缔约过失责任要件，就应当承担缔约过失责任。而违约责任产生的前提，是当事人缔结的合同已经成立有效，双方已存在有效的合同关系。若无有效的合同关系存在，就不会产生违约责任。

2．责任形式不同

缔约过失责任的承担方式，就是损害赔偿，而赔偿范围原则上只限于信赖利益。而违约责任的责任形式具有多样性，包括支付违约金、赔偿损失、继续履行等。其中，赔偿损失既包括实际利益损害，也包括期待利益的损害。

3．责任性质不同

缔约过失责任依合同法而产生，属法定责任，当事人不能协商约定。而违约责任的责任形式、责任范围、免责事由等，都可以由当事人自行约定。

4．归责方式不同

缔约过失责任以过失为责任构成要件，当事人在缔约过程中无过失，即不会产生缔约过失责任。而违约责任主要是无过错责任，在多数情况下，当事人承担违约责任并不需要主观上有过错。

二、缔约过失责任的构成要件

1．当事人之间存在先合同义务

所谓先合同义务，指合同成立之前，缔结合同的当事人在缔约过程中，依据诚实信用原则所承担的义务，如诚实、告知、保密、协助等义务。

先合同义务，是法定的没有给付内容的义务，无需当事人约定，也不能通过约定排除。一旦当事人进入订立合同的过程，先合同义务就产生，没有缔约关系，就没有先合同义务关系。

2．当事人违反先合同义务

民事责任是当事人违反民事义务的法律后果。合同当事人承担先合同义务却不履行义务，例如，不履行通知、保密、协助的义务，或假借订立合同恶意磋商，或故意隐瞒重要事实或者提供虚假情况等，都是违反先合同义务的表现形式。

违反先合同义务，将使违反义务的当事人承担不利的法律后果。

3．违反先合同义务，给另一方造成损害

在缔约过失责任中，损害事实是责任的构成要件。只有合同当事人违反先合同义务，给另一方造成实际损害，才能追究缔约过失责任。在这里，损害主要是指进入缔约磋商之后，当事人一方的信赖利益的损害，这种损害，可以是财产损失，也可以是人身损害。

4．违反先合同义务一方有过错

缔约过失责任的构成，以违反先合同义务一方主观上有过错为要件，这种过错既可以是故意形态，也可以是过失形态。如果损害结果是因为不可抗力或者受害人一方的过错造成，则另一方当事人不承担缔约过失责任。

三、缔约过失责任的赔偿范围

根据我国《合同法》第42条、第43条的规定，缔约过失责任的责任形式是损害赔偿。赔偿范围原则上是信赖利益的损失，或者说当事人因为合同不成立、无效或者被撤销所遭受的利益损失。

承担缔约过失责任赔偿的具体范围主要有：

（1）在合同不成立、无效或被撤销的情形之下，赔偿范围包括一方当事人因信赖合同成立而遭受的损失，也即信赖利益的损失。例如，订立合同的费用、准备履行合同支出的费用、丧失商机利益等。

（2）未尽通知说明义务而使另一方遭受的实际损失，包括不应当支出而支出的费用等。

（3）未尽保密义务，而使另一方遭受商业秘密被泄露或者被非法利用而引起的商业秘密方面的实际利益损失。

（4）未尽协作义务而使另一方遭受的不应当支出而支出的实际费用损失等。

第三节　违约责任

一、违约责任的定义与特征

违约责任，是指合同义务人不履行合同义务或者履行合同义务不符合约定，而依法承担的民事法律责任。违约责任的法律特征主要是：

1．违约责任是一种财产责任

合同是双方当事人物质利益即财产交易以及人身利益或者精神利益等流转或者互换、满足的法律形式。民法上的合同关系是一种纯粹的财产关系而非人身关系，合同关系中的权利义务，都直接指向财产。

因此，违反合同义务给另一方造成的损失，也只是财产损失。遇到违反合同义务要进行救济，只能用财产责任形式予以救济，弥补受害人的财产损失。合同责任形式中的支付违约金、损害赔偿、执行定金罚则以及实际履行等，都是财产责任形式。

2．合同责任具有相对性

合同法律关系是相对法律关系，权利义务主体都是特定的，违反合同义务一方，只能向合同相对人承担违约责任，而不能指向合同关系之外的任何组织与个人。

即使第三人的原因，导致合同义务不能履行，违约人也应承担违约责任，而不能由合同关系之外的第三人负责。当然，违约人承担违约责任之后，可以向第三人追偿。

3. 违约责任可由当事人依法约定

违约责任依法产生，但其强制程度小于侵权责任，我国《合同法》中的规范，主要是任意性规范。因此，当事人可以在法律允许的范围内，协商决定违约责任的有关事项，作出约定。例如，约定承担违约责任的条件、责任范围、责任方式等等，但是，当事人的约定不能违反我国《合同法》等法律法规的强制性规定。

二、违约责任的归责原则

违约责任的归责原则，是确定是否产生违约责任的法律规则。根据我国《合同法》第107条和第113条等相关条款的规定，我国目前采用了严格责任与过错责任并存这样一种二元归责原则体系。

我国《合同法》第107条规定："当事人一方不履行合同义务或者履行合同义务不符合约定的，应当承担继续履行、采取补救措施或者赔偿损失等违约责任。"大多数学者认为，我国《合同法》的这一规定，采用了严格责任原则，不以过错为责任构成要件。这是我国《合同法》关于违约归责原则的一般性规定，在法律没有另外规定的情形之下，应当采用这一归责方式确认合同责任，即只要合同当事人不履行合同义务或履行义务不符合约定，即使没有主观过错，也应承担违约责任。

但是，我国《合同法》也在其他有关条款中，采用了过错责任原则，即依据合同双方当事人的过错状况，决定违约责任的承担与分配，主要有以下六方面：

第一，我国《合同法》第108条关于预期违约责任的规定；

第二，我国《合同法》第113条确定的消费者保护中的"双倍赔偿规则"；

第三，我国《合同法》第117条关于不可抗力的有限免责规定；

第四，我国《合同法》第119条关于防损义务规则的规定；

第五，我国《合同法》第120条关于混合过错各担其责的规定；

第六，我国《合同法》分则中的涉及过错具体规定，其中主要是：①第189条、第191条赠与合同中出赠人过错与瑕疵方面的赔偿责任。②第303条客运合同中承运人对旅客行李过错损害的赔偿责任。③第320条多式联运合同托运人过错的赔偿责任。④第406条委托合同中受托人过错的赔偿责任等，都采用了过错责任原则的设计。

但是应当肯定，在法律没有另外规定的情况下，合同责任肯定是严格责任，我国《合同法》第107条的规定，当然具有普遍的适用性。

三、违约责任的构成要件

在一般情况下，合同当事人有违约行为，就会发生违约责任。对此，我国《合同法》第107条已有明确规定。

但是，合同责任的形式具有多样性，包括继续履行、采取补救措施、支付违约金、赔偿损失等，所以，从这个意义上看，不同的违约责任形式，需要具备违约的一般构成要件和具体构成要件。

（一）当事人有违约行为

违约行为，是指合同当事人不履行或者不适当履行合同义务的行为。违约行为是构成违约责任的根本要件。违约行为的特点是：

（1）违约行为人是合同当事人，即合同关系中承担合同义务的人，既可以是一方违约，也可以是双方违约。

(2) 违约行为违反了合同义务。合同义务由双方依法约定，但为了维护交易安全与秩序，除了双方明确约定之外，合同义务还包括法律规定的根据诚实信用原则产生的附随义务。

(3) 合同法律关系属于债权债务关系，双方当事人的权利义务具有对应性。一方违约是对另一方债权的侵犯，即损害了合同债权。

违约行为具有不同的表现形态，我国《合同法》第107条、第108条归纳为预期违约与实际违约。其中，预期违约是指合同成立生效之后，履行期限届满之前，当事人明确表示或者以行为表示不履行合同。而实际违约，是指合同履行期限届满之后，当事人不履行合同或不适当履行合同。

所谓不履行合同，是指当事人完全没有履行合同义务，包括履行不能与拒绝履行等。不适当履行合同，则是指当事人虽然实施了履行合同的行为，但是履行的内容、方式、时间、地点等，不符合合同约定与相关法律的规定，包括瑕疵履行和加害给付、提前履行、履行迟延、不完全履行等行为。

(二) 违约人的主观过错

我国《合同法》第107条、第108条，未将主观过错作为构成违约责任的普遍适用的要件。但是，对某些违约行为规定了过错归责。在这种情况下，过错仍然是构成违约责任的要件。确认当事人的过错，对违约责任的成立、责任范围的界定、责任的划分，都具有重要意义。

过错是违约行为人主观上的故意或过失形式的心理状态，通常通过推定方式加以认定，即只要实施了违约行为，就推定其有过错，另一方当事人无需对其过错的存在进行证明。只有违约人证明其没有过错，如证明违约系不可抗力等所致，才不构成违约责任。

如果违约行为人承担损害赔偿责任，那么，还另外需要以下两个构成要件，即损害后果和因果关系。

(三) 损害后果的存在

损害后果，指合同一方当事人所遭受的不利益状态，包括直接损失与间接损失。通说认为，作为构成违约责任要件的损害后果，只限于财产损失，而不包括人身损害或者精神损害。如果违约行为造成一方当事人人身或者精神损害，则应当通过侵权损害赔偿的方式处理。

(四) 违约行为与损害后果之间有因果关系

违约行为与损害后果之间的因果关系，指当事人一方遭受的损害，是由另一方的违约行为所造成，二者存在直接的因果联系。

如果损害后果不是违约行为所致，而是另有原因，则不构成违约损害赔偿责任。

第四节　侵权责任

一、侵权责任的概念

侵权责任，即侵权的民事责任，指行为人对其侵权行为依照民事法律规定所应当承担的民事法律责任。

在大陆法系国家中，通常将侵权行为规定为债发生的根据之一。侵权行为在加害人与受害人之间，产生了以损害赔偿为内容的权利义务关系，即侵权行为之债。将侵权行为纳入“债”的体系，固然有其合理性，但是，极易淡化侵权行为所生法律后果的责任属性。

我国《民法通则》第六章民事责任的规定中，突破西方立法传统，第一次将侵权行为纳入“民事责任”一章，予以专门规定，并使侵权行为既导致债务产生，又导致责任产生。在这里，债务强调的是侵权人对受害人的赔偿给付义务，而责任强调的是侵权行为依法导致的强制性不利后果，表现了立法者的立场与态度。

民事法律责任，是行为人违反民事义务所依法产生的不利后果以及对于这种后果的承担。因此，侵权责任是行为人违反法定义务，实施侵权行为，侵犯他人人身、财产权利或者其他合法权益依法承担的消极民事法律后果。

侵权责任主要是一种财产责任但又不限于财产责任，其他的责任形式还有停止侵害、消除妨害、消除危险、恢复名誉、赔礼道歉等。

二、侵权责任与违约责任的区别

（一）责任基础不同

侵权责任是侵权人实施侵权行为，侵犯受害人的绝对权而依法产生的责任，违约责任是以生效合同为前提，行为人违反合同义务产生的责任。

（二）责任形式不同

侵权责任既可以是财产责任，还包括非财产责任，而合同责任只限于财产责任。

（三）责任主体不同

侵权责任的承担者具有广泛性，所有自然人、法人、非法人组织有可能作为侵权行为人与侵权责任人。而违约责任的责任主体，因为合同关系的相对性而只限于合同当事人。

（四）归责原则不同

侵权责任的归责原则表现为多元化，除了普遍适用过错责任原则，还可以适用无过错责任原则与公平责任原则。而违约责任是以严格责任为主要归责方式，在法律有特别规定的情形下，还可适用过错归责原则。

三、侵权责任的构成要件

通说认为，构成一般侵权行为的责任，需要如下四个要件：

（一）损害事实的存在

损害事实，指侵权行为给受害人客观上造成财产利益或人身利益的不利后果。

作为侵权责任的构成要件，损害事实具备的条件是：①损害的确定性，指损害是已经发生的客观存在的事实。②损害的可补救性，指损害的量已经达到一定程度，法律认为有必要予以救济。此处所谓的可补救，并非指损害结果可以用金钱计量，不能用金钱计量者亦可以补救。③损害的对象，是受到法律的确认与保护的合法权益。

（二）行为的违法性

行为的违法性，指行为人的行为违反法律要求。一般认为，只要行为人的行为侵害他人的人身财产权利与其他合法利益，又无阻却违法的事由，即可认定为行为违法。

在实践中，对违法性应作广义理解，既包括违反法律法规的明确规定，也包括违反社会的公序良俗。行为人的行为如果具有合法性，即使带来损害结果也不构成侵权责任。

（三）因果关系

因果关系，指违法行为是造成损害事实的原因，二者存在因果联系。因果关系是构成侵权责任的必要条件，无论实行何种归责方式，都离不开因果关系这一要件。

如果采用无过错责任与公平责任，因果关系是确认责任成立的直接根据与根本要件。

因果关系在理论与实践中，都是一个比较复杂的问题，至今仍然是侵权责任理论中的一个难点。中外侵权行为法学者，对此发表了不同的理论见解，大陆法学者偏重于抽象统一的理论归纳，而英美法学者则根据具体侵权行为而作出分门别类的划分，各有其优势与短处。

我国的相关立法并未对因果关系作出明确规定。但一般而言，理解与运用因果关系要件，需要注意因果关系的几项特性：

（1）客观性，即因果关系是存在于人的主观意识之外的客观现象之间的联系。

（2）相对性，即因果关系是从广泛联系的客观事物中截出的一个片断，需要查明的是引起某一损害结果的原因范围，不能任意扩大界限。

（3）时代性与社会性，即结果与原因的联系离不开一定时代的科技、文化、观念、伦理、政治等因素的制约，考察因果关系要结合社会环境。

（4）时间的顺序性，即原因引起结果，原因在前，结果在后。

在我国民法学界，影响较大的主要有两种因果关系学说，一是必然因果关系说，认为行为与结果之间存在本质的必然的联系时，才能确认二者之间具有因果关系。另一种是相当因果关系说，认为按照一般社会经验与社会观察，某一行为足以引起某一结果发生，构成产生结果的适当条件，就可确认二者之间存在法律上的因果关系。

两种学说各有利弊，承载了不同的价值取向。目前，有越来越多的学者倾向于相当因果关系说，认为采用这种检测方式，更有利于保护受害人。

（四）主观过错

此指行为人实施行为时，在法律的眼光中应当受到非难与谴责的主观心理状态。

主观过错包括两种表现形态，一为故意，即行为人主观上已经预见行为之后果，而追求或者放任其发生，此处所指行为人已经预见到的后果，指损害后果而非法律后果或法律责任。另一种表现形态为过失，指行为人未尽合理的注意义务，应当预见行为之后果而未能预见，或者虽然已经预见，但未达足够的谨慎而轻信可以避免。

过错的理论及其实践中的检测与确认也非一个简单问题。学界的见解亦有仁智之分。流行的观点有：①主观说，认为过错纯粹是主观心理活动过程，判断行为人有无过错在于准确地查明其主观心理状态。②客观说，认为判断过错，不在于分析查明行为人的主观认识能力与心理状态，而应建立一个客观标准，或称“合理人”标准，未达“合理人”标准，行为人即有过错。

我国多数学者认为，应当采取主客观相统一的标准来界定过错，即，既分析行为人的客观行为与法律规则之间的关系，又结合考量行为人具体的个人因素与心理状态。

四、侵权责任的抗辩事由

侵权责任的抗辩事由，指针对原告的诉讼请求而提出的证明原告的诉讼请求不成立或不完全成立，被告得以免除或者减轻责任的合法事由。

侵权责任的抗辩事由主要有以下几类：

（一）不可抗力

不可抗力，指不能预见、不能避免并不能克服的客观情况，既包括自然现象，如地震、洪水；也包括社会现象，如战争。不可抗力是侵权责任的抗辩事由，同时，还可以作为合同责任的免责事由。

（二）依法执行职务

作为抗辩事由的依法执行职务，必须具备以下条件：①必须具有合法依据或者合法授权；②执行职务的行为本身合法，并未超越法律授予的权限范围；③损害行为为合法执行职务所必须，如为救火，消防队员不得已拆除相连的房屋，因此，损害行为具有正当性。

（三）正当防卫

正当防卫，是为了公共利益、本人或者他人的合法权益免遭正在进行的不法侵害，而对不法侵害人采取的防卫行为。正当防卫应当具备如下条件：①目的正当，即为了避免公共利益、本人或他人利益遭受不法侵害；②侵害行为正在进行；③防卫行为必须针对不法侵害人实施；④防卫不能超过必要的限度而造成不应有的损害，否则，应承担适当的民事责任。

（四）紧急避险

紧急避险，是为了公共利益、本人或者他人的合法权益，免遭正在发生的危险而导致损害，而不得已采取的牺牲另一种较小利益的行为。

紧急避险的构成，应当具有如下条件：①目的是为了保全更大的利益；②危险已经现实存在；③避险行为是不得已而为之；④避险行为不能超过必要的限度。

按照我国《民法通则》第 129 条的规定，因紧急避险造成的损害，由引起险情发生的人承担民事责任。如果险情是由自然原因引起的，紧急避险人不承担民事责任或者承担适当的民事责任。

（五）受害人同意

受害人同意，是指在不违反法律和公序良俗的前提下，受害人作出的自愿承担损害后果的明确表示。

受害人同意的构成条件是：①受害人应当是完全行为能力人，能够完全辩认损害后果；②受害人同意的意思表示出于自愿而非受到欺诈、胁迫、重大误解而作出；③受害人同意必须以作为的方式明确表示；④受害人同意的表示，必须在损害行为发生之前作出；⑤受害人同意的表示不得违反法律与公序良俗。

（六）受害人过错

受害人过错，指受害人对损害事实的发生、损害范围的扩大，或者损害程度的加重等具有过错。包括：①受害人具有故意；②受害人具有重大过失；③受害人具有一般过失。

受害人过错，并不必然使加害人免责，必须结合具体情况考察双方过错状况。但是一般情况下，受害人过错，可以导致减轻加害人的责任。

（七）第三人过错

第三人过错，指第三人对损害的发生或者扩大具有过错。第三人过错与加害人的责任承担要根据具体情况具体分析。

如果第三人过错是造成损害的唯一原因，被告可以免责；如果第三人的过错与被告的过错都是造成损害发生或者扩大的原因，但不构成共同侵权，被告可以减轻责任。

思考题

1. 民事责任源自于何种法律规则？对于民事责任如何定义、分类？

2. 民事义务与民事责任之间有无内在的联系？

3. 如何理解过错责任原则、无过错责任原则与公平责任原则？你认为我国应当建立什么样的归责原则体系？

4. 什么是缔约过失责任、违约责任、侵权责任？它们分别有哪些构成要件？

5. 比较、分析有限责任与无限责任、单独责任与共同责任、按份责任与连带责任、单方责任与混合责任等。

6. 应当怎样理解因果关系以及当事人的主观过错？

7. 对侵权责任有哪些抗辩事由？

学习资料指引

1. 梁慧星：《民法总论》，北京：法律出版社，1996 年版，第 2 章第六节。

2. 魏振瀛：《民法》，北京：北京大学出版社、高等教育出版社，2000 年版，第六编侵权行为。

3. 彭万林：《民法学》，北京：中国政法大学出版社，1999 年版，第 30 章。

4. 张俊浩：《民法学原理》，北京：中国政法大学出版社，1991 年版，第 46 章。

5. 龙翼飞：《民法案例分析》，北京：中国人民大学出版社，第 14 章。

6. 王建平：《民法学》，成都：四川大学出版社，1994 年版，第 12 章。

参考法规提示

1.《中华人民共和国民法通则》第 6 章民事责任。

2.《最高人民法院关于贯彻执行〈中华人民共和国民法通则〉若干问题的意见（试行）》五、民事责任。

3.《中华人民共和国合同法》（1993 年 3 月 15 日）第 7 章违约责任。

4.《最高人民法院关于贯彻执行民事政策法律若干问题的意见》（1984 年 8 月 30 日）九、损害赔偿问题。

5.《中华人民共和国产品质量法》（1993 年 2 月 22 日）第 3 章～第 5 章。

6.《中华人民共和国消费者权益保护法》（1993 年 2 月 22 日）第 7 章。

第十章　时　　效

【阅读提示】 本章的重点，是时间的民事法律意义，时效、除斥期间产生的根源，以及诉讼时效、取得时效的定义、特征和构成要件。通过本章的学习，学习者应当弄清楚时间对于民事权利发生的重要作用和影响。本章的难点是：取得时效问题，在我国面对国有资产保护能力低下的状况，能否在民事立法时，确立取得时效制度。

第一节　时间与民事权利

一、时间的民法意义

时间，按照物理学上的解释，是运动着的物质的存在形式之一。它与空间共同构成了运动着的物质的存在形式。其中，空间是物质存在的广延性，而时间是物质运动过程的持续性和顺序性。

同物质一样，空间和时间，是不依赖于人的意识而存在的客观实在，是永恒的。就宇宙而言，空间和时间是无限的，空间无边无际，时间无始无终。

但是，就每一个具体的个别事物而言，则空间和时间，都是有限的。这种有限性，在法学上是具有重要意义的。

在法学上，对于民事权利而言，作为一种受国家法律保护的利益表现形式，当然是有限的。这种有限性，不仅表现在国家是否给予其确认和保护，而且，还表现在民事权利本身即客体存在的有限性。

这种有限性，意味着权利主体在民事权利存在时，就应当及时有效地享有、行使权利。而一旦其民事权利遇到妨碍或者障碍，则应当及时进行救济，去除这些妨碍或者障碍，使民事权利回归到一种与民事主体能够直接而且顺利相结合的有效状态。

对于民事主体而言，每个人皆是其利益的最佳判断者和照料者。因此，一定的事实状态比如权利被妨碍或者权利受限制的事实，经过一定的时间之后，会产生一定的法律后果。即民事权利发生了变化，要么被消灭，要么被取得，相关的民事关系，则要么发生了重大变化。

时间可以改变一切，包括民事权利、民事关系等。因此，时间的法律性质，是它成为民事权利的改变变量。同时，时间为民事权利带来了事实上的限制。所以，时间具有重要的民法意义。主要表现在以下三方面：

(1) 民事权利的量化标准。所谓民事权利被量化，在于它有起点和终点的一段可以量化的时点界限，对于民事权利以及相关的民事法律制度等，设定了一个判断和限定的数量标准。

如年满 18 周岁为成年人，未满 10 周岁为无行为能力人；公民离开住所下落不明满四年，可以申请宣告死亡；因感情不和夫妻分居满两年的，可以认定感情确已破裂；请求人民法院保护民事权利的诉讼时效为两年等。这些都是与具体的民事法律制度，密切相关的时间量化规则。

（2）民事权利的改变因素。民事权利的改变，从其因素上看，在于一定长度的时间经过后，民事权利或者存在或者不存在，或者相关的民事法律关系发生了改变。这种改变，尽管不能说是时间直接改变了法律关系本身。但是，确实是一定时间的经过，导致了法律关系变化的结果。

（3）民事权利变化的法律事实。在民法上，时间是一种非常重要的民事法律事实。它是判断和确定民事法律关系的发生、变更或者消灭，并引起一系列民事法律后果的，可以利用和使用的工具——法律事实，以及特定情况下，不可否认的重要证据之一。

二、时间的民法定性

（一）主体资格的界定标准

在民事立法时，一般都要把自然人的年龄作为判断其民事主体资格中民事行为能力的量化因素。有时，某些特定的民事能力，也往往与一定的年龄要求有对应关系。如16周岁以上的人，是劳动适龄人，具有完全的劳动能力。而低于这个年龄的，则为童工，其从事劳动，一般为法律所禁止。

再如，我国《婚姻法》第6条规定，结婚年龄，男不得早于22周岁，女不得早于20周岁。这说明在男未满22周岁、女未满20周岁时，是不具备合法的结婚的主体资格的。

（二）法律关系的变化时点

在民事法律制度的设计中，经常把一定长度的时间，作为对于民事法律关系定性或者变化的时点，超过这个时点之后，民事法律关系应当发生变化。

比如宣告制度的时间概念中，失踪为2年、死亡为4年，法人破产时清算期间的经过，代理期间届满，还有长期没有异议的相邻关系，以及借款合同的还款期限到来，知识产权的权利保护期终了等，都是以一定的时间经过作为法律关系变化的法律事实的。

（三）民事权利的预设手段

民事权利的取得、享有和行使，有时需要民事主体采取积极的行为才能达到特定的目的。而有时，当事人为了干预和影响，也就是控制民事交易关系的效力，往往要通过双方的协商或者约定，有意识地限制或者控制法律行为的效力。

比如附期限的法律行为，合同期限的约定（例如，15年的租赁合同、70年的土地使用权出让等），以及除斥期间的设定等等。甚至企业法人的营业期限，也可以被认为是投资人关于合作利益的预期——时间性的设定。

（四）民事责任的承担界限

对于民事权利的保护，国家通过诉讼时效、取得时效等制度，给予明确而又具体的界定。

表面上看，诉讼时效、取得时效等制度，是为了保护民事主体尤其是权利人的权利的。实际上，这些制度的目的，同时也带有对于不能及时享有、行使或者救济的民事权利，通过法律制度严格限制的功用。

事实上，就司法实践来看，诉讼时效的作用，站在权利人的角度，绝对是限制大于保护，而站在义务人的角度，则更多的是保护大于强制。

三、时间与民事权利

从时间具有的法律意义分析，它的法律事实属性，已经能够左右民事权利的存在、维持和救济等。所以，作者认为，时间可以消灭民事权利，不论是通过取得时效，还是诉讼时效，或者是除斥期间。同时，时间的经过，也能改变民事权利的状态。例如，20年过后，发明专利的专利权人就失去了专利权，同时，专利本身的权利属性因为耗竭而进入到了公有领域。

所以，时间是民事权利发生、变更和消灭的重要原因，是一种非常重要而且不能缺少的法律事实。

应当说明的是，一般而言，民事权利如果没有被立法者或者当事人通过立法、合同约定等方式，预设存在的时间长度，同时，也没有处于应当救济的消极状态的话，民事权利的存在，是没有时间限制的。

第二节　诉讼时效

一、诉讼时效的定义

诉讼时效，是指权利人于法定期间内继续地不行使其请求权，期间届满后，义务人有权拒绝履行给付的情形。在民事立法时，有时也用“请求人民法院保护民事权利的诉讼时效，知道或者应当知道权利被侵害的，期间为若干年”这样的表述。

我国《民法通则》第135条、第136条规定，权利人向人民法院请求保护民事权利的诉讼时效期间为二年，法律另有规定的除外。而下述诉讼时效期间则为一年：①身体受到伤害要求赔偿的；②出售质量不合格的商品未声明的；③延付或者拒付租金的；④寄存财物被丢失或者损毁等。

二、诉讼时效的特征

（1）强行性。诉讼时效的期间、计算方法，以及诉讼时效中断、中止和不完成的事由等，均由法律规定，当事人不得以协议自行设定。而且，时效利益不得预先抛弃。

诉讼时效期间从知道或者应当知道权利被侵害时起计算。但是，从权利被侵害之日起超过20年的，人民法院不予保护。也就是说，诉讼时效完成，权利人的胜诉权消灭。有特殊情况的，人民法院可以延长诉讼时效期间。

（2）条件性。诉讼时效的适用以请求权为限。但基于所有权或者其他物权发生的返还请求权除外。非经当事人主动援用时效抗辩，人民法院或者仲裁机构，不得以诉讼时效经过作为裁判的根据。但为使受时效利益人明确其权利的存在，人民法院或者仲裁机构可以对时效事实，进行必要的阐明。

（3）利益性。对于诉讼时效而言，是由实体民事权利受到侵害引起的，在特定时间内，对于受损民事权利进行救济的一种利益。这时，义务人也称受时效利益人，能够充当受时效利益人的人，包括义务人、义务人的继承人、受让人、债权人（在该受时效约束的法律关系以外的其他债权人）以及其他对时效完成享有正当利益的人。

在具体的诉讼当中，受时效利益人援用时效抗辩，应当在一审法庭辩论结束前提出。而时效完成后，受时效利益人可以抛弃其时效利益。对时效利益的抛弃既可为明示方式，也可以通过默示方式进行。自抛弃时起，时效期间重新开始计算。

关于默示抛弃与权利失效问题，义务人为清偿时效已经完成的请求权所履行的给付，不得以不知时效已经完成为由请求返还。时效完成后，义务人对债务做出书面承认或者为债务履行提供担保的，不得以不知时效已经完成为由请求撤销或者再行提出时效抗辩。

我国《民法通则》第138条规定，超过诉讼时效期间，当事人自愿履行的，不受诉讼时效限制。最高人民法院在《民通意见》第171条规定，过了诉讼时效期间，义务人履行义务后，又以超过诉讼时效为由翻悔的，不予支持。

（4）关联性。义务人抛弃其时效利益的，其他受时效利益人仍得提出时效抗辩。债权人具备债的保全撤销权的行使条件时，得要求撤销义务人在时效完成后做出给付。主请求权的时效完成时，附属于主请求权的从给付请求权的时效，同时亦告完成。

以抵押权、质权或者留置权担保的债权，其请求权时效完成后，债权人仍得就该抵押物、质物或留置物行使担保物权。这些规定，不适用于时效已经完成的定期给付债权的各期给付请求权。

三、诉讼时效的起算

理论上，诉讼时效既然是时效，肯定有时间长短的说法。不管诉讼时效的期限是长是短，一般都从权利人知道或应当知道其权利受到侵害之日起开始计算。

我国正在讨论的《中华人民共和国民法》（草案）第99条规定，诉讼时效期间，上半年知道或者应当知道权利被侵害的，自该年的7月1日起计算；下半年知道或者应当知道权利被侵害的，自次年的1月1日起计算。

对于诉讼时效的起算，有一个特例，就是不管权利人是否知道其权利受到侵害，从权利产生之日起，最长不得超过20年，这是最长的诉讼时效期间的界定。而且，该20年期限不发生中止、中断和延长①。至于继续性的侵权行为，要从侵权行为停止的时间才开始计算时效。相关诉讼时效的起算方法，具体如下：

（1）损害赔偿请求权时效期间的起算。因违法行为所生的损害赔偿请求权，自权利人知道或者应当知道损害事实以及赔偿义务人之日起开始计算。最高人民法院《民通意见》第168条规定，人身损害赔偿的诉讼时效期间，伤害明显的，从受伤害之日起算；伤害当时未曾发现，后经检查确诊并能证明是由侵害引起的，从伤势确诊之日起算。

（2）未定清偿期债权时效期间的起算。履行期限未确定的债权的时效期间，自权利人通知履行后，催告期间届满之日起开始计算。如果债务人死亡的，或者债务人为法人或非法人团体而终止的，自权利人知道或者应当知道该等情事之日开始计算。

（3）定期给付债权之各期给付请求权时效期间的起算。所谓定期给付债权，是指在一定或不定时间内发生定期给付金钱或者其他标的物的债权。定期给付债权的各期给付请求权的时效期间，自各期给付履行期限届满之日起分别计算。

（4）分期付款请求权时效期间的起算。分期付款请求权的时效期间，自各期价款给

---

① 《中华人民共和国民法》（草案）第100条规定：诉讼时效期间，自民事权利被侵害之日起超过20年的，人民法院不予保护；有下列情形之一，超过30年的，人民法院不予以保护：（1）药品质量不合格造成人身伤害的；（2）医疗事故造成人身伤害的；（3）环境污染造成人身伤害的；（4）建筑物质量不合格的，但约定的质量保证期长于30年的，按照其规定。前款规定的诉讼时效期间从权利被侵害的次年一月一日起计算。期间届满，有特殊情况的，人民法院可以延长。

付履行期限届满之日起开始计算。但义务人未支付到期价款的金额达到全部价款的1/5时，剩余全部价款请求权的时效期间开始计算。

（5）基于撤销权的行使而发生的请求权的时效期间的起算。基于撤销权或者解除权的行使而发生的请求权的时效期间，自该撤销权或者解除权可以依法行使之日起开始计算。基于涉及身份关系的撤销权的行使而发生的请求权，不适用前款的规定。

（6）基于法律行为无效而发生的不当得利返还请求权时效期间的起算。基于法律行为无效而发生的不当得利返还请求权的时效期间，自判决确认法律行为无效之日起开始计算。

（7）经裁判确定的请求权的时效期间的起算。经确定裁判或者其他与判决具有同一效力的执行根据所确认的请求权，适用该请求权原定时效期间，自该裁判或者执行根据发生效力之日起开始计算。

（8）请求权竞合情况下时效期间的计算。请求权竞合时，各请求权的时效期间按照法律的规定分别计算。法律就同一性质的请求权规定有不同时效期间的，适用其中较短的期间。

四、诉讼时效的中断

诉讼时效的中断，是指诉讼时效进行中，因为法定事由而终止进行，并重新进行时效计算的情形。引起诉讼时效中断的事由，主要是当事人的主观因素方面的事由。主要是：①权利人向义务人提出履行的请求。②权利人提起诉讼。③义务人同意履行债务或者以其他方式承认权利人的请求权。自中断事由终止之日起，时效期间重新开始计算。

民商法理论上，有所谓中断事由的扩张之说。其具体事由主要是：①提起仲裁；②申请诉前调解；③依督促程序申请送达支付令；④申请公示催告；⑤依法定程序申报债权；⑥申请诉前财产保全；⑦在诉讼中主张抵销；⑧告知诉讼于与诉讼结果有利害关系的第三人；⑨开始执行行为或者申请强制执行；⑩请求人民调解委员会调解等，这些情形下，发生与起诉具有同一效力的情形。

时效进行中，发生债权转移或者债务承担的，已经经过的时效期间，也应当中断。

（1）请求的中断效力。时效因请求而中断的，自请求履行的意思表示到达义务人之日起，时效期间重新计算。自中断时起 6 个月内，权利人未提起诉讼或者没有与起诉具有同一效力的事项的，因请求而中断的时效视为未中断。

（2）起诉的中断效力。时效因起诉而中断的，中断效力自提起诉讼之日发生，在受确定裁判或者以其他方式终结诉讼前，继续中断。撤回起诉或者起诉被裁定驳回或不予受理时，因起诉而中断的时效视为未中断。但在起诉状已经送达义务人时，得发生请求的中断效力。

（3）与起诉具有同一效力事项的中断效力。时效因与起诉具有同一效力的事项而中断的，中断效力自提起各该程序之日发生，并于各该程序终结前继续中断。当事人撤回起诉视为诉讼时效不中断，但撤回后当事人采取其他方式行使请求权，可以发生诉讼时效中断的效果。

（4）告知诉讼的中断效力。时效因在诉讼中主张抵销，或者告知诉讼与诉讼结果有利害关系的第三人而中断的，在该诉讼终结后 6 个月内，权利人未提起请求履行，或者确认请求权诉讼的，时效视为未中断。

时效中断的效力，仅及于中断行为的当事人及其继承人或者受让人之间。共有人或者连带债权人之一引起的中断，其效力及于全体共有人或者连带债权人。债务人对连带债权人之一为承认的，对其他连带债权人同样发生中断效力。

（5）再次主张权利的中断效力。最高人民法院《民通意见》第 173 条至第 174 条规定，诉讼时效因权利人主张权利，或者义务人同意履行义务而中断后，权利人在新的诉讼时效期间内，再次主张权利或者义务人再次同意履行义务的，可以认定为诉讼时效再次中断。权利人向债务保证人、债务人的代理人或者财产代管人主张权利的，可以认定诉讼时效中断。

同时，权利人向人民调解委员会或者有关单位提出保护民事权利的请求，从提出请求时起，诉讼时效中断。经调处达不成协议的，诉讼时效期间即重新起算；如调处达成协议，义务人未按协议所定期限履行义务的，诉讼时效期间应从期限届满时重新起算。

五、诉讼时效的中止和不完成

诉讼时效的中止，是指在时效期间的最后 6 个月内，因不可抗力或者其他障碍，致使权利人不能为中断时效的行为的，时效停止进行。自中止事由消除之日起，时效期间继续计算。有学者认为，剩余期间不满 2 个月的，延长为 2 个月。[①]

（1）时效因法定代理人缺位而中止。在时效期间的最后 6 个月内，无民事行为能力人或者限制民事行为能力人没有法定代理人，或者法定代理人本人丧失行为能力的，针对该无民事行为能力人或者限制民事行为能力人的时效中止。自其成为完全民事行为能力人或者没有法定代理人的情况终止之日起，时效期间继续计算。这些规定，不适用于限制民事行为能力人可以独立做出的行为。

（2）时效因法定代理关系的存在而中止。法定代理关系存续期间，无民事行为能力人或者限制民事行为能力人与其法定代理人之间的请求权时效，不开始进行或者停止进行。自该法定代理关系终止之日起，时效期间开始计算或者继续计算。

（3）继承遗产的时效中止。属于继承遗产的请求权或者对继承遗产的请求权，在时效期间的最后 6 个月内，继承人或者遗产管理人尚未确定的，时效中止。自继承人或者遗产管理人确定之日起，时效期间继续计算。

在发生权利人无法行使权利的障碍的事由时，人民法院可以根据实际情况裁定时效的中止。基于性自主权受侵害而发生的请求权，于受害人满 18 周岁前，时效不开始进行，受害人于加害人处于共同生活关系的，于共同生活关系解除前，时效不开始进行。这种情形有人在理论上又认为是时效不完成。

最高人民法院《民通意见》第 172 条规定，在诉讼时效期间的最后 6 个月内，权利被侵害的无民事行为能力人、限制民事行为能力人没有法定代理人，或者法定代理人死亡、丧失代理权，或者法定代理人本人丧失行为能力的，可以认定为因其他障碍不能行使请求权，适用诉讼时效中止。

---

① 中国人民大学民商事法律科学研究中心：《中华人民共和国民法典草案学者建议稿》（2003 年 3 月），第 289 条。

第三节　取得时效

一、取得时效的定义

权利人不行使权利，致使诉讼时效期间届满，占有人以所有人的意思，公开、持续占有他人财产经过一定时间的，比如5年、10年或者20年等，便取得该财产的所有权或者不动产的用益物权的时效，此为取得时效。

这种时效的特点是：①权利人不主张权利，致使诉讼时效期间届满。②占有人以所有人的意思，公开、持续占有他人财产经过一定时间。③法律对于前述两个方面的事实，给予了一个明确的界定规则，即占有人取得该财产的所有权或者不动产的用益物权。只是法律禁止转让的动产或者不动产，不适用有关取得时效的规定。

占有人取得船舶、航空器、汽车等动产的所有权，应当适用不动产取得时效的规定。

二、取得时效的适用①

1．动产所有权的取得时效

占有以所有人的意思，10年间和平、公然、连续占有他人可转让的动产者，取得该动产的所有权。自其占有之始即为善意并无过失的，时效为5年。动产占有人被迫丧失占有的，时效不中断，但仅以占有人在1年内回复该物或者提起诉讼为限。

2．不动产的登记取得时效

应当进行登记的不动产权利人，自其应当登记之日起经过20年未登记的，不得对登记所记载的权利人主张权利。应当登记的不动产权利人，20年未对实际占有人提出异议的，不得再向实际占有人主张物权。

3．未登记不动产的取得时效

以自主占有的意思，和平、公开、连续占有他人未经登记的不动产满20年者，可以请求登记为该不动产的所有权人。在时效进行的最后6个月内，因不可抗力而导致不能行使权利的，取得时效停止进行。自该事由消除以后，取得时效继续进行。

取得时效可因起诉而中断。中断的效力自提起诉讼之日起起算。

4．所有权以外财产权取得时效的准用

以行使某种财产权的意思，和平、公开、连续行使该财产权者，依前三条规定取得该权利。上款所述所有权以外的财产权，主要指用益物权。

---

① 中国人民大学民商事法律科学研究中心：《中华人民共和国民法典草案学者建议稿》（2003年3月），物权编第二章规定，第69条以所有人的意思，10年间和平、公然、连续占有他人动产者，取得该动产的所有权。自其占有之始即为善意并无过失的，时效为5年。动产占有人被迫丧失占有的，时效不中断，但仅以占有人在一年内回复该物或者提起诉讼为限。本法关于取得时效的规定，仅适用于可转让物。第70条应当进行登记的不动产权利人，自其应当登记之日起经过20年未登记的，不得对登记所记载的权利人主张权利。应当登记的不动产权利人，20年未对实际占有人提出异议的，不得再向实际占有人主张物权。第71条以自主占有的意思，和平、公开、连续占有他人未经登记的不动产满20年者，可以请求登记为该不动产的所有权人。在时效进行的最后6个月内，因不可抗力而导致不能行使权利的，取得时效停止进行。自该事由消除以后，取得时效继续进行。取得时效可因起诉而中断。中断的效力自提起诉讼之日起起算。第72条以行使某种财产权的意思，和平、公开、连续行使该财产权者，依前三条规定取得该权利。上款所述所有权以外的财产权，主要指用益物权。第73条占有人依法取得物权后，具有溯及既往的效力。

占有人依法取得物权后，具有溯及既往的效力。

第四节　除斥期间

一、除斥期间的定义

除斥期间，是指按照法律规定，或者当事人的约定，而应当在一定期间内行使的权利或者从事的行为，如果该期间经过后，当事人没有行使该权利或者从事该行为，则其实体权利归于消灭的情形。也就是除斥期间届满后，当事人的实体权利归于消灭，或者发生当事人的主张被推定不成立的效果。最高人民法院《民通意见》第176条规定，法律、法规对索赔时间和对产品质量等提出异议的时间，有特殊规定的，按特殊规定办理。这里的“有特殊规定”，即是除斥期间的特别规定。

需要说明，除斥期间在民商法律规定中，既可能表现在实体法律规定中，如我国《婚姻法》第11条规定，因胁迫结婚的，受胁迫的一方可以向婚姻登记机关或人民法院请求撤销该婚姻。受胁迫的一方撤销婚姻的请求，应当自结婚登记之日起一年内提出。被非法限制人身自由的当事人请求撤销婚姻的，应当自恢复人身自由之日起一年内提出。如果一年内不请求或者不提出撤销该婚姻登记，则丧失婚姻撤销请求权。

而我国《合同法》第158条规定，当事人约定检验期间的，买受人应当在检验期间内，将标的物的数量或者质量不符合约定的情形通知出卖人。买受人怠于通知的，视为标的物的数量或者质量符合约定。当事人没有约定检验期间的，买受人应当在发现或者应当发现标的物的数量或者质量不符合约定的合理期间内通知出卖人。买受人在合理期间内未通知，或者自标的物收到之日起两年内未通知出卖人的，视为标的物的数量或者质量符合约定。这里的异议期间，也是实体法上关于除斥期间的规定。

除此之外，程序法上也有关于除斥期间的规定。例如，我国《民事诉讼法》第113条、第147条规定，人民法院应当在立案之日起5日内将起诉状副本发送被告，被告在收到之日起15日内提出答辩状。被告提出答辩状的，人民法院应当在收到之日起5日内将答辩状副本发送原告。被告不提出答辩状的，不影响人民法院审理。当事人不服地方人民法院第一审判决的，有权在判决书送达之日起15日内向上一级人民法院提起上诉。当事人不服地方人民法院第一审裁定的，有权在裁定书送达之日起10日内向上一级人民法院提起上诉。这里的答辩期、上诉期等，都是除斥期间的规定。

2001年12月6日，最高人民法院《关于民事诉讼证据的若干规定》（以下简称《证据规定》）颁行。《证据规定》第34条规定，当事人应当在举证期限内向人民法院提交证据材料，当事人在举证期限内不提交的，视为放弃举证权利。对于当事人逾期提交的证据材料，人民法院审理时不组织质证。但对方当事人同意质证的除外。当事人增加、变更诉讼请求或者提起反诉的，应当在举证期限届满前提出。在这里，“举证期限”也属于一个很重要的除斥期间。

二、除斥期间的设定

1. 当事人约定的除斥期间

当事人就其可予处分的权利或者事项，可以通过协议对法律规定的除斥期间做出变更，也可以自行设定除斥期间。但是，根据权利自身的性质，不应受除斥期间约束的除外。

2. 除斥期间的开始

除斥期间自权利可以依法行使时起开始进行，但法律另有规定的除外。除斥期间，一般不适用实体法有关时效中断、中止的规定。

3. 除斥期间的阻却事由

除斥期间因当事人或其代理人在法定或者约定的期间内，做出法律或者协议赋予阻却作用的行为而失其作用。如系法律对当事人可予处分的权利所规定的期间，或者有关期间系由当事人约定，则相对人对该权利的承认，亦使除斥期间失其作用。

4. 除斥期间的审查

人民法院得依职权对除斥期间进行审查。这种规定，不适用于针对当事人可予处分的权利而规定的，或者由当事人自行约定的除斥期间。但为使当事人明确其权利的存在，人民法院得做出必要的阐明措施。

三、诉讼时效与除斥期间

诉讼时效与除斥期间存在着很大的差别，具体差别分为：期间的性质、届满后果、期间起算等三个方面。作者将它们的差别经过整理，列表于下。

诉讼时效	除斥期间
可变期间：可以中止、中断、延长	不变期间：不能中止、中断、延长
期限届满，消灭胜诉权	期限届满，消灭实体权
自行使请求权之时起算	自权利成立之时起算

第五节　期日与期间

一、期日、期间的定义

期日是指特定的时点，如某时、某日、某月、某年等。期间是指某一期日与另一期日之间的时段，如某时至某时、某日至某日、某年至某年等。

期日与期间，是时间在民法上除了时效、除斥期间之外，又一个具体的界定或者度量民事权利与民事法律关系的工具。使用期日、期间，能使当事人的民事权利与民事法律关系在界限和是非边界上，更清楚、明确。

二、期间的起算点

一般而言，民法上的期间计算，使用历法计算法，即按公历所定之日、星期、月、年计算。同时，也采用自然计算法，以 60 秒为一分，60 分为一小时，24 小时为一日，7 日为星期[①]，15 日为半月，30 日为一月，180 日为半年，365 日为一年。

以星期、月、年定连续性期间的，依历法计算法，但规定的期间为一个半月或者几

① 这里的 7 日为一星期，是用的自然计算法。在我国，由于每周五天或者每周 40 小时工作制，所以一周为 5 日，使用的是法定计算法。

个月零半月的，最后半个月依自然计算法；规定以星期、月或者年定非连续性期间的，依自然计算法。以季度定期间的，适用按月计算期间的规定，一个季度为三个月，季度从一年的开始计数。

以分、小时、日定期间的，依自然计算法。以小时计算期间的，从规定时开始计算。以日、月、年计算期间的，开始的当天不算入，从下一天开始计算。按照日、月、年计算期间，当事人对起算时间有约定的，从其约定。

规定以分计算期间的，不满 30 秒的，不计算期间；超过 30 秒不满一分的，按照一分计算。规定以小时计算期间的，不满 15 分的，不计算期间；满 15 分不满 45 分的，按照半小时计算期间；满 45 分不满一小时的，按照一小时计算期间。

规定以日、星期、月、年计算期间的，开始的当日不算入，从下一日开始计算。期间届满的最后一日是法定休假日的，以休假日届满的次日为期间的最后一日。期间的最后一日截止时间为 24 点。有业务时间的，到停止业务活动的时间截止。

(1) 期间最后一日的终止点。期间的最后一日的截止时间为 24 点，但有业务时间的，至停止业务活动的时间截止。以工作日定期间的，有业务活动时间的，以业务活动的时间计算期间；没有业务活动期间的，一日为小时，一星期为 5 日。

(2) 期间最后一日的决定。以日定期间的，算足该期间之日为最后一日。以星期、月、年定期间，而以星期、月、年之第一日开始计算的，则以星期六、月终、除夕为期间最后一日；不以星期、月、年之第一日开始计算的，则以最后之星期、月、年中与开始计算日相当之日的前一日，为期间之最后一日。但在以月、年定期间，而最后之月无与开始计算日相当之日的，则以该月之末日为期间最后一日。

以前述方法算出之期间最后一日，是星期日或者其他法定休假日的，则以休假日的次日为期间最后一日。延长期间的，新期间从前一期间届满开始计算。

(3) 期间计算的基数确定。民事立法中，所称的“以上”、“以下”、“以内”、“届满”等，都包括本数；而所称的“不满”、“以外”等，则不包括本数。

思考题

1. 时间的民法意义何在？说明你自己的理解。

2. 在民法理论上，为什么会出现时效制度？时效与民事权利保护之间，有无内在联系？

3. 如何理解诉讼时效、取得时效？你认为我国应当建立取得时效制度吗？

4. 什么是诉讼时效的起算点？对比诉讼时效中断、中止的原因。

5. 除斥期间如何定义？它在法律上具有什么意义？请说明理由。

6. 除斥期间与诉讼时效如何区分，说明你所使用的方法。

7. 期间与期日，有哪些计算方法？

学习资料指引

1. 梁慧星：《民法总论》，北京：法律出版社，1996 年版，第 8 章。

2. 魏振瀛：《民法》，北京：北京大学出版社、高等教育出版社，2000 年版，第 10 章。

3. 彭万林:《民法学》,北京:中国政法大学出版社 1999 年版,第 9 章。

4. 张俊浩:《民法学原理》,北京:中国政法大学出版社 1991 年版,第 10 章、第 11 章。

5. 龙翼飞:《民法案例分析》,北京:中国人民大学出版社,第 6 章。

参考法规提示

1.《中华人民共和国民法通则》第 7 章诉讼时效。

2.《最高人民法院关于贯彻执行〈中华人民共和国民法通则〉若干问题的意见(试行)》六、诉讼时效。

3.《中华人民共和国合同法》第 158 条。

4.《中华人民共和国婚姻法》(1980 年 9 月 10 日,2001 年 4 月 28 日修订)第 12 条。

5.《中华人民共和国继承法》(1985 年 4 月 10 日)第 8 条、第 25 条。

6.《中华人民共和国民事诉讼法》(1991 年 4 月 9 日)第 13 条、第 113 条、第 147 条。

7.《中华人民共和国仲裁法》(1994 年 8 月 31 日)第 20 条。

8.《最高人民法院关于民事诉讼证据的若干规定》(2001 年 12 月 6 日)三、举证时限与证据交换。

第十一章　民法的效力与适用

【阅读提示】　本章的重点，是民法的效力根源以及对于民法的适用，包括涉外适用，在民法规范适用有困难时，如何解释法律规定等。通过学习本章，不但要了解民法的效力范围、适用原则、解释方法，还要弄清楚其原理，为正确理解与适用各项具体民事法律制度奠定一个好的基础。本章的难点是民法的适用范围、溯及力与解释方法等。

第一节　民法的效力

民法的效力，有的教科书称为民法的适用范围，或者民法的效力范围，指民法的法律效力所及或所发生作用的人、地域和时间等范围。也就是民法规范和民事法律制度对于哪些人、什么地方、什么时间内发生法律拘束力。这是民法自身的功能问题的一个重要组成部分。民法的效力一般分成：对人——主体效力、对地——空间效力和对时——时间效力。

一、民法对人的效力范围

民法对人的效力范围，是指民法对何种人适用。国际上的民事立法，对人的适用范围，主要有三种立法模式：

（1）属人主义。凡是本国人，无论在国内国外，都受本国法律约束，而对本国境内的外国人则不发生效力。

（2）属地主义。无论本国人、外国人，只要在本国境内，都受本国法律约束，而对国外的本国公民，则不发生效力。

（3）保护主义。凡是损害本国利益者，无论本国人、外国人，无论在境内境外，都应受到本国法律的追究。

我国采用了折中主义的作法，民法对人的适用，采取属地主义为主，辅之属人主义与保护主义相结合的立法方式。

依照我国《民法通则》第8条的规定，我国民法对人的适用范围是：①无论我国公民、法人，还是外国公民、法人或者无国籍人，只要在我国境内从事民事活动，除了法律另有规定之外，都适用我国民法。②我国公民、法人在他国从事民事活动而发生的民事法律关系，一般适用所在地国家的法律，如果依照我国法律或者双方所加入的国际公约以及国际惯例应当适用我国民法的，也应当适用我国民法。

需要注意的是，我国在“一国两制”框架下，我国的《民法通则》等民商事法律法规并不直接适用于我国香港特区、澳门地区和台湾地区居民。这些中国居民所适用的法律，依相关的法律规定解决。

二、民法对空间的效力范围

民法对空间的效力范围，指民法在什么地域范围内生效和适用。

我国《民法通则》第 8 条第 1 款规定："在中华人民共和国领域内的民事活动，适用中华人民共和国法律，法律另有规定除外。"根据这条规定，我国民法的效力及于我国领土、领海、领空以及根据国际法视为我国领域的我国驻外使领馆，航行于公海与外国海域的我国船舶，飞行于我国领空以外的我国飞行器等。

民事法律法规的空间效力范围，与其颁布机关的管辖范围是一致的。因此，全国人民代表大会及其常委会、国务院及其各部委等中央国家机关制定颁布的民事法律法规，除了法律另有规定之外，适用于我国一切领域，地方性民事法规只适用于制定颁布该法规的机关的管辖范围。

三、民法的时间效力

民法的时间效力，是民事法律法规存在效力的时间阶段。一般而言，民法自实施之日起生效，废止之日失效。实施生效之日可以是公布之日，也可以是公布之日后的时间。但是，法律常常是公布之日与生效之日不一致，以便人们熟悉掌握。

"新法不溯及既往"，是一个普遍原则。新公布实施的民事法律法规，只适用其生效后缔结产生的民事法律关系，而对以前的民事法律关系不发生效力。法不溯及既往的原因在于民事主体不可能将尚不存在的法律规范作为从事民事活动的行为准则，而只能依据当时生效的规则行事。依据当时的规则，已经形成的民事法律关系或处理结果，被后来新的民法规范所否定，就会破坏业已形成的人身关系与财产关系，既有碍于经济的发展，也不利社会秩序的和谐稳定。

法不溯及既往是一个原则，但是，也要根据实际需要，在特定情况下，可以通过立法形式作出某些具有溯及力的规定。这样做也是为了解决旧法不敷使用，以及新法宽于旧法等特殊的司法实际问题。

第二节　民法的适用

一、民法适用的概念

民法的适用，有广义与狭义之分。从广义看，凡依照民法规范从事民事活动，如依据我国《合同法》缔结合同，依法履行义务，都是民法的适用。

狭义的民法适用，也即通常意义上的民法适用，指人民法院与仲裁机构，依据民事法律规范，对于民事案件作出处理与裁决的活动或过程。在这个活动与过程之中，人民法院与仲裁机构等，是民法适用的主体。

二、民法适用的原则

（一）优位法优于次位法原则

优位法优于次位法原则，是指效力相对较低的民事法律法规，不能与相对效力较高的民事法律法规相冲突抵触。如果出现这种情况时，应当适用效力较高的法律规范的原则。

从我国法律效力层次看，宪法高于法律，法律高于行政法规，而行政法规高于规章与地方性法规。当这些法律法规的效力层次的存在意味着不同的法律法规关于同一问题的规定不一致时，应当适用高层次效力的规定。

（二）特别法优于普通法原则

根据适用的范围，民法可分为民事普通法与民事特别法。以适用地域划分，适用本国所有地域为普通法，适用特定地域为特别法；以适用领域划分，适用于一切民事活动领域者为普通法，适用于特定民事活动领域者为特别法。

特别法优于普通法原则，意指当某一具体事项有特别法规定时，应适用特别法而不适用普通法，只有在无特别法规定时，才适用普通法的原则。

一般而言，特别法与普通法之间是相对关系，或者说层次递进关系。如我国《民法通则》相对我国《合同法》，前者为普通法，后者为特别法。而我国的《合同法》相对于我国《担保法》中的合同规定，前者为普通法，后者为特别法。

此外，在同一法律之中，不同条款之间也有普通规定与特别规定之分，如我国《合同法》中，关于合同的一般规定与某些具体合同的规定，也产生普通条款与特别条款的适用层次上的先后次序。

（三）强制法优于任意法原则

法律皆有强制性，但根据强弱程度不同，可分为强行法与任意法。强行法是当事人必须遵守适用的法律规范，如民事主体制度的规定，以及物权法中的许多规定等。任意法是法律留下一定的空间，允许当事人的民事活动在法定范围内根据个人意志自行决定或变更的法律规范，如合同法的许多规定皆为任意法。

强行法优于任意法，意指对某事项凡有强行法规定，则必须适用强行法而不能适用任意法，而且适用任意法也不能超越法律的界限。

（四）新法优于旧法原则

新法优于旧法，亦称后法优于前法，这是根据颁布实施法律的先后时间加以区分的，先者为前法或旧法，后者为后法或新法。新法优于旧法，指处理同一具体民事事项时，原则上应当适用后颁布实施的法律。

理解这一原则，需注意的是新旧两种法指不同的法律，而非同一法律中的不同条文，其次，不同的法律处于同一效力层次。

在我国，最高人民法院是授权进行司法解释的机关，因此，大量的司法解释往往在法律法规颁行后出台。在具体裁决与处理案件时，也往往是司法解释优于法律法规的规定。

（五）例外法优于原则法原则

例外法，指法律关于某种特别情形作出的例外性规定，从而排除一般规定的适用；原则法，指法律的普遍适用的规范。如我国《民法通则》关于18周岁以上的成年人为完全行为能力人，这是原则法规定，同时，又规定已满16周岁的未成年人，以自己的劳动收入作为主要生活来源的视为完全行为能力人，这属于例外法规定。

例外法优于原则法原则，意指凡有例外法规定，应适用例外法，在无例外法规定时，才适用原则法或者一般规定。

三、民法适用的方法

民法的适用，在技术层面上是通过法官、仲裁员的找法、释明和法条的具体使用等活动实现的。找法、释明和法条的具体使用，是人民法院和仲裁机构等在进行民法适用时要做的基本工作。

其中，“找法”是人民法院和仲裁机构等的工作人员即法官、仲裁员等，依照所要解决的案件的性质，寻找生效的法律法规中的具体规定，以及可以对应适用的操作性规范，然后为作出裁判做好准备。

而“释明”，是指法官、仲裁员对于当事人没有说明清楚的诉讼与仲裁请求，其所提供的法律法规的依据，以及所举出证据等的具体说明和阐述活动。释明权，是法官和仲裁员运用其专业知识和业务技能，依据法律法规的规定，对于当事人不清晰明确的请求与依据，作出合法性解释的权利。对于民法的适用而言，释明权是一项非常重要的执法权力。

法条的具体使用，是将适用的法律法规的条文，作为一种解决或者裁判案件的依据加以应用，从而对所审理或者裁判的案件，作出具有权威性或者效力性的处理结论。所以，对于法官和仲裁员而言，找法、释明等都不是目的，而只有法条的具体使用，然后解决所审理的案件，并作出处理才是目的。

第三节　民法的解释

一、民法解释的概念

民法解释，是指对民事法律规范确切的、真实的含义所作出的阐释与说明。

由于民事法律规范是针对广泛复杂的民事活动以及民事法律关系的一般特征与性质作出的具有普遍性的规定，加上法律规范条款的有限性与抽象性，在理解与运用法律条款时，就需要寻找与探求具体条文与概念术语的真实含义，在此之上，才可能正确适用法律。

故凡法律，皆需要解释，成文法讲求抽象与统一，尤需解释。

二、民法解释的方法

民法解释根据主体不同，可分为立法解释、司法解释、学理解释等。但是无论何种主体作出解释，都离不开采用一定的解释方法。按照通说，民法解释的方法大致有如下类型：

（一）文义解释

文义解释，亦称语义解释，指按照法律条文所使用的语言的文义与通常的使用方式作出的解释。法律条文由具体词句构成，解释法律须首先从语言表达的含义入手，所作的解释不能超越文义表达之范围，否则，可能歪曲法律的真实意义，违背解释的目的。

文义解释局限于语言文字的表达，有时难以探寻甚至可能曲解法律条文的真实旨意。因此，在许多情形之下，仅使用文义解释方法，不能满足法律解释的需要。

（二）体系解释

体系解释，也称系统解释，指按法律条文在法律体系中的地位或者说按照体系的编、章、节、条、款之结构与序位，参照相关法律条文的意思联系，对法律条文的真意作出说明。

作出体系解释的原因，在于法律条文不是孤立存在的，而总是与其他条文存在意义上的关联而互相配合与制约，正确理解这种关联性，有利于正确理解法律的具体条文。

（三）逻辑解释

逻辑解释，是根据法律规范所使用的概念与术语之间逻辑关系，以及对条款内容之间的逻辑关系的分析来阐释法律的含义。

法律含义的语言表达、语言表达结构方式与层次安排，必存在一定的逻辑关系，分析这种逻辑联系，可以帮助探求真实的法律含义。

（四）历史解释

历史解释，是根据制定法律时的历史背景，与立法过程中的相关各种具体情况，去探寻立法者的真实的价值追求、立法目的，从而正确解释法律。历史解释是对文义解释的有效的补充。

（五）扩充解释

扩充解释，指对法律的文义加以扩充性说明的方法，有时某些法律条文的字面表意显得狭窄，为实现立法的价值对其加以扩大理解，方能符合法律的真实意义。

（六）限制解释

限制解释与扩充解释相反，是对法律条文的过于宽泛的文义加以限制，从而正确解释法律的确切含义。

（七）目的解释

目的解释，是根据法律规范的目的，对法律的真实含义作出的解释。在对法律条文的理解存在疑义时，探寻法律规范的目的有助于发现法律条文的本意。

法律解释的方法具有多样性，每一种方法各具优势亦各有局限，适用时应当根据具体需要和具体情况相互补充，灵活运用，才能获得正确合理的解释答案。

我国《民法通则》等民事法律法规，没有规定民法解释的方法规则。1999 年 3 月 15 日颁行的《中华人民共和国合同法》第 125 条第一次详细规定了合同条文的解释规则，即当事人对合同条款的理解有争议的，应当按照合同所使用的词句、合同的有关条款、合同的目的、交易习惯以及诚实信用原则，确定该条款的真实意思。如果合同文本采用两种以上文字订立，并约定具有同等效力的，对各文本使用的词句推定具有相同含义。各文本使用的词句不一致的，应当根据合同的目的予以解释。

从司法的角度看，这种解释并不是民法解释，而只是合同解释而已。

第四节　民法的涉外适用

一、涉外民事关系的含义

涉外民事关系，指民事法律关系的主体、客体或者引起民事关系产生、变更、消灭的法律事实涉及外国因素的民事关系。最高人民法院《民通意见》第 178 条规定，凡民事关系的一方或者双方当事人是外国人、无国籍人、外国法人的；民事关系的标的物在外国领域内的；产生、变更或者消灭民事权利义务关系的法律事实发生在外国的，均为涉外民事关系。

涉外民事关系的存在以及法律调整，表明市民社会的存在是不以人们的主观意愿为转移的。也就是世界各国人民之间的民商往来或者民商交易活动，是世界范围内存在一个与政治国家并存的市民社会的证明，也是当代世界物流、资金流和技术流以及信息流等等的必然表现，反映了整个世界在经济一体化背景下的交流与合作需求。

我国《民法通则》第 8 章，专门规定了涉外民事关系的法律适用。按照我国法律的规定，涉外民事关系的法律适用，应当贯彻尊重国家主权的原则与平等互利原则，信守缔结或者参加的国际条约，尊重国际惯例。

依照本国冲突规范援引的外国法律或者适用的国际惯例，有损于本国社会公共秩序与公共利益时，可以拒绝适用外国法律或者国际惯例而适用本国法律。

二、具体涉外民事关系的法律适用

（一）民事行为能力的法律适用

根据我国《民法通则》第 143 条的规定以及相关的司法解释，我国公民定居国外的，其民事行为能力可以适用定居国法律。如其行为发生在我国，则适用我国法律。

外国人在我国实施民事行为，其民事行为能力按照我国法律认定。无国籍人的民事行为能力，一般适用其定居国法律，未定居的，适用其住所地法律。

有双重国籍或多重国籍的外国人，以其有住所或者与其有密切联系的国家的法律为其本国法，当事人住所不明或者不能确定的，以其经常居住地为住所。

（二）涉外监护的法律适用

我国《民法通则》对涉外监护未作法律规定。最高人民法院《民通意见》第 190 条规定，监护的设定、变更和终止，适用被监护人的本国法律，但是，被监护人在我国境内有住所的，适用我国法律。

（三）涉外合同的法律适用

按照我国《民法通则》第 145 条和我国《合同法》第 126 条的规定，除了法律另有规定，涉外合同的当事人可以选择处理合同争议所适用的法律，没有选择的，适用与合同有最密切联系的国家的法律。

与合同存在最密切联系的地点，包括合同签订地、合同履行地以及合同标的物所在地等。但是，我国《合同法》第 126 条规定，在中华人民共和国境内履行的中外合资经营企业合同、中外合作经营企业合同、中外合作勘探开发自然资源合同等，适用中华人民共和国法律。

（四）不动产所有权的法律适用

按照我国《民法通则》第 144 条的规定，不动产的所有权适用不动产所在地法律。最高人民法院《民通意见》第 186 条规定，土地、附着于土地的建筑物及其他定着物、建筑物的固定附属设备为不动产。不动产的所有权、买卖、租赁、抵押、使用等民事关系，均应适用不动产所在地法律。

不动产的法律适用包括的内容主要有：不动产的识别界定，不动产所有权的内容、客体范围，不动产所有权的取得、变动与消灭，以及对不动产的保护与损害后的救济。

（五）侵权行为的法律适用

按照我国《民法通则》第 146 条规定，侵权行为的损害赔偿，适用侵权行为地法律。侵权行为地的法律，包括侵权行为实施地法律和侵权结果发生地法律。如果两者不一致时，人民法院可以选择适用。

当事人双方国籍相同或者在同一国家有住所的，也可以适用当事人本国法律或者住所地法律。同时，对我国法律不认为在我国领域外发生的行为是侵权行为的，不作为侵权行为处理。我国在侵权行为的法律适用，采用侵权行为地法是国际通行的做法，有利于查明事实，方便诉讼与判决的执行。

（六）涉外婚姻关系的法律适用

按照我国《民法通则》第147条的规定，我国公民与外国人结婚适用婚姻缔结地法律，不论缔结婚姻的实质要求或者形式要求，都应当适用婚姻缔结地法律。

如果离婚，则适用受理案件的法院所在地法律，也就是说，在我国境内涉外离婚适用我国法律，在我国境外的涉外离婚，则适用法院所在地法律。最高人民法院《民通意见》第188条规定，我国法院受理的涉外离婚案件，离婚以及因离婚而引起的财产分割，适用我国法律。认定其婚姻是否有效，适用婚姻缔结地法律。

（七）涉外扶养关系的法律适用

按照我国《民法通则》第148条规定，扶养适用与被扶养人有最密切联系的国家的法律。扶养人和被扶养人的国籍，住所以及供养被扶养人的财产所在地，均可视为与被扶养人有最密切联系的因素。最高人民法院《民通意见》第189条规定，父母子女相互间的扶养、夫妻相互之间的扶养以及其他有扶养关系的人之间的扶养，应当适用与被扶养人有最密切联系国家的法律。扶养人和被扶养人的国籍、住所以及供养被扶养人的财产所在地，均可视为与被扶养人有最密切的联系。

（八）涉外继承关系的法律适用

涉外继承，指我国公民继承在我国境外的遗产，或者继承在我国境内的外国人的遗产，外国人继承在我国境内的遗产，或者继承在我国境外的中国公民的遗产等。按照我国《民法通则》第149条和我国《继承法》第36条的规定，涉外继承中的法定继承，动产适用被继承人死亡时住所地法律，不动产适用不动产所在地法律。最高人民法院《关于贯彻执行〈中华人民共和国继承法〉若干问题的意见》第63条规定，涉外继承，遗产为动产的，适用被继承人住所地法律，即适用被继承人生前最后住所地国家的法律。

最高人民法院《民通意见》第191条规定，在我国境内死亡的外国人，遗留在我国境内的财产如果无人继承又无人受遗赠的，依照我国法律处理，两国缔结或者参加的国际条约另有规定的除外。

三、外国法适用

最高人民法院《民通意见》第192条至第195条，对于外国法律的适用，规定了一系列规则。

（1）依法应当适用的外国法律，如果该外国不同地区实施不同的法律的，依据该国法律关于调整国内法律冲突的规定，确定应适用的法律。该国法律未作规定的，直接适用与该民事关系有最密切联系的地区的法律。

（2）对于应当适用的外国法律，可通过下列途径查明：①由当事人提供；②由与我国订立司法协助协定的缔约对方的中央机关提供；③由我国驻该国使领馆提供；④由该国驻我国使馆提供；⑤由中外法律专家提供。通过以上途径仍不能查明的，适用中华人民共和国法律。

（3）当事人规避我国强制性或者禁止性法律规范的行为，不发生适用外国法律的效力。

(4) 涉外民事法律关系的诉讼时效，依冲突规范确定的民事法律关系的准据法确定。

思考题

1. 民法的效力范围是如何确定的？民法的法律效力与实际效力能否等同？
2. 为何在有的时候新的民法规范会有溯及力？
3. 民法的适用有哪些基本原则？
4. 法官、仲裁员是如何适用民法的？请说明你的理解。
5. 何谓释明权？为什么会有这样一个权利？
6. 涉外民事关系为何不能当然适用中国法律？
7. 具体的涉外关系中必须适用的规则归纳后，你的收获是什么？
8. 为何要对民法进行解释？在进行解释时有哪些基本方法？

学习资料指引

1. 梁慧星：《民法总论》，北京：法律出版社，1996 年版，第 10 章。
2. 魏振瀛：《民法》，北京：北京大学出版社、高等教育出版社，2000 年版，第 1 章。
3. 彭万林：《民法学》，北京：中国政法大学出版社，1999 年版，第 1 章。
4. 张俊浩：《民法学原理》，北京：中国政法大学出版社，1991 年版，第 2 章。
5. 王建平：《民法学》，成都：四川大学出版社，1994 年版，第 11 章。

参考法规提示

1.《中华人民共和国民法通则》第 8 章。
2.《最高人民法院关于贯彻执行〈中华人民共和国民法通则〉若干问题的意见（试行）》七、涉外民事关系的法律适用。
3.《中华人民共和国合同法》第 125 条～第 126 条，第 129 条。
4.《中华人民共和国继承法》(1985 年 4 月 10 日）第 36 条。
5.《最高人民法院关于贯彻执行〈中华人民共和国继承法〉若干问题的意见》(1985 年 9 月 11 日）第 63 条。
6. 国务院《婚姻登记条例》（2003 年 7 月 30 日）第 4 条～第 5 条，第 10 条～第 11 条，第 19 条。